中国政法大学70周年校庆
文化系列丛书

中国政法大学 70 周年校庆文化系列丛书

编委会

《守望法大（第三辑）》

中国政法大学70周年校庆文化系列丛书

总主编：李秀云

守望
法大

第三辑

刘琳琳 ╲ 主编

中国政法大学出版社

2022·北京

图书在版编目（CIP）数据

守望法大. 第三辑/刘琳琳主编. —北京：中国政法大学出版社，2022.5
ISBN 978-7-5764-0306-0

Ⅰ.①守… Ⅱ.①刘… Ⅲ.①法学－文集 Ⅳ.①D90-53

中国版本图书馆CIP数据核字(2022)第012366号

书　名	守望法大·第三辑
	SHOUWANGFADA　DISANJI
出版者	中国政法大学出版社
地　址	北京市海淀区西土城路 25 号
邮　箱	fadapress@163.com
网　址	http://www.cuplpress.com (网络实名：中国政法大学出版社)
电　话	010-58908466(第七编辑部) 010-58908334(邮购部)
承　印	北京中科印刷有限公司
开　本	650mm×960mm　1/16
印　张	18
字　数	270 千字
版　次	2022 年 5 月第 1 版
印　次	2022 年 5 月第 1 次印刷
定　价	75.00 元

序

2017 年，为迎接中国政法大学建校 65 周年校庆，学校校报编辑们从校报万余篇文章中精选出版《守望法大（第二辑）》，全方位、多角度地呈现法大前进的步伐和面貌。日居月诸，经新中国成立 70 周年，中国共产党成立 100 周年，又过五度春秋，我们即将迎来法大 70 周年校庆。

在绵长的光阴里，教书育人弦歌不辍，四时风物各有其美，校报记载着变迁历程，回头有来路可忆；同学少年风华正茂，青春掠影蓬勃绰绰，校报定格住动人瞬间，细细回味每个时刻；长风浩荡岁月峥嵘，奋斗历程砥砺前行，校报书写下时代华章，昂首有前路可望。法大校报的字里行间流动着学校改革发展的进程，横竖撇捺描绘着多姿多彩的校园生活，它守望着法大人魂牵梦萦的精神家园，凝聚着源源不息的精神力量。

过往岁月如繁花似锦，俯身采撷几朵，可彰满园春意。法大 70 周年校庆之际，我们从校报文章中再次精选出版《守望法大（第三辑）》。每篇文章所记载的相对于法大历史而言也许是短暂的一瞥，而它们却像是奔腾的小小浪花，呼啸着汇入法大记忆的滚滚洪流，使其喷薄迸发出向前发展的力量。

用深情的目光触摸这些篇章，愿你感受到，作者埋首伏案时纸上笔尖的颤动，如春蚕啮叶，写出自己在法大求学时的所思所感；愿你听得到，三五成伴时友爱融洽的嬉闹，犹琅琅银铃，道尽校园生活里的欢笑喜乐；愿你嗅得到，春光烂漫时玉兰盛开的芬芳，似一抹柔光，流淌着军都山下小月河边的悠悠岁月。作者们在回望，在思忆，在怀念，在感叹，法大给予的一切已融入他们的精神内核，并成为汩汩不竭的源泉力量；他们也在捕捉，在记录，在讲述，在描绘，平凡的日子里，他们翩翩起舞，不愿辜负在校园里的每一刻生命；他们还在期待，在憧憬，在展望，在梦想，法大与法大人的未来会是怎样辉煌，怎样美丽。

"回忆往时，如沙起云行，似海奔如立，激荡吾侪胸怀。"可望军都多少仞，共夸新出栋梁材。《守望法大》如同横看成岭侧成峰的山，有平稳发展、岁月静好的缓坡，也有锐意进取、青春激昂的陡峰。法大人与法大，钻之弥坚，攀之弥高，以拓荒牛般的意志脚踏实地，矢志不移。一路高歌奋进，一路遍览途中风景，我们携手同行，登上山的峰顶，实现中国法治现代化的目标。

守望法大，守望法大人的精神家园。"雄关漫道真如铁，而今迈步从头越。"百舸争流，征程再启，在未来的蓝图里，机遇与挑战并存，不忘初心的法大正昂首阔步走在"双一流"建设的征途上。眼前的法大已是"风景这边独好"，试看将来的法大，必是愈发美丽，更加辉煌。

编者

2021 年 10 月 15 日

目 录

人文札记

缅怀恩师

成长之路

法大情怀

法大故事

文采风华

过往岁月如繁花似锦

俯身采撷几朵

可彰满园春意

这里是异乡，也终成为故土

黄　婧

军都山下，玉兰花开。"今夜我不关心人类，我只想你"——海子的理想荣光都在这里，以梦为马，面朝大海，春暖花开。

十七八岁的我们，收到了中国法学最高学府——中国政法大学的录取通知书，心向往之，欣喜不已。回首四年，留下的满满都是回忆——"课比天大""牛前见""厚德、明法、格物、致公""挥法律之利剑，持正义之天平"，法渊阁、端升楼、拓荒牛、食堂、水房、操场、学活，每一句口号，每一个角落，四年的每一分每一秒，我们即使闭着眼都不会迷路。

我们过去的四年，因为学校太小而感叹，因为宿舍局促而难过，因为离市区太远而伤感。而当年炎热拥挤的"6、7、8、9"变成了有空调的"梅兰竹菊"，当年吆喝的"去北京了"的出租车，变成了地铁的"昌平站"，当年的"大学非大楼"也变成了高耸的逸夫楼。不变的是各个社团依旧风生水起，不变的是罗翔老师的课依旧很难抢，不变的是四年时光，会收获受益一生的法学思维，珍贵难得的同学友谊，甚至相伴一生的美好爱情。

我的大学，赠予我最大的收获，不是奖学金，也不是优秀毕业生的荣誉，而是满满的与府学路 27 号有关的回忆。

参加辩论队给了我思辨的思维方式。辩论队是法学院校的特色社团，它能巩固我们的专业法学功底，培养我们的灵活应变能力，一个辩题往往具有两面性，就像人生有两面性一样，系统培训帮助我形成了思辨的能力，为我之后在检察院的工作奠定了思维和法学基础，为我在关键人生节点决策时也提供了有效的思考方式。

志愿者让我将个人与国家和时代相结合。每一个时代的人都有专属的时代使命，我们个人的发展也伴随着国家的发展，我上大学那年赶上了 2008 年奥运会。我从加拿大交流回来，跟蒙特利尔法学院院长告别的时候说我要回到中国做志愿者了，他说中国是一个了不起的国家，这让我倍感骄傲。奥运会期间我在赛道上来回奔跑，也让我思考了在庞大的国家机器上每一颗螺丝钉的魅力。第二次志愿者的经历，是大三的时候在法律援助中心做志愿者，面对的大都是上访的人——强制拆迁、子女入狱、无人养老，等等，第一次让象牙塔里的我感受到社会这个大集体会有的人生百味。

旅行让我体验生命本身。一个宿舍的、一个班级的人都是天南地北凑在一起，大学期间的旅行，是真正意义上的"穷游"，去大连看《花季雨季》的拍摄地点大连理工；去天津四个人定一间房间，四个人吃了一屉狗不理；去北戴河的时候，为省钱徒步看日出；要游览北京的各个景区，周末时间一到宿舍就集体出发。那个时候还没有那么深刻领会读万卷书，行万里路，但是每一次旅行都感觉到内心的满足。

府学路 27 号给了我最满足的 4 年生活，新入学的你也会有你最喜欢的社团，也会有你要经历的志愿活动，也可以天南海北地去旅行。时间稍纵即逝，这个时代给了每一个人热爱生活的权利，所以请灿烂地度过大学的四年。

十年过去了，同样是法大人的我们，在不同的职业赛道，做着自己热爱的事情。我们这一届的法大人——有的在律所已经升为合伙人；有的在法院、检察院已经成长为庭长、处长；有的在银行做到了管理层；有的自己做企业已经估值过亿；有的导演电影收获了最高的收视率。刚刚走进校园的你一定不知道自己未来会做什么，就像我不知道毕业那年我会走进检察院的大门，会参加反贪案件的办理，会做国家公诉人，也不曾想过 7 年之后，我会跳转到保险经纪人的行业，开拓出一番自己的天地。

所以关于大学四年，我有一些小建议：第一，尽可能地多去做一些事情。每一分钟的充实都会在未来发生奇妙的化学反应，人品在这四年会被认定得清清楚楚，而你四年的同窗也将会成为未来路上同行最久的人。第二，尽可能地自律。从高中到大学突然进入了一个宽松的环境，起码的早睡早起、按时吃饭是一个成年人对自己的基本要求，学习更需要自律，把锻炼身体、参加学生活动列入你的时间安排表里，做好时间管理才能不虚度光阴。第三，关于职业规划，早做安排多做尝试。担任中国政法大学国际法学院的实践导师后，我经常嘱咐学生们大二大三的时候就要考虑好未来的职业安排，在大学期间，尽可能多地去实习、去尝试，不仅局限于律师、公务员、教授、会计师、翻译，时代给了我们热爱的权利。与我相识的一位师姐做了一个非常有格调的首饰品牌，我曾经问她，为什么毕业后并没有从事法律相关的职业，她说："人生只有一次，我就想做一些和美好有关的事情，所以我就创立了自己的品牌。"在与她交谈的时候，我看见她的眼中有光。而我也是在 7 年检察院职业生涯后跳转到了保险行业，在这里发现了一片新的天地，所以进入府学路 27 号的你们一定要努力寻找自己的光亮。府学路 27 号，这是你的起点，但也注定会告别。踏进中国政法大学的校门，"法大人"就成了我们共同的标签。2020 年改变了许多，而不变的是——府学路 27 号，欢迎你！

（选自 2020 年 10 月 13 日第 633 期总第 1039 期）

政法记忆

郭丝露

2006 年到 2011 年间，几乎每个周四的中午，12 点刚过我就会跑到服务楼旁的报刊亭门口，加入已排了三四人的队伍。

我在等《南方周末》——那个年代法学学生、老师们最推崇和尊重的一份报纸。

当时，那个留着短发在冷风中瑟瑟发抖排着队的我怎么会想到，几年后我会在这家报社供职超过六年，成为资深记者，带着新闻理想周游世界。但我知道，在报纸运到时和其他同学一起蜂拥而上，闻着报纸散发出的油墨香气，一口气读完头版长长的稿件时，那种酣畅淋漓的感觉，是一切故事的开端。

是的，法大是每一个军都山下的学生事业、梦想和人生故事的开端。无论你是官员、学者、商人抑或家庭主妇……这件事情本身就已足够美妙。

2020 年，距离我初入法大已过去整整十四年。工作和家庭琐事缠身，上一次回到学校也已是六年前的事情了。感谢时光的洗涤，现在我记忆中的母校恰恰是最"合适"的样子——从那里吸收到的思维方式正最大化应用在日常工作中，在那里结识并至今保持联络的师长与好友成为此生财富。连那些不那么美好的回忆，也已成为值得正视、不时还能拿出来玩味的珍藏。

人类大脑的筛选机制成熟但却令人费解。我早已忘记某一门重要课程的知识点，却记得在一门选修课最后老师开出长长书单上的每一本书。我早就忘了自己的 GPA，却记得图书馆一楼自习室在午后阳光最浓烈时梧桐树叶漏下的形状。

2006 年也是国家扩大招生后一年。那一年中国政法大学作为少数按照各省人口比例招生的高校，受到北京之外学生们的推崇。2006 年 9 月我正式入学，在法大度过了五年的真实岁月。之所以用"真实"这个词，是因为此前学生们的生活大多太简单、目的性也太强，为了高考让渡了关注路边小花和生活本身的机会，这些遗憾在大学期间得到了充分满足。因此，塑造人格和价值观，大学时代是不可回避的一环。

深藏在脑海中的各式记忆汹涌而出。正月里，男孩们花五块钱买双白色的工程手套，在黑兮兮的清晨扒开宿舍窗口的积雪，翻墙占座；考试季，我每天五点钟起床，在雪地中边走边背单词，因为太冷才不会瞌睡；那个时候没有以梅兰竹菊命名的宿舍楼，没有以厚德、明法、格物、致公命名的教学楼，只有毫不浪漫的 12345、ABCDE；没有"法大"，因为我们都自称"政法"。但这些都不影响我们对母校真挚的感情。毕业离校的那一天，我到一食堂一楼想吃上"最后"一碗牛肉面，无奈打面的姐姐已经下班，坐在离开的车上因为牛肉面心酸的我，几乎哭出了声……我相信，无论承认与否，每个法大毕业生身上都带着这所学校的印记。大学生活里的几个闪烁的瞬间和其余一千多个普通日子里的所见所思所学所想一道，构成了你今后人生的基座。所以，我们叫自己"法大人"。

在今年这个特别的年份，以一名普通"法大人"身份回忆自己的母校，我想有几个关键词或可与诸位分享。

第一，批判性思维。初入法大的学生们大多亦步亦趋、小心翼翼，"乖孩子"占了多数。但一旦进入法大课堂，就又是另一番光景。刚入学时我曾很不理解，在法大课堂上老师们的规定动作——"批评"。

批评其他学者的观点，批评某个知名案子的判决书，甚至批评九号楼外卖鸡蛋灌饼和炒饼的价格设计……初时我将其定性为老师的不得志或是"愤世嫉俗"，但后来我发现，"批评"最凶的反而正是那些德高望重、生活舒适的老教授们。

四年后，当我从一个自小顶着"好学生"光环的乖学生，成长为能够独立判断、理性陈述自己观点的准毕业生时，才明白老师们的批评，正是为了在潜移默化中培养学生批判性思考的能力，回望过去几年职业生涯，我发现这种能力使我获益良多。

第二，权力与权利。进入法大第一个学期，几乎每位老师都会讲到的一个问题，就是分清"权力"与"权利"。一字之差，但二者意义完全不同，深刻理解这种区别对于一个法学生来说至关重要：用法律、制度将前者关进笼子里，用法律和制度保障后者得到切实保护。

我的权利意识，就是在法大养成的。限制、监督权力和保障权利，体现在法大生活的点点滴滴。记得政府公开条例刚刚出台时，老师布置的作业之一，就是找到自己感兴趣的部分，运用政府公开条例要求某地政府依法公开信息。

和权利意识一同养成的，还有风险意识。做一件事情之前，明确的风险点在哪里，是否有方式能够规避，风险和收获的投入产出比是否合理……都说法学生是理性的动物，但我认为将之形容为最聪明的动物更为合适。现在看来，法大的培养也许是我能够成为一名记者的原因。限制政府权力，保障人民权利的方法有很多，新闻当之无愧是其中之一。

第三，要读书。大二之后直到毕业，每年九月都会组织接待刚入学的学生和家长，谓之"迎新"。其中有一位名叫王菊花（化名）的师妹一家让我印象深刻。她个子不高，皮肤黝黑，话很少，我之所以对她印象深刻，是因为她的父亲是背着扁担来送她上学的。

一路上，注册缴费，她走的都是"绿色通道"——那是专门针对贫困地区学生的政策。五年之后我毕业时，听说她考上了研究生。又过了几年再次回到学校，她已经是法哲学博士。现在，她在地方一所高校做老师，锅盖头变成了长发，她说自己已将全家人接到现在的城市，过得很好。

在我眼里，法大正是给了无数出身偏远贫困山村的孩子一个公平的起点。大学里我最好的朋友当中就有贫困生，他们现在都已在北京落户扎根，有了满意的生活和自己的小家。

法大的"占座"风气，在京城高校中闻名遐迩。在法大，大学依然是最好的机会，让不同背景的学生同在一个屋檐下学习、生活。我想每个学生在清晨和深夜，背着书包慢慢走在校园时，内心都是充满希望的。怀念母校，已成为一种情怀。因为它能帮助你记起你从哪里来，又是如何走到今天的。感谢法大。

（选自 2020 年 12 月 8 日第 641 期总第 1047 期）

下面的故事，请你继续

李腾飞

来了，法大；别了，法大。

有的缘分是四年，有的缘分是一眼。人生由一个个时间节点构成，呱呱坠地、咿呀学语，草地里摔个跤就上了幼儿园。乘法口诀、唐诗宋词，转个身即与童年作别。

下一站，中国政法大学。

"你们不用记住我，让我记住你们就可以了"

2009年9月初的新生见面会，同学们轮流做着自我介绍。我跟大家说，我来自云南省保山市，这里位于中缅边境，澜沧江水滚滚流过。你们不用记住我，让我记住你们就可以了。然后，我一个同学也没记住。

天津狗不理、新疆大盘鸡、重庆火锅、陕西油泼面、东北大饺子……听别人自报家门时，我脑子里每一个省市的味觉记忆都突然清晰起来。我又上了一节地理课，但是没有记住任何一个人。啊，那节课真饿。不过，几个月前身边还都是说着同一口方言的小伙伴，现在却是五湖四海的兄弟姐妹，神奇！

"我本来冲击清华北大的，高考失误了来的这儿。""哎呀，这学校怎么这么小啊，还没有我们高中一半儿大。""老师，怎么能调剂到四大法学院呀？我想转专业。"亲爱的同学们，收起你们的小心思和小情绪吧。秋来九月八，美好的大学生活，我来啦。

"阿姨，来份儿麻辣烫，不要醋"

法大的四年是幸福的，我的胃和体重跟我说。

二食堂的麻辣香锅就像小蛮腰、大白腿、衣品满分的女神，邂逅一次两次自然十分心动和享受，但你干瘪的钱包、不忍直视的一卡通余额和排长队的同学们都点醒你，长相厮守不可以。四食堂的疙瘩汤和鱼香肉丝就像同寝室的哥们儿，陪你看比赛、刷美剧、打游戏，每一天和你最亲最近，还不忘让你记得别落了旁边的热水壶。军都服务楼的水果就像市中心的房、限量款的"椰子"、BBA起跳的车子，它们教会你，想要生活品质那是需要付出肉疼的价格的。麦当劳胡同里的士林鸡排和卤肉饭就像每个月的放薪日，翘首以盼、周期打卡，这顿吃完，已经在期待下一次赶紧来。

离开学校已经几年了，可无数次，我依旧会梦到菊园宿舍楼下的麻辣烫，冬日里给予我温暖，疲惫时激励我挺住，价格公道、香气四溢、量大实惠、百吃不厌。它才像我的爱人，经历岁月和现实的考验，我可以下定决心，爱你如初、矢志不渝，要永远在一起。

"善意的假新闻"

我们几个同学都是球迷。我喜欢利物浦，对面床粉切尔西。法大的足球场，踢球的少，散心的多。我们几个，买了30元一件的球衣，100元一双的钉鞋。射门是"没羽箭"，奔跑是"草上飞"，昌平比利亚、学府路卡卡，这是我们眼中的自己。

可现实是，带球被断、射门无力，两分钟一个"我的我的"，半小时碰不到一次球。于是，大四毕业赛时，开场仅仅几分钟，就被师弟们哐哐进俩。我们也想过奋力反击，但回头一看，都已经跑不动了。最后，没有悬念，以一场败仗结束了大学最后一场球赛。

但学院新闻里写道，大四师兄师姐们发扬不抛弃不放弃的体育精神，奋勇争先、突破自我，在排球、篮球、足球赛中都获得了胜利。这应该就是"善意的假新闻"吧。

我们总结了一下，肯定是因为那天热身时间太长，体力消耗太快了。现在，我穿着在巴塞罗那买的 100 欧元的球衣，追着最新款的博格巴同款耐克球鞋。如果给我再一次上场的机会，我一定会不负众望，跑给大家看。

"凡我在处，便是法大"

我的一切，都是法大给的。

毕业典礼那天，校长说，进入社会，法大人要坚守公平和正义。"凡我在处，便是法大。"我们学校的人有什么共性特点？相信并践行公平和正义！

毕业后，我成了一名记者。"3·1"昆明火车站暴恐事件发生后，我赶到了现场和医院，见到了一辈子不会忘记也不愿去回忆的画面。那几天，几乎无眠，闭眼都是血泪的景象。连轴转采访播出报道，誓与恐怖主义宣战，法大人勇往无惧。"8·3"云南鲁甸 6.5 级地震，我在震中吃"浑水泡面"，被某报社点名"假新闻"。对不起，法大人干不出这种睁眼说瞎话的事儿，我相信，我做的是对的。2018 年，滇东北某地强行征地、打伤村民。我实地调查、采写内参，此事也顺利得以解决。法大人客观讲理、尊重事实。2019 年，某市出台公积金新政，暂停公积金贷款和抵充还款。我立即跟进报道，批评新政违法违规。最终，公积金中心向用户道歉，新政仅施行五天即被叫停。合法权益得不到保障，法大人看不下去。

这几年，我通过自己的努力，让社会变好一点，哪怕只是一点点。凡我在处，便是法大。回首四年，波澜起伏、精彩无限。我的法大故事已落笔，你的法大故事，请继续。

（选自 2020 年 12 月 15 日第 642 期总第 1048 期）

回忆我在法大的日子

盛　冲

我在法大一共度过了 7 年的美好时光。现在回想起来，这应该是我人生中最有活力、最有激情的一段时间，也是我学到知识和做人道理最多的一段时间。在学校的时候，我还时常感叹时间过得真慢，总想着早点毕业好一展身手，可转眼之间我已离开法大 13 个年头了。

回忆在法大的日子，给我印象最深、感触最深的是 2005 年暑期在学校里备考司法考试的那两个月。那一年，因为学校的教学楼和图书馆都在装修，所以学校安排给暑期在校学生的复习地点只有回民食堂旁边的那个小礼堂。这个小礼堂没有空调、只有电扇，而且电扇数量也非常少，特别闷热，在里面就如同蒸桑拿一样。尽管如此，这个小礼堂还是座无虚席，大家都在里面安安静静地学习。要知道，法大的对面就是北京邮电大学，当时它的教室是有空调、有热水的，食堂比较多，菜品也比较丰富，条件特别好。但包括我在内的法大同学都还是选择在法大的小礼堂学习。早起占座是每天的"必修课"，因为在座位有限的情况下，每天都要在开门前就开始排队才行，要不然根本抢不到位置。大家似乎早已形成一种默契，在这里学习更有归属感，更有家的感觉，效率自然也更高。功夫不负有心人，2005 年本是司法考试通过率极低的一年，但我以 412 分的成绩斩获全班第一，顺利通过，且四张卷子的成绩较为平均，没有偏科现象。

我在法大读研期间，导师对我们在教学上非常严厉，但在生活中非常关心。从入学的第一天，恩师就教育我们，学法律不仅仅要知道法条，更要知道法条背后的法理精神。因为很多案件尤其是疑难案件，在难以找到与之相关的法律依据的时候，总是要依靠法律基础和法学理论来指导司法实践。这句话对我的启发特别大，学习法律单靠死记硬背法条是没有出路的，关键是要学会对法理的灵活运用。恩师在教学和科研上都特别严谨。记得一开始准备毕业论文的时候，我并没有太把它当做一回事，初稿很快就写出来了。恩师非常认真地通读了全文，一一指出了论文中存在的问题。我修改完毕后送给他，他又很认真地指出其中的问题。我又继续修改，如此反复数次，期间也没少掉眼泪，最终才得以定稿。现在回想起来，我特别感激恩师的认真和严谨。正是他的认真和严谨，使我顺利通过了毕业答辩，使我真正体会到做一名法律工作者的不易，为我今后的职业道路和发展奠定了很好的基础。恩师虽然严厉，但他也非常关心我们，总是不定期地组织大家一起谈心，交流学习情况，有时一起打羽毛球。在法大的日子，虽然学习较为辛苦，但也充满了乐趣。

毕业之后，因忙于工作，我就很少回母校了，但我一直惦念着母校，牵挂着母校。2015 年，为感恩母校的培育，我以北京盛冲律师事务所的名义独家赞助了法大研究生院"法治中国"系列学术论坛，同时还与就业创业指导服务中心合作，为师弟、师妹们提供就业实习的机会。记得那年 11 月，第一次回到母校参加学术论坛，我惊奇地发现自己住的宿舍楼不见了，教学楼、图书馆、办公楼等都发生了翻天覆地的变化，母校不但在设施上更加现代化，而且各种服务也更加便捷、舒适。当时走在校园里，感受到母校久违的亲切，更为母校的快速发展感到由衷的欣喜。

2017 年 7 月，毕业十周年之际，在班级的组织下，2004 级刑事司法学院三个刑法班级的一百多名同学，从全国各地回到母校团聚。我们刑法三班的同学坐在教学楼三层的教室里，一起分享这十年的心得体会，在法大的点点滴滴仿佛就发生在昨天。十年的光阴丝毫没有拉开大家的距离，岁月也没有让我们改变初心。几个小时的座谈会中，大家畅所欲言，不时传出欢声笑语，好不热闹，仿佛大家从未从法大离开……毫不夸张地说，法大是我一生中挥洒汗水最多的地方。能在法大学习，也是我一生中最荣幸的事情。

68 载风雨兼程，桃李芬芳；68 载成就卓著，誉满五洲。在母校 68 岁生日到来之际，我衷心祝愿母校生日快乐，祝愿母校大展宏图，再创辉煌！

（选自 2020 年 5 月 19 日第 620 期总第 1026 期）

偶尔还是想起你

陈海军

大学是什么？对我而言，我的大学属于府学路 27 号那块方正小巧的天地。

345 与 919

法大，地处京师之枕昌平，北倚军都山，南俯北京城，在很长一段时间里仅有 345、919（现 886）两路公交与城区相连。

犹记得当年迎着东升旭日看到东便门时的兴奋，出了北京站，迎面"中国政法大学"六个大字的接站牌让人心生暖意，而当接站校车逐渐驶离主城区的时候，心里却不自禁地咯噔了一下："是不是上错车了？"这个疑惑，在往后一次次的"进城与回昌平"中被忘得一干二净。有那些个瞬间，觉得从昌平进一趟城很累，但习惯之后会发现，345 其实还挺快，就算经停沙河，919 的软座也挺舒服，打个盹儿就到站了。城里有故宫和园林，昌平有长城和水库；城里有南锣鼓巷，昌平有麦记胡同；城里有摩天大楼，昌平有法大主楼，军都美景尽收眼底。慢慢地发现，法大虽小，大师不少；昌平虽小，美丽不少。

在用力奔跑追赶末班车的每一个瞬间，在排队上车手捧喷香黏玉米的每一个瞬间，在身倚车窗随着耳机音符哼唱的每一个瞬间，都是心向法大校园那盏灯火的瞬间，是灿烂的青春随这个城市律动的瞬间。感谢 345 与 919，让"下一站中国政法大学"成了那时最温柔的提示，让我的大学有了倦鸟归巢的踏实。

拓荒牛

在中文的意象里，牛可以是"牧童骑黄牛，歌声振林樾"的轻松欢快；可以是"横眉冷对千夫指，俯首甘为孺子牛"的浩气凛然；也可以是"老牛亦解韶光贵，不待扬鞭自奋蹄"的自强不息。法大校园里的拓荒牛，却是我对牛最朴实的认知。

一句"五点半，牛前见"，始于初入法大的懵懂，止于告别法大的不舍。它伴随着我度过了春光烂漫的山间骑行，还有落日余晖的同学聚餐。记得毕业前的那个下午，夏日斜阳，温暖和煦，我们三三两两，微醺吟唱，从学校北门外往拓荒牛走。短短几百米，我们却仿佛走过了四季，走过了四年。拓荒牛旁的社团招新中有我们张望的身影，旧书摊里有我们探索的眼神，梅园宿舍有我们最心爱的姑娘。牛前的胡杨换成了银杏，牛不远处的空地起了逸夫楼，我们却还是最喜欢在牛前合影。

拓荒牛，意艰辛，身伟岸，在京郊"荒蛮之地"慢慢生出一种反差萌，它的目光如炬给了我笃定与坚毅，也有甜蜜与美好。

灌饼与奶茶

来自鱼米之乡的我，以前没觉得法大的食物能称作美食，直到离开了法大，偶尔还是会念叨奶茶大叔手冲的香甜奶茶，还有 9 号楼（菊园）门口蛋液翻滚的灌饼，课后那种食物入喉的充盈蒸腾想来是再幸福不过的时刻。

春夏秋冬，暑往寒来，宿舍楼下总有一双熟悉的身影出现，远远望见那推车与炉火，就知道是鸡蛋灌饼大叔和阿姨。阿姨擀面压饼，大叔烤火煎蛋，行云流水，一气呵成，不消两分钟一个美味的灌饼就到了手中。大叔和阿姨来自河南，在昌平租了一方小院，后来生意不错，儿子儿媳也跟着过来，一家人在北京虽辛苦，却也是其乐融融。他们白天在中国石油大学、北京化工大学摆摊，傍晚再到法大，后来随着他们的生意红火，短短的小道竟成了法大小夜市。每每外出回宿舍，为了一个灌饼还可能错过关门熄灯时间，遭宿管大爷挤兑两句，但那又何妨，一个小小的鸡蛋灌饼，一份大大的校园回忆。

《肆年》

经年累月，当年的毕业视频《肆年》和毕业典礼的场景仍清晰可见。那一天的气氛欢快而惆怅，当礼堂喧闹平静，灯光熄灭，大屏幕上闪现大家四年的点滴。"曾经并肩往前的伙伴，在举杯祝福后都走散……"的歌声响起，有人眼含泪花，有人泣不成声，光影下依然年轻的面孔，就此要各奔天涯。四年的青春年华，我们在法大汲取知识的养分，发现外面的世界，也发掘自己的世界。视频中舞动着双手在法渊阁前高歌"我和我最后的倔强，握紧双手绝对不放。下一站是不是天堂，就算失望，不能绝望"的少年，不正是青春不服输的你我。

四年之后，我们仿佛回到了四年之前，高举右拳，大声宣誓："挥法律之利剑，持正义之天平；除人间之邪恶，守政法之圣洁。"四年前我们都是各地人，四年后我们名叫法大人。

如今，每当夜深人静，想起法大，心中就会生出一种力量，四年的时光早已把法大的一草一木、小楼书声都装进了心房。虽然没能成为你的骄傲，但时不时地还是会想起你。

（选自 2020 年 6 月 2 日第 622 期总第 1028 期）

母校：人到中年，非常抱歉

秦晓飞

我是 2002 年入学的民商经济法学院的学生，今年 35 周岁。人生七十古来稀，眼睁睁看着已经是古来稀的二分之一，伤感地摩挲越来越透着亮光的头顶和前额之余，也常想着在自己并不漫长的生命之河中打捞点什么。因为近年越来越发现，很多事情在重复做，很多事情不记得了，更多的是有一些事情仅有模模糊糊的印象，但具体发生在什么时间点，零几年还是一几年，完全对不上号了。

然而在法大的青年记忆，依然是那么地鲜活，鲜活得像在 5402 寝室大亮的晨光中醒来，因为熬过了同寝生物钟不一的五个哥们上自习、上早课的窸窸窣窣，回笼觉睡得分外满足。母校，很抱歉，我从不是一个好学生。

作为直到 2006 年才通客运火车的江苏小县城出身，活动范围从没出过长三角的 17 岁少年的我，懵懵懂懂之中就选择了"中国法学最高学府"的母校，填报了有着最拉风名字的民商经济法学院。当时，我对于北方城市的畅想，是苍茫大地上枝蔓虬结的老槐树，还有漫漫的荒芜和干燥的黄土。这个畅想在从北京站出来，坐上拥挤的接站校车，蹒跚地跑在八达岭高速上之后，逐渐地成为现实。苍凉高峻的燕山山脉，从远在天边影影绰绰的背景压迫到眼前，校车跑了一个多小时，一个右转拐进了一座小县城，四五个红绿灯之后，进了学校门。

刚来学校我就后悔了。虽然没赶上师兄师姐们筚路蓝缕以启山林的悲壮，但是学校操场除了一圈煤渣跑道全是原生态的黄土，摔一个跟头能卡掉腿上一大块皮是怎么回事？虽然一开始因为楼宇走向不是正南正北而常绕到迷糊，但跑明白之后发现学校还没高中地方大是怎么回事？身后就是京师锁钥居庸关，闯王当时从这里进城，我们离市区这么远是怎么回事？

军训完开了学我就更后悔了。马哲、毛概、邓论、形式逻辑高中学过也大概了解，但主课上来就是法理学，恶法亦法还是恶法非法？苏格拉底之死是正义还是非正义？敬爱的老师们啊，虽然我也关心这些事，但是当时我知道的法条大抵不超过"杀人者死，伤人及盗抵罪"，而且我还是个理科生，能不能先教个百十条法律让我琢磨琢磨？

这之后随着学习的深入，我愈发地后悔了。高中时代我对自己读书快是颇为自负的，一天能把一大本《收获》年度合订本翻完。这个自负在邓正来老师翻译的《正义论》面前戛然而止，彻底看不明白啊！看不明白且不说，根本看不下去啊！之后更发现，王泽鉴老师的书、刘心稳老师的书、隋彭生老师的书、赵旭东老师的书、杨秀清老师的书我都看不明白……大概能读懂的只有阮齐林老师的司法考试读本。但是前后左右看看，好像同学们都能读懂，不仅能读懂，还是李佳张口"物权行为无因性"，舒占伟闭口"过错责任、无过错责任"，转过身还能和李大彬为"真实意思表示"争执半天。我干看着哑巴哑巴嘴，偷偷瞄一眼《民事法律汇编（学生用书）》，这法条里也没有啊！（《物权法》2007年公布，《侵权责任法》2009年公布）算了，还是去和王钊踢球吧。哎！母校，很抱歉，我真不是一个好学生。

然而时间永是流逝，年华永是太平。四年的本科生活，倏忽之间就在非典的放纵、爱情的痛悟、球场的碰撞、中国石油大学新教楼顶的朗朗背书声中，裹着一脑袋没学明白的浆糊，拖着条运动过量得了骨瘤的伤腿，过去了。来学校报到的第一天，我一个江苏人和同寝的上海人江华、广东人胡智彬三个南方人，不知深浅地在东门的朝鲜菜饭店很拘谨地点了三菜一汤加一盘炒饭，撑到晚上睡觉翻身都困难。蓦然地，就踟蹰地送走遍布全国20多个省份的同学，枯坐在空荡荡的寝室，看"七八个星天外，两三点雨山前"。别了，军都山！

本科毕业后，我工作的第一站是家乡的南通市崇川区人民检察院。21岁入职，22岁通过司法考试，23岁以法定最低年龄擢升助理检察员，24 岁抱得如东检察院院花归，25 岁考过 JLPT 一级，26 岁喜得犬子。生活平淡，工作繁忙，本领恐慌。检察院的五年多时间里，我参与了五六十件反贪、反渎案件的侦查，批捕和起诉了差不多数量的刑事案件，在办公室和检委会爬了三年的格子，负责中国人民大学律师法的适用分课题组，参加了检察公诉对抗赛等大小赛事十几场。过程中，就没有我不犯怵的时候——一个在校都没有学明白的法学本科生，以己之昏昏，焉能使人昭昭？何况手中权柄的上下，就是某个嫌疑人、被告人的一生？所以好多个夜晚，面对疑难案件，我都在拼命查找和堆砌理论、原则、解释、纪要、判例，然后战战兢兢地交上成果，直到成为检委会的决议，或者法官落下法槌，方得一刻心安。一个个案件的办理，社会阅历的增长，让脑子里的榆木疙瘩慢慢解开了，同样的一本书，在大学里读不出滋味，渐渐也能在字缝里得出些许"法律的生命不在于逻辑，而在于经验"的感悟。然而老泉三十始发愤，奈何底子没打好，书到用时只恨少。哎！母校，很抱歉，我仍不是一个好学生。

之后从 2011 年底遴选到南通市委办公室工作直到 2017 年 8 月辞职，我离开了法律工作的一线，成为一名"坐机关"的工作人员。从基层的业务单位考到地级市委的中枢机关，在当时可以说是空前的个例，我也沾沾自喜了一些时间。但是正如大学期间作为理科生学习法学的不适一样，生活平淡、工作极忙之余，内心非常焦躁。特别是在猛然顿足的时候，发现曾经遥不可及的 30 岁，已经落在了身后，而我居然一点不记得那一年里我做了些什么。多少次午夜梦回，大学的同学们一起同坐一辆火车远游，中途我下车买东西，而没有待我上车，火车就开走了。入职公务员时十年安稳的期许，就要到点了，但我还在融洽的同事情谊和按时到账的工资单上踌躇。直到 2016 年，来自大连市公安局的一通电话，叫醒了我。大连市公安局刑警队的同志来电，向"秦检察官"请教掩饰、隐瞒犯罪所得罪的一个问题。他们是在苦思不得解的情况下，进行论文检索发现了我的一篇论文，觉得有些启发，于是通过我的原单位辗转找到了我。我搜肠刮肚想了半天才想起是个什么论文，又词不达意地和公安的同志沟通了好一会，最后在对方的郑重感谢中挂了电话。迷迷糊糊之中，我发现，自己还是个对社会有点用的人！

　　之后的一年时间里，我买起全新的教材，听起同班同学的法考讲座，又成为一个学生。内心的焦躁逐渐地平复，我知道自己在走少有人走的路。现在，人到中年，我成为一名刚开始独立执业的律师，手忙脚乱常有，底气胆色不足。但是又有什么呢？我们都是在大地上纵横流淌的小溪，命运让我们交织在了中国政法大学，欢腾跳跃、激荡碰撞、惺惺相惜，度过了四年的时光，随后就此别过，融入社会的大河。不论经行何处，我们都称呼自己法大人，我们都有"仰天大笑出门去，我辈岂是蓬蒿人"的底色。

　　青春的我在母校，向中年的我招手："我有一宝剑，出自昆吾溪。照人如照水，切玉如切泥。锷边霜凛凛，匣上风凄凄。寄语秦公子，何当来见携？"

　　惟有青春可资纪念，惟有奋斗不负青春。母校，很抱歉，行至中年，我还不是一个好学生，但我会一直学下去，做更好的自己，做一个对社会有用的人。

（选自 2020 年 6 月 23 日第 625 期总第 1031 期）

我的大学往事

吴兴印

大学毕业后我一直在南方工作，时常有人因为我是黑龙江人而问起我的经历，我就开玩笑地说，我的经历很简单，在读大学之前，从没有离开过东北那片我一直生活和读书的黑土地，大学来到母校——中国政法大学，读了四年经济法学，毕业时佛山市中级人民法院招人，就去了广东佛山，一待就是25年，是一个标准的"宅男"。虽然在职场多年，经历了从法官到律师的职业转变，也有了一些属于自己的故事，但是最能牵动我的记忆，最值得我珍藏以回味的，无疑是大学四年间那些青春萌动、充满活力的精彩瞬间。

说到法大，当年入学报到的情形就终生难忘。那是我第一次离开家乡出远门，先是坐着林区的小火车到镇里，再转坐火车到北京，一路上，对家乡的眷恋和对大学生活的憧憬一直在交织碰撞着，直到在北京站见到中国政法大学的旗子和迎接新生的老师、师兄师姐时，心才踏实起来，有一种见到家人的感觉。当满载新生的大巴车到达昌平校区时已是夜幕初降，略显冷清的昌平校区灯光点点，宁静清爽，而我则在疲劳与兴奋、好奇与忐忑、幸福与憧憬的层层交织中左顾右盼，那种即将开启人生最重要的知识之旅的兴奋感，至今记忆犹新。

当入学后的新鲜感褪去，接下来的就是紧张的学习生活。大学四年，教室、礼堂和图书馆成为挥洒青春的主战场，留下了我对知识孜孜以求的身影，法大浓厚的法学氛围和诲人不倦的老师们的言传身教，夯实了我的法律功底，历练了我的法律技能，积累了我人生最宝贵的一笔知识财富，为毕业后我在法律职业领域的发展提供了强大的支撑。

法大长跑队因收获了一个个荣誉而成为政法大学运动队中的一张名片，我也为能成为其中一员而感到骄傲。更重要的是，这段经历不仅仅锻炼了我的体魄，还培养了我坚韧的意志力，人生如长跑，坚持就是胜利，当你在奋斗的过程中，快达到极限的时候，挺住、坚持下去，你就离成功的目标不远了。后来在工作中，每当经历彷徨或挫折的时候，我都会不自觉地想起大学时的长跑经历，想起坚持之后的畅快。我能在困难时选择坚持，也正是这段经历给了我力量。

除了法学知识，法大还有两件事对我影响深远。第一件是刚入学不久，我有幸作为90级经济法系合唱团成员参加了纪念"12·9运动"歌咏比赛。为了准备比赛，年级主任余常汉老师亲自组织大家排练，并请来专业老师指导，他操着一口浓浓的湖北口音和大家一起排练，在他的感染和激励下，合唱团成员全身心投入，经过不懈的努力，合唱团用青春的激情和热血，唱出了高亢激昂、勇往直前的革命气概，最终以《山丹丹开花红艳艳》和《长江之歌》一举夺冠。

正是在这种高昂而催人奋进的旋律涤荡下，青春的心扉被打开并产生了强烈的共鸣，激发了我对党的无限热爱，从而萌生了强烈的加入党的愿望，在老师的鼓励下，我写了入党申请书，并在毕业前光荣地加入了中国共产党。多年以后，我带领着律所荣获"全国律师行业优秀党支部"，自己也荣幸地先后当选为"广东省党代表"和"广东省人大代表"，我想这应该都和当初在学校的这段经历有很大关系，正是在那求学若渴的季节，接受了革命精神的熏陶洗礼，让不畏艰难、勇往直前的革命精神根植于内心，我才能在之后的工作中，让这种内心的力量迸发出坚韧的毅力，不断地鞭策着自己，在工作中勇往直前。

第二件就是我时常会和人讲起的长跑经历。大二时，学校组建长跑队，我怀着尝试的心态报了名，每天早上6点需起床晨练，每周三次的十公里集训，这些对当时的我来说相当有挑战性。我曾经犹豫过是否要坚持下去，在徐京生老师和队友的鼓励和支持下，我最终坚持了下来，后来还相当享受那种在校园的操场上、在昌平的马路上、在十三陵水库边，流下那一身汗水的畅快感觉。

弹指间，离开母校已经25年了，同学们也不时地小聚小酌，就是为了重温那段青春飞扬的岁月和那份难忘的情谊。犹记得夜晚宿舍熄灯后，大家仍意犹未尽地畅谈着青春的话题，与值班老师斗智斗勇；冬日的晚自习结束后，大家迎着漫天飞雪，在宿舍楼下吃煎饼果子犒劳自己的辛勤努力时的惬意；在球场上，男生们激烈征战，女生们疯狂加油，原本内敛又稍有拘谨的班级氛围逐渐融合，留下了一串串包含青涩的激情与感动；一次次的结伴而行，军都山、十三陵水库、长城、天安门、虎峪、泰山……那些是青春的足迹，指点江山，激扬文字。

分手的时候终于来到，四年前大家从四面八方来到昌平，有幸成为昌平"四期"的一员，四年后当年植下的小树已郁郁葱葱，而我们却即将离去，当送别毕业生的大巴车即将启动，校园的广播里播放着《友谊地久天长》，那一刻，曾经在毕业季多个散伙饭中流过的泪水又一次夺眶而出，大学生活在一次次最真情的流露中画上了一个完美句号，但一生中最难得的友谊却开始了新的延续和升华。

大学四年的生活，在人生的长河里实在太短，但对我却意义重大，它无疑是我的青春岁月里最靓丽的那一页。它给我提供了支撑我不断前行的知识和能力，让我受益终生；它培养了我坚定的信念，让我坚信永远跟党走，做一个对社会有用的充满正能量的人；它锻炼了我的体魄，磨练了我的意志，让我在人生的旅程中，可以有充沛的精力去应对每一天的挑战，不断超越自己，积极进取；它还给了我一生最为珍贵的同学友谊，让我们在遇到挫折时可以互相倾诉和支持，在成功时可以互相分享和鼓励，始终保留着那一片最纯真的心灵的港湾。

感谢母校的辛勤培养，四年的积淀和探索，给了我人生前进的方向和动力。25年的工作历程中，虽然取得了一点点成绩，但我深知，在未来的旅程中，法大的烙印将会一直陪伴我前行。"昨日我以母校为荣"，我愿"明日母校以我为荣"，我将以此鞭策自己不断努力，以一名法大学子的法律情怀，为法治中国的建设贡献自己的微薄之力。

（选自2019年11月24日第606期总第1012期）

驶向昌平的车

付润宇

8 月 31 日，我校迎新工作正式开展的第一天，宪法大道旁大大小小的展台、笑语盈盈的志愿者，还有一个个携手挽臂的家庭，处处洋溢着新鲜血液带来的朝气。他们来自五湖四海，经由飞机与火车，来到府学路 27 号的校园。从城区到昌平的近百里路上，驶着众多印有"中国政法大学"logo 的大巴，搭载着无数学子与家长的憧憬，往返奔驰。在每年迎新的两天里，法大车队会不断往返于各个车站，接上刚下火车的学子与家长，驶向学校。

接站工作的准备从暑假就已经开始。8 月 30 日，中国政法大学运输服务中心的会议室中依然在对迎新接站的各项工作做着进一步的强调与检查。而今年，也是即将退休的运输服务中心主任李农最后一次参与迎新工作。

从 1986 年来校，1992 年来到车队，到 2004 年接手合并后的运输服务中心，李农笑称自己"没少为政法大学卖命"。仅仅是时间跨度，就让李农颇有感慨："你说 28 年的职业，这真是干了一生的事，一想，半辈子就这么过去了。"

回顾 28 年的迎新工作，李农说，他感受最深的就是时代的变迁，从一届一届的孩子身上，能看到国家与社会的发展。刚上岗时，常常会在火车站接到一些贫困的学生，甚至有陪送的家长拎着鸡蛋，准备在北京卖掉以筹集来回的路费。这样的场面给李农的冲击很大，他与其他几位车队司机商议了一下，凑钱把鸡蛋全部买了下来。"说实话，我从心底里是为他们感到骄傲的，从发展很落后的地区考上我们学校，他们付出的努力要更多，真的很不容易。"

迎新百态，巨大的冲击常常发生。李农回忆说，有很多家在西藏的孩子，从小就自己在内地读书，"真的很佩服他们，往往是自己提着行李就来了"。与之对比，让他印象同样深刻的法大记录是一名同学有足足 13 名家长陪同前来。但车队的同志们也对此表示了很大的体谅："迎新这么多年，其实各式各样的情况我们都见过，接送这么多家长虽然会加重我们的负担，但可能对他们来说，这是家里人为数不多能来首都的机会，我们很理解，也不会因为工作量加大有怨言。"

从乘客的角度出发，运输服务中心的工作人员深知家庭之间有着极大情况的差别，他们用体谅与理解，给学生和家长们最满意的接站服务。面对复杂的状况，为了避免司机与乘客的冲突，运输服务中心特别制定了乘车须知，对乘车学生、家长以及司机的言行都做出了规定，最大程度规避有可能产生的矛盾。司机师傅们要遵守的纪律之一，就是对不知道的事项绝不要信口开河。

兢兢业业，不差分毫，是校班车队留给新生的最美的法大初印象。对李农个人而言，法大生涯的句号，即将恰如其分地点在 2019 级的迎新工作上。他说，尽管对自己最后一次迎新有着诸多的感慨，但在心态上其实没有什么变化。作为山东人，他自诩拿得起放得下："工作嘛，到头了，那就是到头了，认真站完最后一班岗，从此之后的人生就归我自己了。"作为政法大学的老员工，李农迎接的第一批学生都已经在自己的岗位上颇有建树，"这么一想，自己也该说再见了"。

对学生、对学校而言，一年又一年的更新与传承永不停止，而对一个人来说，28 年如一日的坚守足够漫长、着实不易，李农说，人生的第一阶段就这样过去了，现在是"在一个人生很重要的节点上"，之后的日子有之后的安排，但他与车队的故事，算是到此为止了。

即使仅有两天就要退休，李农的心里依然惦念着他的同事："司机们是真的很辛苦。"他介绍，租用公交公司的车辆接送新生和家长也是近两年才有的安排，在此之前，整整两天的往返都是学校的司机师傅跟完全程——学生处的志愿者更新了一波又一波，但他们却是一班一班地来回往返，没有休息的时间。两天的迎新从早上五点持续到晚上十点，接下来的工作日，往返于各个校区的班车仍要照常发车，工作的压力可想而知。

入学的流程纷繁复杂，总有人用真心与责任为我们保驾护航。李农和他的同事们并不后悔这些默默的付出："能考上中国政法大学，我们真的替同学们骄傲和开心，希望你们一定努力学习，成为对国家、对老百姓有所奉献的人。"

9月1日下午4点，迎新工作已经基本完成。李农发了一条朋友圈，他在文案的最后说道："陪伴了法大28年的变迁，一切即将从头开始，再见新生！再见法大！"

此时，在昌平校区依然明媚的阳光下，三两新生成群结队，好奇着校园的一草一木。时间缓缓流淌，传承已然完成，独属于法大的迎新故事随之写就。

（选自 2019 年 9 月 3 日第 591 期总第 997 期）

感恩母校

许诗刚

每当看到我珍藏的北京政法学院校徽和学生证，我就想起母校对我无微不至的关怀，感恩之心油然而生。

1964 年夏季的一天，一份北京政法学院的录取通知书送到我家，全家人既高兴，又发愁。他们为我能到北京上大学高兴万分，亲朋好友也纷纷上门祝贺。在高兴的同时，家人也很发愁，因为没有去北京的路费和上大学的生活费。在离家遥远的北京上大学，不比上中学，上中学碰到的生活困难我可以克服。

我家在贫困的农村，去汉川县第一中学 6 里路，家里经济条件差，交不起学校每月 8 元的伙食费，我便坚持了 6 年的走读。上学的时候，母亲总是 4 点多钟就叫我起床，我炒点剩菜饭吃了就摸黑赶路，走到县城天刚亮，碰上雨雪天走到学校，裤脚和鞋袜都打湿了，听课时冻得浑身打颤；中午，同学们吃饭去了，我就趴在课桌上睡一会儿。在这样艰苦的环境下，我克难而上，完成了中学学业。

汉川一中的领导知道我上大学很困难，马上为我向县教育局申请到了去北京的路费，并安慰我："到了京城，学校会关心你的。"

到大学报到后，正当我为吃饭问题发愁时，班辅导员张文贵老师和党支部书记甘鑫镇同志马上找我谈心，询问我家经济状况，我如实相告。没过几天，他们就通知我，学校决定每月给我发 16.5 元的助学金，其中 15.5 元用作伙食费，1 元零花。学生在学校理发、洗澡、看电影免费。"民以食为天"，学校很快帮我解决了天大的问题，压在我心里的一块石头落了地，当晚，我高兴得一夜都未睡着。我将喜讯书信告诉父母亲，他们高兴极了，叮嘱我要听党的话，勤奋读书，不辜负党和国家的希望。学校把党和国家对大学生的温暖，及时送到贫困学生身上，我深深感受到党和学校的恩情。"唱支山歌给党听，我把党来比母亲，母亲只生了我的身，党的光辉照我心。"我最喜欢唱的，就是用雷锋日记作词的这首歌。我决心积极靠拢党组织，努力学习，争取做一名优秀学生和无产阶级先锋战士，以实际行动报答党和国家的关怀。我向党组织递交了入党申请书，党支部派王彦治、连金波两位同志做我的入党介绍人，他们对我加强党的知识教育，时时处处为我做表率；我按照共产党员的条件严格要求自己，1966 年 3 月，我光荣地加入中国共产党。

母校在生活上和政治上给我无微不至的关怀，为我走好漫长的人生路奠定了无比坚实的思想和道德基础。母校给予的关怀和言传身教让我懂得，人有时难免会碰到自己无法过去的坎，需要得到别人的帮助；受人恩惠后，即使是滴水之恩，也当涌泉相报，回报社会，做一个有益于人民的人。从此，"滴水之恩，当涌泉相报""记人好处，帮人难处""做一个有益于人民的人"，就成为我为人处事的重要指南。与人为善，乐于助人，伴随着我的人生。只要别人有难，我都会毫不犹豫地伸出援助之手，小到牵盲人过马路，大到奋不顾身跳入河水救人。

时至今日，虽说 50 多年过去了，但母校的恩情，我没齿难忘。

（选自 2017 年 3 月 28 日第 511 期总第 917 期）

相看两不厌，只有军都山

段志义

　　天气晴好的时候，学院路开往昌平的班车一过沙河，就能清晰地看到军都山的山峦，一种回家的踏实亲切感油然而生。说起来我和军都山有不解之缘，我出生在军都山褶皱里的一个小山村，中师毕业分配到军都山里教小学，大学毕业又回到军都山下的政法大学新校教书，我生命的底色就是军都山的颜色，我总称自己是军都山人。军都山名字的来历，要追溯到遥远的战国时代，因地理位置重要在此设军都而得名。故现在人们把昌平北部的山称为军都山，实际上它是燕山山脉的组成部分。

　　我是在军都山深处一个小山村度过的童年，童年生活是艰苦的，但也是难忘的。现在每每爬政法大学后面的山，见到荆条我总喜欢撸一把在手中搓搓闻闻它叶的清香，立即会联想起小时打条、割大叶草挣学费的情景。那时满山的大叶草在阳光的照耀下一片金黄，秋天山色绚丽极了，有浪漫的黄，生机的绿，狂放的红。天是那样的清新明丽，蓝得无暇。山野的空气是那样的纯，纯得像初恋，就连儿时走的山路现在想起都是一种享受。童年时代一年可能只有过年时才能吃到一只鸡，但鸡肉真是鸡肉的味道，这一只鸡能让你回味一年。

　　十一回了趟山里老家，已是傍晚，古老村落，几缕乳白色的炊烟袅向天空，夕阳西下，村庄安静得实在，屋檐下是金黄的玉米，空气中弥漫着烧玉米秸蒸白薯的气息，让我一下子回忆起儿时的意象，勾起我内心深处对儿时的怀恋。

　　师范毕业被分配到军都山中一个小村教书。夜晚，常常我一个人，只有独自在孤灯下以看书为乐。文学、哲学居多。老子的青牛、庄子的蝶梦、孔子的《论语》、唐诗宋词都会让我思绪绵绵，看书累了，我掩门而出，山区的情景常让我联想起一句唐诗半阕宋词，那佳词丽句在空灵的心中弹拨出如弦如丝的清音，又使我有一种回肠荡气的愉悦，印象最深的是山里六月底栗子花开时，满沟飘动着一种栗子花的清香，真是"花有清香月有阴，学校院落夜沉沉"，我坐在山坡上被太阳晒得暖暖的大青石上闻着栗子花的清香，真是一种享受！现在每到六月份，我就想再回去好好闻闻有着青春记忆的清香，青春在哪里度过的，哪里的记忆就是最难忘的！

大学毕业来到政法大学新校教书，教书之余我还是喜欢去军都山里闲逛，除逛十三陵、居庸关、古长城，沟崖玉虚观古庙、辽代铁壁银山群塔、"天池"这些风景名胜外，我更爱逛没有开发的"野陵"，那些老松柏树就会让我欣喜万分，我坐在大松柏树下，望着苍翠森郁、老态横生的枝叶，衬着那飘渺的白云，不自觉地会发悠悠然思古之情。野陵外的老树，会让你不由得生出某种敬畏，帝王们全都变成了一堆黄土，大树却在默默地看人间兴衰更迭，这些大树你越看越觉得它们的姿态是那么优美，那么飘逸，有一种沧桑的美，毫无目的地走在田野上，心情会开朗起来，内心也会有一种淡淡的喜悦！

郊野公园也很值得一逛，它在十三陵西北碓臼峪村北，是一条十余里的长沟，以怪石、清泉、水雾为特色，清幽而富有野趣。弯弯的小溪从山谷间流淌下来，清洌的溪水穿过乱石，水石相击，声音流畅悦耳。溯源而上，峰回水转，谷间丝毫没有人工斧凿的痕迹。沟两边的柿树，秋天一到，树叶尤其好看，杏红的，红里含着娇黄；深红的，鲜艳中透出叶脉的淡绿，在我眼中比香山红叶还美。十三陵水库，这个军都山怀抱里的月亮，昌平的西子湖，更是我常去的地方。

住在军都山下的"小而美"政法大学新校里，不用大热天去远处找风景，心烦的时候，到军都山深处去逛逛，漫无目的地看着山里的景色，"什么都可以想，什么都可以不想"，它让你的心放松下来，数千年的农业文明熏习，我们生命里一定有了喜慢的基因，在快节奏的生活重压下，精神容易"溃疡"，回到这里"偷得浮生半日闲"，放松一下你会感到很舒服。人有时需要过过像宋词一样慵懒的日子，舒缓一下紧张的神经。

现在军都山里的农家为了致富办起农家院，做起许多人爱吃的农家饭，像"春饼宴""饸饹宴"等都很有特色，前几天应发小之邀去吃了一次"饸饹宴"，真的很好吃。我的胃是农村的胃，爱吃农家饭。特别是压饸饹，真的爱吃，吃饸饹要用粗瓷大碗才有气势，同白白细细的面条比，饸饹有股倔强劲，特别是荞麦面饸饹我更爱吃，吃荞麦面饸饹时，我眼前就会浮现出小时老家大岭沟看到的漫山遍野的白色荞麦花海，真是"月明荞麦花如雪"。吃过几次饸饹，酒菜都太丰盛了，吃得不纯粹，酒菜是主角，饸饹成了酒后的配角，我想不喝酒、不要任何菜，吃一次纯粹的压饸饹，上一大盆饸饹，捞在粗瓷大碗里，加茄丁、醋、大蒜，吃个痛快。人类的食物，不见得非要做得很精致，粗糙点，对我这种农村的胃有一种原始的安慰，朴素永远比华丽更接近真实。

节假日见一些人去农村吃农家饭，总觉得吃不出劳作的人吃饭的香劲，于是我得出一个感悟：吃能给人带来快乐，其前提必须是饥饿。要不怎么说饥饿是最好的厨师呢，要真有心享受一顿纯粹的农家饭，先要把肚子饿得实实在在的，这时大柴锅里新玉米面蒸的酸菜馅团子给你端上来，一碟子黄酱，一把从园子里刚摘的小葱，顶花带刺的黄瓜也蘸酱，然后就着香椿芽拌芥菜丝，喝一碗熬得散着禾香味儿、稠稀适宜、汪着米油的小米绿豆粥，就这口，感觉比吃年夜饭还美。正如张中行老先生所感言的："说也邪门，明明是色香味俱佳，其中每一个放在自家餐桌上都会立即收到锦上添花之功的好菜，要是在饭局之中就感觉不到位。可见原因未必是不合口味，而是违背了圣人之大道——过犹不及，吃得太多太好反而造成胃的痛苦。"南宋史学家郑樵在《饮食六要》中早就提出食品无务于淆杂，其要在于专简；食料无务于丰赢，其要在于从俭；食物无务于厌饫口腹，其要在于饮饱处中。看来"晚食以当肉"，不应仅仅看成是巧于处贫。山里人家，蔬食菜羹，用不了几个钱也能欢然一饱，幸福指数比吃山珍海味一点也不差。

住在军都山下"小而美"的政法校园里，让我养成了喜爱宁静，同喧嚣保持距离的心态。军都山也让我学会了简单生活。我希望物质简单一点，感情简单一点，精神也简单一点，当人生的目标简单和明确后，真的很容易让人快乐，喜欢军都山的那份安详、宁静、踏实与简单。人生这样的底色早已被军都山打上了，我怎能不爱军都山！相看两不厌，只有军都山。

（选自 2017 年 2 月 28 日第 507 期总第 913 期）

军都山下的梦

蒙映蓉

"在高考激烈的角逐中，在冲向梦想的博弈中，我或许是个失败者。"一个月前，我常常这样想。在追逐梦想的最终时刻，我与心心念念的学校失之交臂，那个闪耀的梦沉入灰白的湖底。然而，在我郁郁寡欢之时，一首歌，一件事，让我的梦想重新升起。

我依然记得那个凌晨，当我终于面对现实，抱着认命的心态搜索"中国政法大学"时，微博上热议的话题"中国政法大学学生帮 26 名员工讨回两百万补偿金"，伴随着《大宋提刑官》主题曲豪迈的词曲忽地扎进我的眼中。一下子，振奋、激动的情绪勃然而发。

作为我人生中看过的第一部关于法律的影视作品，《大宋提刑官》主人公宋慈的结局总让我唏嘘不已。在那个动荡的年代，宋慈正直无私，无惧无畏，但正是这样的性格，他被排斥，被打压，最终心灰意冷，辞官还乡。我无法想象，像宋慈这样爱国爱民的人，在说出"大宋这片江山，不会久了"这句话时，是有多么的无奈与痛苦。但这也让我意识到，法律是多么重要，当法律被践踏，社会终将陷于动乱。法律，是维护社会安定的根基，庄严而神圣；而在当今的法治社会，法律早已经渗透人们的日常生活，又多了几分人情味。由此，法大的印象在我心中不断鲜活起来，令人心生向往。

"千古悠悠，有多少冤魂嗟叹。"现如今，我们虽然身处法治社会，但总有些人，生活在社会的阴暗面，为了一己之私，损害人民的利益。学法，就是要用法学这至明之物，将这社会的阴暗面照亮。身为大学生的师兄师姐们不辞辛苦，为民工讨回一份数额不小的补偿金，每每思及，心中都不由地生出一份社会责任感，也更让我感叹，是怎样的一所大学，能有如此的学风。对于那些师兄师姐而言，"法"这个字已经深深烙印在他们心中，虽然他们还没毕业，但这种大无畏的精神，对公平的追求，指引他们伸张正义，又是怎样的一所大学，能培养实践能力如此强的学子，能灵活地将学术知识运用于实践。我越发地希望一睹法大风姿，感受法大的氛围。

"滂沱雨，无底涧。涉激流，登彼岸。奋力拨云间，消得雾患。"我深知学法并不简单，需要一颗开拓进取的心，但这开拓进取，无疑是法大最为著名的品质。无论是大门前的拓荒牛，还是录取通知书上庄严的宣誓，无不彰显法大开拓与严谨的风格。我慢慢地相信，进入法大或许是命运的安排，让我的思想从单纯的个人上升到整个社会。"四年四度军都春，一生一世法大人"，不仅仅表达了众学子对法大的归属感，更表达了对庄严法律的强大认同感。

法大是法学才子的摇篮，而我十分有幸，得以投入法大的怀抱。在开学之际，我期待与同学们相约在拓荒牛下、期待着轻抚图书馆里浩瀚的藏书、期待着喊出象征着信仰的誓言……我知道，法学是一门十分有深度的学问，只有不断地学习，才能有实力去维护正义。"社稷安抚臣子心，长驱鬼魅不休战"，古有鲁迅先生用文章唤醒麻木的同胞，今有莘莘法大学子用法律知识捍卫这世间的公正。

如今，我在军都山下的梦正悄然开启，"没有松柏恒，难得雪中青"，我将以饱满的热情，投入今后的学习生涯，不断完善自己，愿往后，得以长驱鬼魅，守护社稷安宁。

（选自 2018 年 9 月 11 日第 557 期总第 936 期）

六十五载观法大

兰　涵

观银装素裹冬月，群星攒动待君来。
试论天下衬英雄，杰出政法盛名堂。
以文载道旭万斤，叙言发声法门庭。
可助德法笑烂漫，誓言律政不老心。
共论天下之德兴，同评大国之法治。
齐昌宪法之精神，皆颂民商之正气。
试看中国域辽阔，惟在军都留风骨。
且观民情胜繁复，但有政法义长存。
论及法大之重业于世界，一如中华之盛名于世界。

数年民法勤辛苦，百年育德致长远。且还看法大之背后，乃是老师们与学生们不分彼此的多年之付出。动心洒泪，只为求得头上青天一句公道证言。先生们在台上站立六十五年，不知看过多少自己的同学为民请命，感受到荣耀与力量；也不知道看见了多少求知若渴的优秀学员离开法大，体会着他们的不舍与热情。同学们奔走东西，废寝忘食，不知在图书馆占过多少个座位，不知背诵过了几万条法律。只是为了在今日能够群星闪耀法大。如今斯人走万方，确有法大还牵连。天涯明月共此时，且听归人诉衷情：

既然被称律师之名，当然便行正义之道。立存于繁华都市之中，人心不可随之凋零，奔走于沙石村落之间，功德却仍存生命之中。不论秩序井然之广厦，哪填喧嚣嘈杂之街道。每忆及先生之教诲，更觉生命之珍贵，人权之重要。雪莲开放冰雪之间才为壮观，骏马奔驰千里草原才显雄健。其名为律师，诉天下不义之状，还人民公允之举。偌大这世界，值得我们探索，可唯有职业之精神，让我梦回此时之礼堂。

既然冠以法官之名。便必行人民公仆之道。身着律师袍，早已热血沸腾。庄严誓词所指之路，而今我们并肩前行。吾欲做召公商鞅之才，却有法大之精神于人心。几度春秋，上千案件交我耕耘。曾几何时，先生教诲令我思忖。那唇枪舌剑令我兴奋，看百姓笑脸何其甘醇。不敢称铁面无私，但求一切无愧于心！

既然被授检察之职，便要还人间之清明。听到了进击法制步履伴随着激昂旋律，看见了依法治国进军的滚滚铁流。这是一支坚强的队伍在奋勇地挺进，让我们相信，即使在隆冬之中，亦会有盎然的春天。执法为民，奉公如山。却为天下苍生，振臂一呼。此情此景，如何不叹？

吾有一言问苍生：

德起法兴兼天下，人才于今又几何？

答曰：

能为者，天下皆从法律之人。

敢为者，天下俱有正义之人。

必为者，天下孰曰法大之人！

叹曰：

阅尽繁华万念生，法心或与公正同。

义德置洒涛热血，高堂之内惟众卿。

欲共清风赊月色，还从落叶读秋声。

大师起处心潮涌，泄向毫端澜未平。

宠辱应似花开落，忧国何分位尊卑。

这是一群立志高远、心怀天下、坚韧不拔之人，他们会在选择之时，想起"法治天下"碑文之下，那一道道坚毅的身躯。

刚强如此，重于泰山。

（选自 2017 年 4 月 18 日第 514 期总第 920 期）

写在母校六十五周年华诞之际

——回忆我的大学

郭晓峰

　　时值中国政法大学六十五周年华诞，我作为六七届的一名学子颇为感慨。大学生活锤炼了我的思想品德，让我学到了法学理论和业务知识，为我走上工作岗位打下了坚实基础。回想自己在政法战线三十余年的工作经历，虽未做出什么惊人的业绩，但也算得上是供职单位的中坚力量，为政法工作做出了应有的贡献。

初到北京政法学院的忧与喜

　　一九六三年考上北京政法学院，这是我做梦也没想到的事，心里高兴极了。但是当年家乡河北保定遭遇了大水灾，庄稼颗粒无收，家中分文皆无。一想到去北京上大学，吃什么、喝什么、穿什么、用什么？学杂费怎么办？我一筹莫展，后来从公社贷了十二元钱，收拾了两件旧衣服、一床旧被褥，怀着忐忑不安的心情，来到了北京政法学院。

　　来到学校，虽然心怀喜悦，但是最大的困扰和最担心的事仍然是学费和吃饭问题。像我这种情况并非个别现象，六三年我们这批学生大概有一半以上是农村的学生，家庭都比较困难，情况大致相同。出乎意料的是，入学后第一件事，就是学校为学生解决生活问题。校方首先对学生的家庭情况进行了调查摸底，然后根据不同情况进行补助，对大部分学生的学费、住宿费予以免除，特困生每月十五元的餐费全补，军烈属生和特困生还给三元以下的零用补贴。这些措施，从根本上解决了大家的后顾之忧，一颗悬着的心才算放了下来。同学们对党和国家以及学校的关怀都十分感动。当把入学后的情况写信告知家里后，全家对党和政府以及学校都十分感激。

二十世纪六十年代，学校的条件不是那么好，但我觉得十分满足，比起高中的环境简直是天上人间。高中时期，特别是六零、六一年国家正是暂时困难时期，每天只吃两顿饭，掺着糠和野菜，而且每顿都吃不饱。到冬天，教室和宿舍大部分时间都没有取暖工具，冻饿难当。到了大学，情况都变了，有正规食堂、宿舍和澡堂，风吹不着，雨打不着，吃得饱，睡得香，好像到了"共产主义社会"一样。条件虽然变好了，但同学们的生活还是比较艰苦的。特别是农村的学生，花钱都是以角、分为单位。

我外孙女现在也在政法大学上学，入学时我送她到学校，大包小包带了一大堆，虽然不是什么高档用品，但比起二十世纪六十年代的我，不知强了多少倍。她说同学们有时抱怨学校的伙食，我说："那是身在福中不知福！"

学习法学理论和业务知识是办学核心

当时学校虽然建校有十余年时间，但是我们国家法制建设还不够健全，法学教学体系还不甚完备。尽管如此，学校还是千方百计地为学生学习法学理论广开门路，从各校借鉴经验编纂教材，请名师讲学，送教师进修，为学生学习创造条件。当时法学理论课程有刑法学、民法学、中国和外国国家与法制史，还有政治经济学、哲学、逻辑学、中共党史等。当时讲课的老师大部分都是年轻教师，他们讲课都很认真，虽然没有专家、教授头衔，但学生们对年轻老师都很尊重。六个班二百多人挤在一间教室听课，鸦雀无声。现在老校区教学楼北头较大的房间就是我们当年上课的教室。

当时的北京政法学院的办学目的之一就是培养实务当中的法律工作者。为了巩固和消化所学的法学理论和业务知识，学校在学生毕业前必须组织学生到公检法机关进行实习活动。学校统一组织学生分赴全国各地各级公检法机关的办案单位，理论联系实际，验证自己的学习成果。记得我们班还在北京市海淀区人民法院旁听过一次庭审。

大学教育为走上工作岗位打下了坚实基础

每当回忆起自己走过的路，总觉得对五年大学生活印象最深，大学生活对我的影响也是最大的。

毕业后我走上了司法工作岗位，谨记要始终坚持重证据、重事实和严格依法办事的原则。我在人民法院从事刑事审判工作近十年，办理了许多一审刑事案件，没有出现一起错案，而且只有一起案件的被告人上诉，还被上级法院维持原判。我在办理刑事案件中主要坚持这样几点：第一，一定要把事实搞清楚，证据要搞扎实，不能带着疑问下判；第二，要敢于坚持原则，严格依法办事；第三，要让被告人认罪服判、心服口服。

对于把实践和证据搞清楚、搞扎实，只要通过自己的努力就能做到，但要做到第二点，即坚持原则，严格依法办事却不那么容易。二十世纪七十年代对刑事案件的定罪量刑是由党委决定的，法院没有决定权。那时我曾办理过一起贪污案，通过对案卷的审查和调查取证，我发现定贪污证据不足，原有证据说服力不强，应该对被告人宣告无罪。我顶着压力经多次向领导汇报，此案被退回公安机关补充侦查，案犯在看守所关押近五年，最终被无罪释放。通过办理这起案件，使我深深体会到，作为一名刑事审判法官，办案中一定要坚持原则，坚持依法办事，把事实和证据搞扎实。办一件案子要负责一辈子，要经得起历史的考验。

随后我被调到市委政法委工作，后又转调到市人大内务司法委员会工作至退休。

大学的学习和生活，让自己无限留恋，学校的培养和熏陶，师长的教诲，同学的帮助，时常浮现在自己脑海里，每逢想起这些心里就热乎乎的。

（选自 2017 年 5 月 16 日校庆专刊）

在"听风斋"的日子

马　涛

　　曾经在我们可爱的法大校园一角，有一个叫作"听风斋"的地方，对于这个地方，也许你不甚熟悉，或者根本就不曾听闻。这不是你的过错，不是因为你对校园的格局不太了解，而是因为这个地方曾经只属于六个人。听风斋——竹3425，我们的宿舍，一个充满着梦想、凝聚着爱与友谊的地方。在过去求学的时光里，她俨然成为我们这些"斋民"们心灵中的一块不可或缺的精神乐土。

　　当初，我慕名求学，负笈北上，行至京郊军都山下，远离至亲，学习之余的我一时间无所适从，孤独的空虚与夜深人静的寂寥，常常令我夜半难眠。加之，北国的冬，寒风凛冽，吹得窗外的松柏簌簌作响，犹怨妇哀叹、游子悲歌，时断时续，如泣如诉，这样的声响让原本难耐而又不乏祥和的夜平添了几分乐趣。每每如是，凡大风起，则夜半风声必连绵不绝。一日，闲来无事，忽想古时文人书房必有雅号，如"陋室""项脊"云云，故命之曰"听风斋"，取夜半听风之意。众人闻罢，皆以为符实情，深含人文雅韵便欣然称是。自此，"听风斋"即取代了原先毫无特色的门牌号，深深地根植于每个"斋民"的心灵深处。

　　离开"听风斋"的日子，转眼间已近十年，时光飞逝若此，适才深刻地体验到先辈感叹时光短暂之心境。抚今追昔，"斋民"们在"听风斋"内学习、成长，信誓旦旦地为追求理想而奋斗、为求得真知而论争的情景仍旧历历在目，想起这些，一切都是那样的美好，虽然当时的我们亦不免为琐事而争吵，为观念上的分歧而喋喋不休，但是"斋民"们内部绝无矛盾和相互之敌意，有的只是开诚布公，有的只是彼此之间逐渐的熟识，有的只是不断加深的友谊。古语有云"兄弟阋于墙，外御其侮"，我觉得用这句话来形容"听风斋""斋民"们之间的团结是最适合不过的了。

那时，"斋民"们每个人都很特立独行，有以事业为重型的，为社团工作而到处奔波；有以学习为主型的，每日早出晚归，习以为常；有放荡不羁型的，思之所致，随心所欲，颇具行者风范；当然，更有游戏暴力男型的，整日宅于斋内，除了必要的上课时间，几乎所有的时间都在以游戏自娱自乐。虽然彼此之间性格各异，但是"斋民"们在一起生活得也其乐融融。也许是由于白天每个人都在忙于自己的事情，互不干涉，而到了晚上，"斋民"聚首，那才是真正属于"斋民"们休息的时间。往往一个话题，我们可以卧谈很久；一个观点，我们可以相互论辩，直至面红耳赤，唾沫横飞，以至于太过投入，忘记时间。夜已很深，人却仍未眠。但同样的结局却一遍又一遍地重演：在时间的流逝中，伴随着呼呼的风声，慢慢地带着不甘的睡意睡去。待到翌日天明，则又是全新的一天，前夜之事，绝口不提，而此夜便又必是一番唇枪舌剑。

怎么说呢？在我大学的那段生活中，有太多的不容易，但它也予我以人生中之最深烙印。直至今日，虽身处南国，再也没有机会亲历那些刻骨铭心的寒冬，不过，凡逢大风之日，只要听到呼呼的风声，我便会很幸福地想到我的"听风斋"以及被我称之为"斋民"的室友们，认识他们可以说是上帝对我之特别眷顾。还记得每次生日的时候，是他们向我道说一声又一声的祝福，让我在异乡不再感到孤单、落寞；每年第一场雪降临之日，便是全体"斋民"一起吃火锅之时，雷打不动，风雪无阻，让我在寒冬伊始便感到家的温暖，不再畏惧严寒；还有每当天气有变，出门之前，耳边总会响起"斋民"们善意的提醒，"加件衣服吧，外面很冷"，"带把雨伞，别淋着"。如此等等细微之处，总有一种暖暖的力量涌在心间，令你感动、想哭，特别是在工作之后，大家各奔东西。说真的，这样为彼此着想、真诚相待的举动，虽不是什么惊天动地的壮举，但是它足以说明每个"斋民"之间的友爱，足以说明我们"听风斋"的温暖与爱。

　　"听风斋"的"斋民"们，认识你们感觉真好！是你们，或是我们，当然还有那曾经连绵的风，共同让我们的"听风斋"充满了活力，让她成为我们在法大共同的"家"以及现今所独有的回忆。但愿我们彼此之间的这种友爱、这种默契、这种"听风斋"所特有的精神能够长久地保持下去，不管将来发生什么，直到永远、永远！

　　写到这里，我的思绪又回到了曾经的"听风斋"。

　　"斋民"们有说有笑，彼此迫不及待地向其他人传递着当天的收获。其中，有一位少年端坐在"听风斋"里正奋笔疾书，一丝不经的凉意从他的发间吹过，他抬头望了望敞开的窗户，放下笔，起身走到窗前，悲伤地瞥了一眼楼下那坑坑洼洼的地面。那时的窗外正在下雪，他知道又一年的冬天到了。或许此刻外面正刮着风，但已接近午夜的"听风斋"再也不能听到那熟悉的风的声音了。因为几天前的黄昏，他亲眼看见一群人将窗外的那些松柏移走了，就连路旁的些许小树株也被破坏殆尽。尽管看着被移走的松柏，看着躺了一地的树枝，他的内心有万分不舍，但除了感慨世事多变，他还能做些什么？人是物非，就连树也避免不了最终悲惨的结局。没有风声的"听风斋"又如何称得上是"听风"？昔日的"听风斋"于今时已名存实亡，她的存在将注定成为属于少数人的传说。

（选自 2017 年 1 月 3 日第 510 期总第 916 期）

120 个日夜的永恒

陈　刚

六十五年风霜雨雪，六十五年风花雪月，在法大的日子里就是一半的风霜雨雪一半的风花雪月，谁解其中味？

从江城来到帝都，再从帝都返回江城，来时北国天高云淡，去时南乡乍暖还寒。从武大到法大的距离有多远？一纸名校交流录取通知书的厚度。从胸怀欣喜到含泪离去有多远？从寝室到厚德楼305办离校手续的距离。

昨日的我还在帝都，今夜的我却身处江城。刚才的我是不是现在的我？昨日的我是不是今夜的我？遐思遥远，天马行空。醉里挑灯阅卷，梦回铃声连营。

在法大的日子虽然只有短短的4个月，恰如白驹过隙，一闪而逝，但留下的记忆却成为永恒。欣闻我法，第二母校，六十五周年华诞，特意提笔，写下对这4个月的留念并一片冰心地恭喜我法六十五周岁生日快乐。往昔所有的好与不好，都化作一杯苦酒，一饮而尽，回忆的泪水晶莹。为什么我的眼里泪珠晶莹？因为我对法大爱得深沉。

梦回那年9月。

寝室里，室友耿说，一开始对你印象很不好，哪有人一来就说法大这不好那不好的，后来发现错了，你针对的不是法大而是全世界。我以批判法大的刀笔文段开始了我的4个月交流之旅，直到离去，我才真正地明白法大的情怀与特色。人文精神与文化氛围远比基础设施建设重要千万倍。北京城修得很漂亮，高楼大厦绿化整洁，但我走在大街上感受不到一点城市的文化与温暖。法大很小，但这里的一草一木都反映着法大的人文精神，都饱含着我满满的人生回忆。一座城市的精神高地者，大学也！大学之谓，非有大楼之谓也，有高尚美好的人文精神与情怀之谓也。

我永远不会忘记这4个月里授予我知识的法大老师们：罗翔、吴韵曦、聂露、黄震云、郭继承、王楠、徐文贵、王建芳、于天水等。正是这些拥有独立之人格、自由之思想的老师们构成了法大的灵魂与核心。学生是一届一届地换，但老师一工作却就是30多年，而这份知识的传承更是永恒而不变，对真理、对学术、对人格，一届又一届地传承下去。感谢法大的老师们，是你们教会了我太多太多，是你们让我一个初来乍到的学生感受到了法大的灵魂。

我也永远不会忘记这4个月里和我一起生活学习的同学们，尤其是竹3-323的5位室友们：耿梓豪、颜铭宏、陶鹏远、范力文、吴毅。是大家的包容与随和给了我一个温暖且美好的生活学习环境，耿梓豪聪明全面活泼大方，颜铭宏帅气可爱真诚随和，陶鹏远勤奋好学纯真善良，范力文温润如玉谦谦君子，吴毅个性开朗质朴真实。温暖友爱的寝室，温暖有爱的大家。在你们的言谈举止、为学为人上，我看到了法科生的不易与坚韧、好学与正直。你们都是很优秀的室友，很优秀的法科生，你们以后一定会有一个属于自己的灿烂前程，你们以后一定会在自己的领域散发着自己的光和热进而促进中国的法治化进程！感谢我所认识的所有法大同学们，感谢我的室友，是你们为我构建起如此有爱的环境，让我如此近距离地看到中国法治事业里一点一滴美好的未来。我永远不会忘记你们，我的好兄弟们！

我更加不会忘记这4个月精彩充实的交流经历，哪怕万古江河流我曹身与名俱灭，也改变不了这一段交流经历是如此真实地发生的事实。江河万古恒流，永恒的时间记忆被这宇宙洪荒所铭记，这里所发生的一切永远不会逝去！

还要感谢法大周围的每一个善良的人，教务处的王老师，竹3的门房大爷，南方风味的各位师傅们，清洁卫生的各位阿姨们，你们默默的付出也为法大做着真真切切的贡献，被我们每一个来法大的人所看见、所记忆、所称赞。

千言万语化成一句话：四时四月军都春，一生一世法大人。我不仅是武大的学生、武大的人，更是法大的学生、法大人！

再见法大，再见你们，老师与同学们，我们有缘一定还会再见的。月有圆缺，花有开谢，想人生最苦离别。再见我法，再见我的好兄弟们！

酒醒此刻江城。

120 个日日夜夜，我感受着法大的一草一木、一点一滴，我珍惜着与法大每一位师生的相处，我呼吸着法大法治人文精神的氤氲。无数的回忆无数的经历，翻涌在脑海，溅出化泪珠。眼泪是珍珠，将珍珠串成一串，献给我那六十五周年华诞的母校——中国政法大学，祝母校生日快乐。

（选自 2017 年 4 月 11 日第 513 期总第 919 期）

母校，永远抹不去的青春记忆

董龙芳

我是中国政法大学 1991 届毕业生。三十二年前的夏天，我收到中国政法大学的录取通知书。至今，我都清楚地记得自己收到录取通知书时那激动和豪迈的心情。感谢上天眷顾，感谢法大厚爱，我成为一名法大的学生！

我们 87 级是昌平校区第一届学生。记得入学报到的那一天，当接新生的大巴车一路摇呀摇，越走越荒凉的时候，我的心也越来越慌张，这个学校到底有多远呀？终于进了校园，极目所见，教学楼前面大片的场地还是一片黄土，男生女生混住一个宿舍楼。那个时候，相信许多 87 级的同学们，都像我一样经历了沮丧、失望到后来接受事实、自得其乐的一个心路历程。后来的日子，我们倒也能安下心来读书，周末去爬军都山、十三陵水库，或到县城看场电影，吃一碗兰州拉面。偶尔花一天的时间，坐 345 进城与首都来一次亲密接触。这样的日子，至今回想起来，我脑子里居然都是夕阳下我们背着书包、抱着坐垫、伴随着校广播室播放的苏芮的歌声，踏进教室晚自习的情景，还有军都山上来自南方的我第一次吃到野酸枣时那种酸酸甜甜的味道。

我还记得，在一个周四的下午，我正在教学楼二楼一个小课室学习，江平校长走进来，在我的课桌边看了看，问我来自哪里，习不习惯这里的生活。说不清是不是昌平相对艰苦的环境，使得我们 87 级同学有了一种相濡以沫的感情，使得我们对母校有了更多的牵挂。毕业后，我做了一名律师，虽辛苦却乐在其中。律师这个职业常做常新，至今未觉倦怠。感谢母校教给了我们做人和做法律人的素养！

　　学院路上月常晓，军都山前牛拓荒。愿法大日新月异，再铸辉煌！愿老师桃李芬芳，幸福安康！愿学弟学妹们前程似锦，为法大争光！

　　　　　　　　　　（选自 2019 年 5 月 14 日第 583 期总第 989 期）

那些年，我在昌平读大学

吴建军

我的大学在昌平，她的全称是中国政法大学，英文名称：China University of Poltical Science and Law。

那时我就是一个学法的普通小青年。告诉别人我们学的是文科，似乎没人相信，也许在许多人的印象里文科生应该是斯斯文文、文绉绉的，可我们不太是，我们血气方刚、明辨是非、嫉恶如仇；有人说我们说话语速太快，让人一下子反应不过来；也有人说我们走路姿势太正，让人无法模仿；还有人说我们应该把"难得糊涂"四个字贴在床头，每天背它几十遍，可这些我们都做不到。因为，语速快说明我们语言逻辑条理清晰、思维敏捷，必然要"先声夺人"；走路太正是因为我们自走进法大校门就懂得"千里之行始于足下"，每一步都要迈得正走得直；每一次老师讲解案情剖析案例，我们每分钟都在认真听讲，丝毫不敢懈怠，哪敢糊涂？

曾经怀着对故宫红墙碧瓦的无比向往，来到首都北京上大学。梦想着可以畅游天坛、北海，近观博雅塔、仰望清华园；梦想着可以随意走出校门，站在北京城气派的街道上看车水马龙和人来人往；梦想着去宏伟壮观的古建筑旁膜拜如雷贯耳的解说词，震一震我晕晕乎乎的脑神经；梦想着……那些年的夏末秋初，几辆北京"骊山"大客车载着我们，驶出西客站，穿过长安街，穿过海淀区，穿过繁华喧闹的北京城向着西北方向驶去，路两边的柳树杨树，田埂庄稼地齐刷刷向后退去，不知走了多长时间，随着一声刹车声，昌平终于到了，中国政法大学也终于到了。这一刻隐隐闻到一股好闻的汽油味。

昌平的天很蓝，夜晚天上星星也很多。这里不缺水，十三陵水库就在旁边，这里也不缺山，学校后面就是绵延不断的蟒山和军都山，风吹过来，还会感觉到阵阵泥土散发出来的土腥味。我知道自己在千里之外的北京，但怎么也不相信自己在北京城，不知道从哪一天开始自己竟然爱上了这所学校，也喜欢上了这个空旷空灵空气清新的昌平县。

记得自己一度万分愤懑，因为太过孤寂，总想下课后一个人跑到军都山下看落日晚霞、观风起云涌；法大三个食堂吃了个遍又悄悄与几个同学或室友去对面中国石油大学换换口味。昌平是安静的，法大是安静的，慢慢地我也学会了安静，安静地看书，安静地听老师讲课，安静地欣赏蓝天上游荡的白云，安静地幻想着自己以后的人生小未来。其实，安静挺好的！

我们的学校很小，甚至小得有点袖珍，但她给我的感觉却是辽阔的。城里的学校很多也很大，但是，总觉得令人压抑，大门口不是一个挨一个的喧嚣商店，就是数不清的人流和灯红酒绿，感觉无论你多么努力，走啊走，怎么也走不出那些人声鼎沸、闹闹嚷嚷的纷繁杂乱。而站在法大校园里，当我仰望无垠的夜空和满天星斗、当我手托"香腮"遥望近在咫尺的军都山上如血般的残阳的天际才发现，原来自己向往的那些就在法大的上空。出了法大有限的大门走向的是一片无垠和无限的浩瀚，我知道这里有山有水有旷野有田埂有无羁无绊的舒畅。其实，法大很好！

每到星期六心就不在学校、不在课堂，因为，想进城看看外面精彩的花花世界。一大早便和三五同好在南门等车，等啊等啊，终于从东面缓缓驶过来一辆加长版的老式公交车——这就是传说中的 345 支线，而后牛车似的慢慢启动一路颠簸途经水关、南口、北沙滩、小汤山、西三旗、回龙观，约两个小时的车程，终点站德胜门总算是到了，哥几个如同初出巢穴四处觅食的小狼一般东瞅瞅西望望，瞬间消失在熙熙攘攘的滚滚红尘中……一年又一年，老师们每天都是早出晚归乘校车往返于昌平和北京主城区之间，他们很忙很累也很辛苦，但他们没有忘记和忽略路这头嗷嗷待"育"的我们，他们在带给我们知识的同时还带来了一份执着与感动。距离不仅产生了美还沉淀着一份份谆谆真情，它伴随着悠悠岁月持续地散发着淡淡清香。

法大，赐予我们很多很多，在这里我们挥别幼稚和天真，开始学会接受生活给予我们的种种挑战。

人的一生中很多时候感性与理性不可避免地同时存在。但，法科的我们将感性的冲动深深地藏在理智的背后。的确，有些时候我们很冷静，甚至冷静得有些"冷漠"，理性得过于精细以致让许多人觉得难以接近，其实我们只是在分析中衡量，也在衡量中分析，因为我们坚持真理，不自欺欺人也不伪装自己，对自己负责更要对他人对社会负责。我记得，毕业季一位校领导在毕业典礼上意味深长地说：同学们，从今天开始你们就要走向社会，多数同学将要从事公安、检察、审判、律师和其他司法行政工作，你们手握生杀大权，劝你们头脑一定要清醒，疑难复杂棘手事情要慎之又慎。是啊，我们信念坚定作风严谨，因为公平正义早已浸透灵魂，我们就是这样，也必须这样，的确，我们也喜欢这样的人生准则。

刚柔并济的人是幸福的，苦乐交织的人生是完满的。

那些年，我在昌平读大学，这是我人生旅程中最值得纪念和回忆的一段难忘岁月，一定的！

（选自 2019 年 4 月 2 日第 578 期总第 984 期）

"345"的路

黑 川

我做过一个梦：

一群学生在大山上奔跑，一面旗子扯在手里，他们呼喊着，欢笑着，山下是灰色的建筑与褐色的人群。

那些奔跑的学生就是我的诗友，而那山下的景象仿佛是我的母校，每当想起"345"诗社，这个梦便浮现出来。

这些年，和在读的校友相见，我常自豪地向他们谈起"345"，他们往往也向我问起这个持久不衰的小团体的源头。这期间，我听到一个小传说：在昌平新校，十年前，一群爱诗的哥们儿常在楼顶饮酒，面对满天星斗和山下寂寞的校园，他们无限感慨，便萌发了建立诗社的愿望，于是"345"出现了。

这个传说让我感动，可惜当年的"345"，并非出自这种豪气。和军都山上的野草一样，"345"的出现是平静的，这也是她生生不息的缘故。

一九八八年秋末的一天傍晚，我独自在宿舍里摆弄我的收藏。门开了，柠檬盯住我问道：

"你怎么还坐在这里，外面已经热得不得了了了。"

"你又有什么打算？"我知道，这位敢于幻想的朋友，一定是感到寂寞了。

当时的校园，似乎刚刚从沉睡中醒来，我们这些拓荒者已纷纷拿起锄头，准备大干一场。

"我想我们可以搞一个组织，大家在一起做点事。属于自己的事，像诗社……"

诗社？我知道，不少人和我一样，正在偷偷写诗。对于我，这只是一种精神上的愉悦，仅凭几首分行句，我是不会斗胆去成立什么诗社的。

但柠檬的幻想和执着使我有了新的理由：有些人办社是为了"宣言"，而有些人只是为了自娱。我们这些爱诗者，当然也有坐在一起交流愉悦的权利，诗社，不过是一种方式而已。又何必自惭形秽呢？

几天后，六个诗歌爱好者围坐在一张大桌子后，召开了诗社成立会议。主要成员都是八七级法五班的老同学：柠檬、秋野、无意、方月亮和我。我们的友谊也是从这时开始的。唯一的外班诗人误解，作为法四班的女秀才被邀入盟。

在那张大桌子上，我们亮出各自的笔名，互相探究了一番。六个笔名，六张面孔，真是人如其名。

诗社的名字却是个难题，大家开列出一长串名字，都被否掉了。我们需要一个共同的感觉。

我想到了"345"，又放弃了。以公共汽车数字做诗社招牌已有先例，难免俗气。但还是有人提出了这个招牌。"345？"有人说太抽象，有人认为不够诗意。经过一番讨论，没有人再怀疑她了，我们共同的感觉就在这个数字里。

在昌平，军都山下，这个年轻的校园里，有谁不知道"345"呢？这个当年北京市路线最长、票价最贵的郊区公共汽车，竟是连接我们和北京市的唯一纽带。我们向往的一些事物，只有在路的那端才能找到。

天亮起床，步行30分钟，从城东至城西，一个半小时的颠簸，一天的奔走，当天夜里，沿路返回，一包方便面，一个烤白薯，还有迷路、寄宿……在京城的名牌大学里，我们是较为特殊的一群，失落、抱怨、平静、忍耐、反叛、拼搏——偏僻的空间限制了我们的肉体，但年轻的心总是要高高飞翔，我们被捆到了一起，从"345"而来，缘"345"而去，"345"似乎象征着我们当时共同的命运。

"345"诗社，在那张大桌子上，我们各自书写着这个名字，为这个新生儿激动不已。

那天晚上，我们还取了一个更为抽象的名字——《感觉》。这就是我们的诗刊。

为了印制《感觉》第一期，大家凑出几十元钱，交给柠檬。因为他的伟大设想和活动能力，我们推他为诗社的社长，我成为事实上的主编。

此后的一周，几乎每一天，柠檬都会把组的诗稿交给我，并且不断地催我。

由于诗作有限，只能做 32 开本，用学校的打字机无法制作，我们只好采用蜡纸刻版。那些钢板、蜡纸和纸张、浆糊是诗社最初的资产，是柠檬和我利用逃课时间采购的。

编辑并不难，很快便进入出版阶段，一些擅长书画的同窗加入了制作。那个小小的封面封底，是我拼凑成的，封底的图画取自《诗歌报》，封面采用了古代抽象书法。最令我自豪的是那方印章，在完工时出于大公无私的想法，没有在石头上刻下自己的名字，这也是让我深感遗憾的一件事。前年返校时，我再次见到这方印章。

设计草稿出来了，我发现封底的构图比例不够协调，于是我想出一句话，填上去："345"的路就是我们的路。这也许是我最好的诗作。

那些日子学校打印室是我们经常光顾的地方，我们的印刷技术都出自打字师傅的真传。为了做 32 开本，大家还苦练切纸技术（为此曾压断切纸机的手柄），但最后装出的集子还是犬牙交错。

法五班的 1308 教室，成为我们的第二车间。柠檬和我常常在晚自习之后到那里进行装订工作，熄灯之前撤出，所有的东西都留在那里，并且约定第二天早晨上课之前继续加班。我是不会起早的人，柠檬常常赶来把我推醒；走出宿舍楼，外面还是满天星光，我的疲倦却立刻散尽了。

出版日期逼近，我们更加紧张，于是召集全体社员到位，展开流水作业：将印稿铺满桌子，然后从第一页起顺次拣起，排在末页后的是订书机和浆糊。为做出一本，要在教室里走上一圈，几个人就这样绕圈走着，兴高采烈。

终于完成了！几十本简陋的《感觉》摆在讲台上，大家扫起满地纸屑，坐下来望着这批新生儿，然后郑重地做出几个签名本，彼此赠送，作为永久的留念。

当晚，我们怀揣着剩余的资金，钻进校内小有名气的一家饮食店——蓝屋，用葡萄酒和花生米庆祝这个胜利。

但我们并不知道，身后正坐着一位大名鼎鼎的诗人：海子。

1990年秋，我们把蜡纸和社印留给阿毛，回到学院路，去度过我们最后的大学时光。

在七号楼，我和柠檬住进同一个宿舍，也许是巧合，这个宿舍的号码正是345，我们沿着"345"回来了。

这一年，我们这些老社员只做了两件事：参加一个大型诗歌朗诵会；组织一次高校诗歌交流比赛。这些经历使我发现，自己很难成为一位诗人。

记得西川先生对我讲：一个人如果到30岁还在写诗，那他就是诗人了。我们第一批老社员，如今都已度过而立之年，大多停笔，并且做着很理性的工作。

更多的"345"诗人们我不曾谋面，他们中的大多数人和我一样，正在远离诗歌，在奔波辛劳中，磨损着自己的诗才诗情。但我相信他们仍有诗的梦想，在他们的心灵永远有一片纯净的空间。我也相信，每当提起"345"，他们的眼睛就会闪出20岁的光彩。

从"345"而来，缘"345"而去，谁能摆脱这份情结呢？"345"，只属于我们昌平法大的朋友，因为只有他们才能读懂"345"。"345"诗社也将凭借着这份情结，去扩展每个法大人纯洁而高尚的心灵空间。

"345"引领人们以激情与幻想去诠释自己理性的专业，在法律与诗歌的熔铸中升华自己，沿着"345"的路，以理性的抗争姿态走向社会。

"345"诗社为法大文化做出的特殊贡献，也许要在若干年后得到证实。

"345"的路，就是我们的路。

在我的记忆中，就像梦中的那面小旗，不停地舞动，提示着我对生命温暖而美丽的印象，并给我以抗争的勇气和力量。

（选自2018年10月9日第560期总第966期）

人文札记

春光烂漫时玉兰盛开的芬芳

似一抹柔光

流淌着军都山下小月河边的悠悠岁月

老主任

——我的研究生室友轶事

张德军

夜深人静，法大3号楼303室，大家都要睡了。老主任开侃，说黄豆粉比牛奶好。一开始，室友们不以为然，老易还嘟囔着：别说了，早点睡吧。老主任不厌其烦地絮叨，一会儿卡尔开始哼哈，五弟也嫌太吵了。老主任从黄豆粉的化学结构、物理属性、中医疗效、中国古代有关黄豆大豆的故事、日本人为什么那么喜欢做纳豆等说开去，不到半小时，侃得大家心服口服。在这之前，老主任天天早上喝袋装牛奶，吃两三个煮鸡蛋，馋得大家羡慕不已。

五冬六夏，老主任几乎都是西装革履，领带打得力挺花哨别致，因为忙起来没空洗衣服，我俩上下铺的床底下就塞满了各式各样的他的西服和领带。这些都是老主任用在新街口外语培训学校讲英语赚的钱买的。为此，大家羡慕得跃跃欲试，学老主任上讲台赚外快。

于是，在大家备课几天后，老主任亲自开考，结果只有老易符合登台讲课的要求，最后他还真登上了那家外语培训学校的讲台。未去成的室友就有闷闷不乐的，到现在恐怕还有心理阴影吧。

那天晚上，等老易讲完课回来，大家急忙关切，你一言我一语地表达羡慕和询问。老易有说有笑，第二天还真的喝上了袋装牛奶，吃上了煮鸡蛋，还买了黄豆粉。这可激发了卡尔继续努力的激情，争取再考一把，怎么也得登上那家外语培训学校的讲台吧。

过了两三天，室友们发现老易晚上好像没再去给人家上课，五弟还说老易这样可不负责任啊，拿了人家的讲课费就得好好备课嘛。

再过了几天，在大家的反复追问下，老易还是不吭声。老主任哈哈着出来打圆场，说老易嫌人家给的报酬低，早就撂挑子不去了，底下悄悄地说，有学生反映他的英语发音，有他湖南老家的匪气口音，所以他就被辞退了。

从那以后，老易也学着老主任，天天坚持听 VOA、BBC 广播，练发音练听力，练习用英文写论文发表，赚稿费。结果，老易的论文发表得最多，稿费也挣得最多，这让当时发表论文颇多、现为美籍华人的王博士很有压力。这种不懈努力，最后成就了老易外交官的职业生涯。这位本专业环境法的师哥，现任中国驻挪威全权大使，也是我国外交战线上一条铁骨铮铮的硬汉子。

平时老主任老爱自嘲逗大家乐，曰人生三件宝：丑妻、薄地、破棉袄，还说自己长得丑。卡尔就顺着说：是啊，你绿豆眼，鹰钩酒糟鼻，橘子皮脸，左腿外八字，右腿内八字，罗锅还花里胡哨，跳舞还专挑漂亮女生，吓得人家赶紧躲开跑，说话一激动，就老泪纵横，不知道的还以为你怎么了。

老主任一边听着卡尔的话，一边试图走出左腿外八字右腿内八字的步伐，扭扭巴巴的，逗得大家笑得人仰马翻。老主任瞪着牛眼成对眼怒吼卡尔：我长得有这么困难吗？你们大家评评！……五弟小声反问道：这你还不知道啊？老主任有点茫然，问我：小贫农，你好说实话，说说看。我说：没有那么吓人，反正你一进 3 号楼，大家都远远地躲着你呢。老易嘿嘿坏笑：怪不得有一次，老主任穿着红色羽绒服在前边走，几个小流氓跟着他，等他一回头，吓得小流氓鼠窜。其实，室友们这都是故意逗他乐呢。

老易本名叫易先良，卡尔叫孔小明，小贫农是张德军，老主任是龚雁梓，五弟是龚俊。

卡尔本科读的是湘潭大学数学专业，研究生跟老主任、五弟一样都是学法律逻辑专业的。搞逻辑的人，喜欢思维有条不紊，假设前提推出结论。卡尔是孔小明的绰号，因为他留着一络腮卡尔·马克思式的大胡子，又弹得一手漂亮美妙的和弦吉他，大家就美其名曰卡尔。现在广州某大学任宣传部部长兼图书馆馆长，还常给大学生讲授数学与音乐欣赏一类的文化课。

五弟者，龚俊也，室友中年龄最小，比我还小几个月，应该是我们中最聪明的。他本科是南京大学数学系的高材生，读研入学考试，高数成绩第一名，现任南京某大学出版社资深理科类学术著作正编审，不论走到哪里，一直都是桥牌高手。说话不紧不慢，慢条斯理，特别讲逻辑，文质彬彬，话说快了，口音就又回到了江苏海安老家一带的方言，北方人很难懂。

老易，易先良，本科在西南政法大学学法律，湖南衡阳人士。读研是我们环境法本专业的大师兄，勤奋好学，言谈之中，就能感受到那种奋力为国担当的笃定。他曾执掌外交部边海司，我国东海钓鱼岛对日谈判，南海岛礁对越菲谈判，对印藏南边界谈判等诸多边关领土领海问题谈判，他曾是主刀人。听我在联合国工作的大师姐讲，对外谈判桌前的老易，忒有湖南人的霸气，令对手深感棘手和敬畏。

最后说说我们屋这位老主任，这是我法大读研上下铺室友的绰号，全称叫贫下中农协会主任，室友大哥，龚雁梓是也。人长得一米八几大个，英俊聪明，幽默风趣，诚实和善，令人难忘。1970 年代他上山下乡到西藏，曾担任过当地村里的贫协副主任，在即将被提拔到地区任知青办副主任时，于 1979 年考入南京大学哲学系，离开了他热爱的西藏，1985 年又考入法大硕研法律逻辑专业，现在北京成为资深律师。其父原为解放军报社知名记者，抗美援朝时到朝鲜战场，采写过大量战地新闻，还有好几部全国叫得响的长篇小说；转业地方后，曾任南通市文联主席。

老主任小时候生活在北京，其家庭条件可谓优越，可他自己却总是以西藏一老贫农自居谦称，就是忘不了青春年少时西藏的艰苦岁月和梦想追求，即现在所谓的不忘初心吧。

（选自 2021 年 7 月 27 日第 666 期总第 1072 期）

校园防控有感

马抗美

一场突如其来的重大疫情，让全国多地进入了战时状态。往日的校园熙熙攘攘，如今却空空荡荡。我们的家就在校园之中，从未有过的慌张、恐惧和担忧笼罩着每一个人。如此严重的疫情之下，我们该如何应对？我们还能正常生活吗？在这个非常时刻，学校用她坚实的臂膀担起了维护师生安全的重任，采取有力措施，为我们筑起了一道安全屏障。

校园实行了封闭管理。在保卫处的精密安排下，东门和南门开放，其他出入口都已封闭。守好大门是关键。东校门查验证件、测量体温、信息登记有条不紊。现在还新建了一座小房子，装有红外线测温仪，步行入校的人员必须走这个通道。开车进校的，则在门口接受人工体温检测，当然还要检查相关证件。

科研楼、食堂入口都有专人负责测量体温，还安装了公共手部消毒智能雾化装置，用起来很方便。更为贴心的是科研楼和我们住宅楼的电梯都安装了脚踏开关，电梯里备有纸巾，以减少直接接触按钮，很让人放心。

食堂开设了外卖窗口，不用进去即可买到炒饼、炒饭、盖浇饭，还都是现做现卖的。食堂里面依然有各种饭菜可以选择，窗口前都有明显的一米线标志。人多时会限制流量，大家在外面排队，有序进入。

疫情中学校的后勤职工坚守岗位，设备维修、校园绿化一刻也没有停止，给我们营造了一个整洁、优美的校园环境。饮食服务中心的同志们在保证食堂一日三餐的供应外，为减少人员外出造成的风险，给住在校内的教职工提供了预定配送服务。从各色蔬菜，到米面鸡蛋，甚至连速冻玉米、咸菜都有。不论是风雪交加还是狂风呼啸，不论是工作日还是节假日，每周两次送到楼下，从未间断。

学校的保安们严格把守着家属区的各个门口，测量体温、查验证件也是一丝不苟。在封闭管理的情况下，他们还为大家接收快递，然后摆放在架子上方便大家取回。遇到雨雪天气，他们就会主动把尚未取走的包裹搬进屋里，工作量很大，但从来没有发生过差错。有的老师从外地返京后居家隔离，他们就主动把快递送到家门口。

疫情中，校医院每周定时开诊，非常专业、科学合理的管理，医护团队的精准治疗和热情耐心的心理关怀，保证了患有慢性病的教职工能够及时安全用药。

这次重大疫情持续时间之久，波及范围之广，影响力度之大都是前所未有的。疫情面前，中国人民抗"疫"的团结力量也是前所未有的。在党和政府坚强有力的领导下，广大医护人员冒着生命危险奋战在第一线，各行各业的无私支援与奉献，14亿普通百姓克服了各种不为人知的困难，用宅在家中的自觉行动支持国家的统一部署。学校的防控是全国防控的组成部分，在严峻的疫情中，学校的防控措施和我们每一个人的自觉相互配合，共同筑起了一道安全防线。

今天，是学校68周年校庆日。看着逐渐恢复生机的校园，心中感慨万千。虽然我们有过恐慌和孤独，但我们却更深切地体验了暖心和关爱！虽然我们还要保持社交距离，但我们的心却更紧密地连在了一起！虽然我们还不能随心所欲地生活，但我们却对未来更加充满信心！

祝福我们的国家！祝福我们的法大！

（选自 2020 年 5 月 19 日第 620 期总第 1026 期）

期盼早日与玉兰花开的法大校园相逢

高 虹

2020年是一个不平凡的年份，在这个特殊的春节，我们和全国人民一道，共同经历了一场非同寻常的疫情阻击战。武汉封城，全国处于戒备状态，我们老同志也响应党中央和学校党委的号召，宅在家里，守护着自己和家人的健康，同时也关心着武汉，关心着疫情的发展，盼望能够早日结束这场疫情。

宅在家里，浮想联翩，经常回想起春节前夕的1月15日，离退休社团昌平总协会、城北街道政法社区居委会联合举办的"2020迎春联欢会"的情景，想到我们200余名老同志欢聚一堂，共同迎接庚子新春的到来的日子。

难忘欢乐时刻，舞蹈队表演的藏族民族舞《吉祥热巴》，姐妹们手持热巴鼓，不停地变换旋转，飞扬的裙摆和鼓声交织融合，节奏激昂明快，震撼人心。两校区舞蹈队带来的舞蹈《追梦人》《月亮船》，舞姿欢快，轻盈优美。

难忘愉悦电吹管乐队演奏的《欢聚一堂》《歌声与欢笑》，葫芦丝演奏的《渡情》，别有风味，情意缠绵。小朋友的独唱《拾稻穗的小姑娘》，童声稚嫩，活泼可爱。贺老师演唱的传统京剧《借东风》唱段，苍劲有力，豪迈洒脱。

难忘诗剧《西去列车的窗口》，五位老师的倾情表演。"在九曲黄河的上游，在西去列车的窗口，是大西北一个平静的夏夜，是高原上月在中天的时候"，汽笛长鸣，车轮滚滚，军垦新战士和老战士在西去的列车上相遇，相互倾心交谈，歌颂了二十世纪六十年代初，屯垦戍边的军垦战士们的豪情壮志。

难忘诗朗诵《英雄》，致敬在祖国需要的时候挺身而出、在平凡的岗位默默奉献的英雄们。而七位女士的诗朗诵《母亲》，以独特的视角，展示了母亲在人生各个阶段的心声，歌颂了伟大的母爱。

难忘运动操《乒乓乐》，表现了乒乓球爱好者的欢乐情怀，十几位老同志在教练吴老师的带领下，伴随轻快的《小苹果》乐曲，挥拍、跳跃，体现了朝气蓬勃的精神。

难忘大合唱《没有共产党就没有新中国》《团结就是力量》，展示了老同志们的信心和力量。

难忘我们的欢聚一堂，载歌载舞，激情满怀的联欢活动；回顾联欢会的精彩瞬间，有一种珍惜美好事物的情怀。想想好险啊，联欢会一周后，形势急转，我们的生活按下了暂停键，开始了防疫"战争"和漫长的居家日子。

一场空前绝后的暴风骤雨，把五湖四海的爱拧成一股绳。铁肩担道义，八方共患难，大疫无情，人间有情。在这特殊的日子里，2月24日，法大延期开学，按期开课，迎来首个"线上开课日"。老师们、同学们同心协力，在祖国的四面八方，依托网络平台，进入了2020年春季学期在线课堂教学时间，紧张的学习开始了！

老同志们也力所能及地参与了社区的值班，或在线上互致问候。宅居在家，拾起了自己的爱好，有画画儿的，有写书法的，有练习朗诵、唱歌的，有学习弹琴的，让日子过得丰富多彩。通过疫情，我们更体会到生命的可贵、健康的可贵、老同志们欢聚一堂的可贵。盼望疫情早日结束，老朋友们又能欢天喜地地唱起来跳起来，彰显夕阳美了！

隔离疫情并不隔离牵挂与爱，我们牵挂着各位老年朋友们，牵挂着学校的各位老师，牵挂着远在各地的同学们。"同舟共济扬帆起，乘风破浪万里航。"我们要以勇敢和坚强的精神，以战胜疫情的勇气和决心，期盼和他们早日相逢在玉兰花开的法大校园！

（选自2020年3月3日第609期总第1015期）

思政工作常抓不懈　立德树人砥砺前行

葛莹

近年来，我校高度重视加强师生思想政治工作，将师资队伍建设、"四跨"人才培养、宣传思想工作等方面作为着力点，取得了突出成效。这些成效的取得，不仅是对学校思想政治教育成果的肯定，对坚持德育为先、能力为重人才培养模式的认可，更是对学校重视思想政治工作、将思想政治工作贯穿教育教学全过程这一做法的鼓励。

我校以深刻的认识为前提，将采取得力的举措作为关键，以取得显著的成果作为目标，开拓了思政工作新局面。

高等教育的立身之本在于立德树人，始终存在着"怎样培养人"的技术问题和"培养什么样的人以及为谁培养人"的价值问题。学校在人才培养过程中，坚持以立德树人为根本，以理想信念教育为核心，把社会主义核心价值观融入人才培养的各个环节。因而，不论是对校内管理的法治化探索，还是对优秀基层校友的寻访，都是致力于不断加强对大学生的理想信念教育、爱国主义教育、公民道德教育和素质教育，共同构建中国特色社会主义高校大思政格局。

习近平总书记在全国高校思想政治工作会议上强调，为了扎实办好中国特色社会主义高校、将思想政治工作贯穿教育教学全过程，传道者自己先要明道、信道。高校师者云集，学子思维活跃，具有意识形态方面的特殊性。在这种情况下，我校要求教师做到教育者先受教育，努力成为先进思想文化的传播者、党执政的坚定支持者，积极推进"青年教师社会实践项目"等平台促进教师成长，并通过积极鼓励教师开拓与学生的课堂互动新模式等创新手段，取得了思政教育优秀科研成果，使全校教师更好地承担起作为学生健康成长指导者和引路人的责任。

　　"有志始知蓬莱近，无为总觉咫尺远"，为了培育"德才兼备、全面发展"的社会主义事业合格建设者和可靠接班人，让我们进一步贯彻落实全国高校思想政治工作会议精神，以"双一流"建设为契机，扎实推进我校综合改革，将思政工作作为一项重大的政治任务和战略工程常抓不懈，在立德树人的道路上砥砺前行。

　　　　　　　　　　（选自 2017 年 4 月 11 日第 513 期总第 919 期）

联合楼

——历久弥新的记忆

刘秀华

"联合楼？什么联合楼？哪里有联合楼？跟我们政法大学有什么关系？"我曾经向一位学生询问："你知道联合楼吗？"这个学生一脸茫然，然后就是小声地嘀咕和发问。是的，对于 2010 年以后入学或入职的校友来说，真的会觉得我找错了地方。而对于那些在二十世纪五十年代建校初期或二十世纪七十年代后期北京政法学院复办期间来校的老人们，说起联合楼则个个喜形于色，如数家珍。在他们心中，联合楼是那么高大，那么神圣，她承载着法大人学习、工作、生活的太多过往，她是中国政法大学发展历程的亲历者和见证者。然而，为了学校的发展，2009 年秋季的某一天，在中国政法大学学院路校区矗立了 55 年的联合楼从人们的视线中消失了。现在，10 年过去了，有关联合楼的往事仍然在我心中涌动……

——

说起联合楼，必须从中国政法大学的前身北京政法学院说起。北京政法学院是新中国创建的第一批高等政法院校之一，1952 年 11 月 24 日在北京大学原址（沙滩）正式成立，与北京医学院、北京地质学院和工农速成中学三所学校暂时共享北京大学旧址的有限空间。1953 年 2 月，学院第五次院务会议讨论了有关校址问题，开始启动了新校址的选择、规划、设计、建设等一系列工作。随着建筑项目逐步完工，部分学生、教工陆续搬进新校址。北京政法学院录取的第一批二年制专修科学生吴昭明老师告诉我，他们是第一批入住新校区的。1953年高考后，他从《光明日报》上看到自己被北京政法学院录取的名单，10月14日，他和苏炳坤等被北京高校录取的福建新生乘坐解放军军车，从泉州出发，先后到达福州、南平、上饶，然后乘火车经上海，于10月18日晚抵达北京，住进沙滩灰楼学生宿舍，第三天开始在孑民堂（综合楼）上凌力学讲授的哲学课。两个月后的1953年12月底就搬进了北京政法学院新校址的北楼（后改称为1号楼）。1954年1月26日，新校址全面竣工，2月12日开学前夕，600多名学生和250名教职员工告别沙滩原北京大学校区，全部搬入了建在海淀区大王花园南、一间房以北地区的新校址——北京市海淀区学院路41号。

当时，新校区只有联合楼、北楼、中楼、南楼（后分别改称为1号楼、2号楼、3号楼）、礼堂、食堂及锅炉房、车库等基本设施，在礼堂南侧还有四栋平房，其中有两栋教室，另外是打字室和印刷室。北楼（1号楼）是男生宿舍，中楼（2号楼）是女生宿舍，南楼（3号楼）一部分是教研室、资料室，另一部分是单身教工宿舍。教学楼呢？对不起！没有教学楼。学生在哪里上课呢？联合楼啊！联合楼既是办公楼，又是教学楼，还是图书馆，也是医务室，承担了教学科研、党政管理、后勤服务众多功能，称为联合楼真是名副其实。

曾经的联合楼建筑面积4153平方米，就坐落在学院路校区现为综合科研楼的位置，只不过东墙仅到B4段的圆柱西侧。她是一座典型的仿苏建筑，双坡屋顶，红砖垒砌的墙体，赭红色的木制窗棂。虽然不高，但是简洁、朴素、端庄、大气。联合楼中部高三层，两端是两层。西边有一个小门。北门有两个，一个东北门，一个西北门。联合楼的正门即大门在朝南的正中央，大门不远处即是一条东西向的用煤渣铺成的小马路，不宽，但是平坦，笔直。往东一直通向学院外南北向的公路，再向东，就是当时称为北土城沟的小月河了。往西至联合楼西侧再往北拐，经过南楼、中楼，直至北楼以北的平房宿舍。小马路两旁新栽种的梧桐树虽然尚显细弱，但是，它舒展的枝条和掌形的绿叶在新建的校园里呈现着勃勃生机。联合楼大门两侧与小马路之间是葱郁的灌木丛，大门东侧还有一棵木槿，从 6 月开始直至 9 月持续绽放着粉紫色的花朵，煞是好看。小马路南侧是菜地，菜地的南头有 3 家农户的院落。夏天，茄子、黄瓜、西红柿，果实累累。秋天，萝卜、白菜，青翠欲滴。冬天，站在联合楼二楼或三楼窗前向南望去，眼前的菜地垄畦、农户家的矮墙、院落以及在其东南侧耸立了 200 余年的石碑均覆盖着厚厚的白雪，勾勒出一幅宁静的田园风景图。而在联合楼北面则是一片热闹景象，在教师和学生用水泼成的滑冰场上，学生们有的穿着冰鞋在冰面上熟练地滑行、旋转；有的互相搀扶着"蹒跚学步"；有的单独或二人手拉手打着出溜；还有的一人在前面当"火车头"，双手拽住蹲在他身后的一个或两个同学当"车厢"奋力向前；更有的同学不慎摔倒，顿时会掀起一阵惊呼和欢笑声浪。

联合楼内部是什么样子呢？登上五级台阶，走过一个平台，即可步入联合楼大门。门内是宽阔的大厅，正对面是楼梯，左右两边是贯穿东西的走廊，串起分布在东西南北的办公室、教室……一层东侧是党委部门办公室、中教室和图书馆出纳组；西侧是传达室、总务部门办公室和医务室。二楼是书记室、院长室、教务长室、人事处、教务处等行政部门办公室，东西两端各有一间大教室。三楼东侧是图书馆，西侧是苏联专家办公室和研究生教室及实验室。联合楼的内饰非常简单，雪白的墙壁，光滑平整的水泥地板。写到此不由得感慨当年的水泥和施工质量真不是一般的好，在 1986 年底我们搬进联合楼时，水泥地板依然平整光滑，到二十世纪九十年代末进行内部装修时，经过 40 多年沧桑的水泥地板仍旧容颜不改，以至于有人调侃铺了地板砖还不如原来的水泥地板漂亮。言归正传，接着说联合楼内部的一些细节。办公室的房间号是用白漆喷在赭红色的门上而成，很是醒目。一层房间号从门厅东侧朝南第一间开始排序：101、102、103……二层朝南正中间的房间是 201，往东依次是 202、203……三层和二层一样正中是 301，往东依次是 302、303……整栋楼的房间号都是沿着走廊从南侧中部起始，由东向北，再往西，往南再往东，绕一个长方形的圈，到中间结束。办公室名称用黑漆写在淡蓝色的有机玻璃牌上，悬挂在各个办公室门外的墙壁上方。

二

房间内有什么陈设呢？无非是桌子椅子文件柜，电话笔墨字纸篓……都是按照级别和工作需要配备的桌椅柜子等办公家具，简单而实用。要说不同，只有书记、院长的办公室与大家略有不同吧。在协助学校筹备钱端升纪念馆工作中，为了复原钱院长办公室，走访了许多建校初期的老同志，他们提供了很多间接或直接的信息，尤其是曾任院长秘书的张爱和老师和曾任苏联专家工作组秘书与钱院长有密切联系的吴昭明老师，对钱老办公室里的办公家具布局均有更细致的描述。综合众多信息，并反复考证核实，还原了办公室原貌：钱端升院长办公室在二楼204室，紧邻书记刘镜西的203室。办公室里铺着浅棕色暗花的地毯，东侧靠窗摆放着一张宽大的老式办公桌，一把扶手椅紧靠东墙。桌上摆放着一部黑色拨盘电话，一盏绿色灯罩的台灯，一瓶蓝黑墨水，一方厚重的大大的铜质墨盒，墨盒盖上錾刻着细密的纹饰，左下角是一丛兰花草。还有一个大笔筒，里面插着铅笔、毛笔、蘸水钢笔和红蓝铅笔。据老同志们讲，钱院长喜欢用蘸水钢笔和毛笔书写文字。办公桌椅右侧有一个报纸架，《人民日报》《光明日报》《北京日报》《解放日报》依次排列，很方便取用。挨着报纸架的是古色古香的实木花架，花架上面是一盆绿植。离花架不远处是一张小课桌，桌上放着搪瓷茶盘，茶盘上有四个白瓷茶杯和一把茶壶，小课桌旁的地上立着一个竹套暖瓶。办公桌对面从南到北靠西墙依次摆放着一个文件柜、一个书架和一个三人沙发。沙发与扶手椅一样，都包着墨绿色金丝绒套。沙发前是一张小巧精致的椭圆形茶几，茶几台面上铺着一块同样形状的玻璃。沙发与北墙夹角处是一个木制衣帽架。靠北墙放着两把椅子，与沙发形成一个L形。在这间办公室里，钱院长接待来宾，与人谈话，召开小型会议，研究处理各种院务事宜。1954年，钱端升院长作为全国人民代表大会宪法起草委员会顾问，从联合楼走出去，参与了新中国第一部宪法的起草工作，为新中国第一部宪法的颁布做出了重要贡献。

其他办公室的陈设除没有地毯外，基本上大同小异，均是按照办公室的职能配备相应的办公家具，以利服务于全校的师生员工。当时学校的办公用房非常紧张，除书记、院长、教务长是独立办公室外，各党务行政的部、处长及各科室几乎都是二人以上共用一间办公室，就连副教务长也不例外。当时任副教务长的是著名的社会学家、法学家、教育家，杰出的社会活动家，中国民主促进会创始人之一的雷洁琼教授和著名的法学家，时任《新建设》杂志总编辑、全国政协委员、北京市人大代表的费青教授，他们都在联合楼西段南侧的同一间办公室办公，紧邻教务长刘昂。据老同志们讲，雷洁琼副教务长和蔼可亲，平易近人，除因社会职务必须外出参加活动外，几乎天天从南锣鼓巷的住处坐班车到学校上班，一直到 1971 年随同北京政法学院干部教师一起到安徽五七干校下放劳动为止。据档案记载，费青副教务长因病在无锡大箕山华东疗养院疗养，不幸于 1957 年 7 月 24 日病故，学校知悉噩耗立即派出刘昂教务长陪同费青夫人叶筠连夜赶往无锡，处理相关事宜。同时由司法部、《新建设》杂志社、全国政协等八个单位的负责人共 21 人组成"费青同志治丧委员会"，并在《人民日报》刊出"讣告"。学校还与北京市有关部门多方协调，将费青骨灰安葬在八宝山革命公墓。同年 9 月，费青夫人叶筠将费青遗留的中外文书刊杂志 245 册捐赠给北京政法学院图书馆。

联合楼还承担着教学楼的功能。在一楼东侧有两间中教室，一间小教室。二楼东西两端各有一间大教室，东段北侧有五间小教室。三楼西段还有两大间研究生教室。当我根据老人们的回忆，画出联合楼功能分布示意图后，总是盯着二楼东段南北两侧的图示，心里泛起一丝疑惑：老人们的记忆是否有偏差？南侧是办公室，北边是 5 间小教室，课堂老师声音高亢，课间学生熙熙攘攘，怎么办公啊？为此，我曾多次询问吴昭明老师：这么多小教室确实是在二楼？肯定是在书记、院长的办公室对面？回答是确实！肯定！没错！这简直令人无法想象。老同志们告诉我，当时学生们有时在礼堂上大课，如在礼堂聆听雷洁琼讲授婚姻法，严景耀讲授国家法。而大部分的课程都在联合楼的大、中、小教室上。吴昭明老师对我说，他在联合楼二楼东侧大教室听过芮沐所作的专题报告，阴法鲁讲授的语文，还有楼邦彦讲授的课。当然，听得更多的是程筱鹤和老干部谢润滋的课。说到楼邦彦讲课时，吴老师笑吟吟地连连说："楼邦彦讲课很有派头，衣服整洁，声音洪亮，很神气，印象深刻！印象深刻！"述说时的神情，仿佛楼邦彦神采飞扬的讲课场景就在眼前。

图书馆也在联合楼。从大门进入楼内，拾级上至三楼，正对楼梯口的房间是图书馆的报刊组，楼梯东部即是一个大阅览室。1955年专修科毕业后即在图书馆工作的原图书馆副馆长郭锡龙研究员用骄傲的语调告诉我，这个大阅览室南北通透，非常宽敞明亮。再往东，依次是图书馆办公室、采购组和编目组。图书馆正副主任（馆长）于振鹏、赵德洁即在办公室上班。图书馆的出纳组（现在称为流通部）在一楼东端，与中教室仅一墙之隔。出纳组中间打一隔断，北侧为社科类书籍，南侧为文艺类书籍。学生们借书还书从东北门直接进入出纳组，十分便利。图书馆所有设备都是从沙滩红楼原址搬来的。阅览桌椅、目录柜、出纳台古朴实用，书架不仅高大，更是沉稳厚重。几乎每一件桌椅书架等设备的隐蔽处都写着"政法"二字，那是院系调整时物资分配的印记。

能想象得到吗？医务室也设在联合楼。为了保持工作学习的空间静好，避免感染，医务室的入口未设在南大门，而是从西门直接进入。中间是一个东西向的过道，南北两侧分别有3间房。挨着西门南侧的第一间是挂号室，然后是药房、注射室。北侧从西往东依次是理疗室和诊室。据1953年即来到北京政法学院的李国铭医生讲，当时医务室只有一位医生，三位护士和一位司药，费青夫人即是司药，她每天上班，即使在费青副教务长生病疗养期间，她也没有离开过岗位。1957年3月，"亚洲流感"横扫全国，北京政法学院也未能逃此一劫。从3月初开始发现第一例感染者，每天都有新病人，至3月25日感染者发展到100多人，几乎占到全校师生员工及家属的5%，学院被迫于3月29日开始停课。为了隔离病源，把礼堂作为临时病房，医务室全体工作人员夜以继日在"病房"巡视，给师生员工发放预防药品，宣传防病知识。在市卫生部门的协调下，学院还从北京大学第三临床医学院请来一名医生临时协助防病治病。通过全体师生员工的多方努力，终于战胜了流感，于4月8日开始复课。

三

北京政法学院的校园不大，建筑不多，楼也不高，是当时人们眼中的"袖珍大学"。但是，"所谓大学者，非谓有大楼之谓也，有大师之谓也"。遥想建校之初，北京政法学院云集北京大学、清华大学、燕京大学、辅仁大学的法学、政治学、社会学等学科的著名学者。毋庸置疑，他们是北京政法学院厚重的基石。师生们在联合楼教室的讲台上，在二楼的会议室里，在三楼图书馆的书架旁，以至于在各楼层的楼道内，经常看到这些奠基者的身影。而那些在学院担任各级行政领导职务的大师们更是给大家留下深刻印象。他们是由毛泽东主席亲自签发任命书的院长钱端升教授、副教务长费青教授、副教务长雷洁琼教授、图书馆主任（馆长）于振鹏教授及副主任（馆长）赵德洁教授、工会主席戴克光教授、国家与法的历史教研室主任曾炳钧教授、国家法与行政法规教研室主任严景耀教授、教研室副主任芮沐教授……

原我校校长徐显明教授在《中国法律评论》杂志编辑部组织的"改革开放四十年的中国法学教育"讨论时说："钱端升作为北京政法学院的首任院长，他给中国政法大学留下了巨大的精神财富，即使身处逆境，也清志不改……是新中国法律人的杰出代表和共同榜样。"的确，虽然在特定的历史时期，这些学术大家应有作用的发挥受到了一定影响，在校任职、任教的时间有长有短，有多有少，但是，他们矢志不渝的学术追求和独立自强的进取精神，在学校的建设和发展上，乃至在中国的法学教育和法治建设中产生的影响是巨大而深远的，中国政法大学现在的辉煌离不开这些法学前辈们早期的辛勤耕耘和血汗的付出。我们不会忘记！历史不会忘记！

从 1954 年至 1957 年底教学楼未投入使用之前，联合楼不仅是北京政法学院建筑群中的制高点，更是党政管理、教学科研的决策中心，学院各项工作的"第一次"都是由这里发端。如校史记载：第一次召开中共北京政法学院党员代表大会，通过了《关于保证完成教学工作的决议》；第一次举行全院团员大会，成立了新民主主义青年团北京政法学院委员会；第一次招收本科生；第一次招收研究生；第一次聘请外教（苏联专家约·楚贡诺夫和玛·克依里洛娃）；第一次出版刊物《教学简报》（《学报》的雏形）；第一次成立北京政法学院学术委员会，由钱端升院长任主席，刘镜西书记任副主席；第一次召开科学讨论会，有兄弟院校、中央机关和社会团体的代表400余人参会，杜汝楫、曾炳钧、陈志平、张子培等9人在会上宣读了论文；第一次举办科学著作展览会，展出教师、研究生的论文及其他作品117篇；第一次出版论文集；第一次制定并发布《北京政法学院十二年远景规划》；第一次组织领导首次教师职称评定工作；第一次设立科学论文奖，吴恩裕、张子培、徐敦璋等3人荣获该项奖励；第一次举行田径运动会；第一次成立体育锻炼委员会，雷洁琼副教务长任主任，金德耀教授任副主任；第一次接待外国代表团参观访问，广泛开展对外交流工作。

这许许多多的"第一次"，使北京政法学院方方面面的工作与建院初期相比都有了翻天覆地的变化，办学逐步走向正规化，教学力量增强，管理水平明显提高，开始进入了一个新的建设与发展阶段。

1958年，教学楼建成投入使用，学生们离开了联合楼，图书馆也搬走了。联合楼的"联合"作用大大削减，但是，它依然以其稳健的身姿与北京政法学院的师生员工一起在历史浪潮中浮浮沉沉，历经风雨考验，阅尽岁月沧桑。

据王改娇执行主编的《法大记忆——60年变迁档案选编》记载，在特殊岁月，北京政法学院经历了迁校（因故未能施行）、疏散与停办三次变动。1971年2月，北京政法学院被宣布撤销，400余名教职员工搬迁至安徽省濉溪县五铺农场五七干校下放劳动，1972年4月，五七干校撤销，干部教师就地分配工作。这是后话。当上级机关甫一宣布北京政法学院撤销，校园房产、设备、图书即刻被"瓜分殆尽"。经过几番周折，联合楼最终落在北京市艺术学校的名下。这所艺术学校开设的艺术门类课程众多，有美术班、书法班、歌舞班、曲艺班、京剧班、评剧班、河北梆子班、话剧班……鼎盛时期居然还有杂技班。此时的联合楼又成为"联合"楼，而且比北京政法学院时期更热闹。我校宣传部工作人员张永和老师就是这所学校的毕业生，他1975年进入艺术学校美术班学习绘画，1977 年毕业留校任教。张老师说，他们美术班每天在二楼东侧的大教室宁心静气苦练用笔功力，揣摩水墨画技法，而另一侧却是锣鼓喧天，管乐齐鸣，夹杂着咿咿呀呀的吊嗓声和高亢激越的河北梆子音。据张老师回忆，著名京剧艺术家张君秋的女儿，四大名旦之一荀慧生的弟子，"马派"艺术创始人马连良的琴师和艺人都曾在北京市艺术学校向学生们口传心授戏曲演员的"四功五法"——"唱念做打""手眼身法步"。

在这一片喧嚣中，联合楼默默无言，任凭花开花落，云卷云舒。

四

1978 年 8 月 5 日，最高人民法院、最高人民检察院、公安部、教育部四部门印发了《关于国务院批准恢复北京、西北政法学院的通知》。北京政法学院留守处领导小组迅速启动了复办工作。当分散在中央及全国各地党政机关、企业、各大专院校的师生员工陆续返回北京，重新聚集在学院路 41 号时，发现原来整洁优美的校园满目疮痍，早已没了旧时模样。教学楼门窗残缺不全，玻璃破碎近三分之一，楼顶漏雨，墙皮脱落。原来美丽的"小滇池"变成了一片废墟。校园西侧的风雨操场，北校门内的空地和教学楼西南侧被有关单位盖起了 11 幢与学院无关的家属楼、居民楼（还有 3 座塔楼在计划建设中），使原本就不大的"袖珍大学"变得更加迷你了。而且校园里的所有建筑物除 1 号楼的一部分为学院留守处使用外，联合楼、教学楼、礼堂、食堂，以及 2、3、4、5、6 号楼等全部被外单位占用了。因此，复办工作艰苦异常，学院在争取校舍、改善办学条件方面用了洪荒之力，但收效甚微。直至 1979 年 10 月 24 日在冶金建筑研究院礼堂举行新生开学典礼时，也只是收回了教学楼和 1 号楼。由于教室里没有桌椅，403 名本科生和 35 名研究生不得不每天拎着马扎去上课，就像当年抗大的学生那样用膝盖当桌子刻苦学习。党政机关工作人员，包括院长书记等院领导则在教学楼以西，联合楼以南的一片木板房中办公。经过几年的艰苦努力，被占校舍陆续归还，但是，联合楼的回归路却异常艰难。从 1978 年北京政法学院开始与各方的沟通、协商，到中国政法大学与各方的继续协商、谈判，到 1986 年底才被彻底收回。

在 1987 年元旦前，校部机关各部门终于搬进了联合楼。当我和同事们抬着柜子进入大厅时，一股烟火气扑鼻而来。原来，此时的联合楼并未全部腾空，在一楼东段南侧第一间，竟然还住着一户三口之家，门口摆放着橱柜和煤气灶，楼道里经常弥漫着炒菜香味，与办公楼的气氛极不协调。党办的同事诙谐地称这间屋子为办公楼里的"白内障"。大约两年后他们搬走了，联合楼才真正成为办公楼。

在联合楼尚未收回的 8 年时间里，学校党政领导班子和校部机关的同志一直在木板房内办公（1983 年 9 月以后曾在新建的 7 号楼内办公几个月）。木板房里黄土垫地，夏天潮热难耐，蚊蝇扰人。冬天虽然生着炉火，可是并不暖和，因为薄薄的木板挡不住寒风的侵袭，办公室的工作人员总是穿着大衣办公。但是为了满足学校逐年增长的学生宿舍需求量，保证教学的顺利开展，校领导带头发扬党的艰苦奋斗、密切联系群众的光荣传统和革命精神，以身作则，与师生员工同甘共苦，学校要求员工们做到的，他们自己首先做到。比如在定期大扫除的工作中，北京政法学院副书记戴铮、副院长任时，就和我们一起在教学楼西门外打扫卫生。戴铮副书记是红军时期参加革命的老干部，他熟练地用铁锹铲着野草，清除垃圾，还与大家亲切地谈天说地。任时副院长也是位老干部，他埋头扫地，装运垃圾。当时两位领导都是 60 岁左右的老人了，但是他们没有以老人自居，更没有以领导者自居，而是把自己作为师生员工中的普通一员，共同为改变校园环境而努力。吴昭明老师多次回忆说，在中国政法大学筹备期间，没有房子办公，他们就在陶然亭公园里找了一间房子，有时还不得不到第一副校长云光的家里开会。中国政法大学成立后，党委书记陈卓、副书记云光和余叔通等校领导就一直在条件恶劣的木板房里办公。

还有一次吴老师对我说：其实这是有传统的，早在二十世纪五十年代，为了解决学校房屋不足的困难，学校领导就带头腾房让给学生当宿舍，《人民日报》还为此专门进行了报道。具体是哪年呢？吴老师说不准。我联想到刘长敏主编、张培坚主笔的《甲子华章——中国政法大学校史》中的一段话："1956 年底，钱端升、李进宝和雷洁琼等参加了在紫光阁召集的北京高校负责人会议，在会上共同向周恩来总理反映学院校舍紧张的问题。周总理当即答应责成有关方面抓紧解决，于是就有了坐落在西土城路 25 号的教学楼。"

根据这个线索，我在国家图书馆真的找到了这篇报道，它发表在 1956 年 11 月 26 日的《人民日报》头版的左下方，题目是"领导人带头腾出住房 全院员工发扬艰苦朴素作风 北京政法学院用房问题解决得好"，在报道的上方还刊登了《人民日报》社论《发扬艰苦朴素的作风》。看了报道和社论内容，我不禁感叹，联合楼真是不简单啊！它凝聚着建校初期老一辈法学教育专家学者、全体师生员工和莘莘学子百折不挠、艰苦奋斗的精神气质，承载着新中国法学教育和依法治国发展的厚重历史。可以说，联合楼的一砖一瓦见证着中国政法大学筚路蓝缕的艰辛，一阶一梯见证着法大人鲲鹏展翅的豪情。

如今，联合楼没有了，在它的原址上矗立起了设计新颖、宏伟壮丽的综合科研楼，初心不改的法大人在这座标志性建筑里描绘着新的蓝图，坚定不移地推动学校改革建设事业的发展，在党的十九大精神的指引下，为全面依法治国和中华民族的伟大复兴贡献力量，为中国政法大学的历史续写浓墨重彩的新篇章。

（选自 2021 年 3 月 23 日第 650 期总第 1056 期）

法大是家，我们是亲人，陪伴是礼物

迪达尔·马力克

为组织留校学生一起看春晚做准备

我害怕陪不好这群没有回家的孩子，也担心他们脸上的微笑只是出于礼貌。

今年，我当老师三年了，陪寒假留校的学生过了三次春节，慢慢地，我似乎开始懂得了如何陪伴。

我校的学生工作一向以学生为中心，学生工作始终要坚持以人为本，作为除夕夜实现这一目标的园丁，我明白我的陪伴应当细腻一些。中午，我就开始着手做准备，活动是放假前就定好的"一起收看央视春晚"。

我们建了一个微信群"一起过除夕夜"，加入的学生有 50 多人，有几位老师也加入了，一直在群里鼓励学生积极参与，还给大家发红包，学院路校区也有人加入。从头到尾有 4 人到 5 人一直在帮忙，晚上共有 14 人参与活动。整栋教学楼只有我们 15 人，为此感谢校领导的重视，还有物业服务中心、公寓管理中心和国际交流中心的理解和支持，端升楼和各公寓值班人员的坚守和敬业精神。

爱有五种语言

我要求学生穿至少一件红色衣服去现场，并且为陌生的同学准备一份小礼物。

春节是万家团圆的日子，习总书记说"团聚最喜悦，团圆最幸福，团结最有力"，除夕夜校园里仍有很多人没能回家团圆，作为老师，我能为他们做些什么？当我和好友讨论，对方说，"你可以让他们互送礼物，因为这是爱的语言之一，爱有五种语言"。我查了一下，爱的五种语言分别是：肯定的言词、精心的时刻、接受礼物、服务的行动、身体的接触。

所以，除夕夜一起看春晚这个活动，我就是围绕着爱的语言进行的，过程太琐碎，就不提了，说说几个细节。

贴春联时，他们看到了"天猫超市"，我坦言自己不会买，学生把快递一起寄来的春联带过来了。有个女生说，"没事，迪哥，我都还没贴过春联"，真想抱抱她……一个新疆小男孩，没有红色的衣服，用塑料袋装了自己的红色篮球服过来；有个大一学生，从宿舍楼抱着一大罐红色旺旺奶糖走来，给我介绍，"老师，这是我买给自己的年货"；羞羞答答的一个男孩从书包里拿出一个可爱的杯子，"这是我踢比赛赢得的奖品"；还有一个装在十分精美的盒子里的礼物，送给一个女生，那个男孩说"回去再打开吧"；面带微笑，稍有些颤抖的声音，有个女生说，"我写了一张贺卡给你，不知道会送给哪位同学，就写了些心里话"；有个小女孩说，"这些都给你，最近淘宝送的所有赠品"；我送出了自己的蝙蝠侠零钱袋，加油吧，少年，它曾给过我很多勇气，也会好好陪你。

到夜里 11 点，他们的微笑开始无比真实，身体放松，眼神没有防备，互相可以叫出名字，相互递零食的手就没有停下，春晚变成背景音乐，我们开始分享今晚的感受，眼前的一切告诉我：我们都在寻找爱，这种爱藏在所有善良心灵的每一个角落。

乍得的帅哥唱了一首超级好听的母语歌曲，同学们就开始唱歌了，所有人都站着，半个小时，一直唱到零点倒计时，他们唱不上去就笑，或者嘶吼，或者尖叫，或者蹦跳，我莫名进入一种家长的角色，孩子们啊，平时也许有很多委屈吧，倒计时完都重新开始吧，生活会深爱我们的！

这篇推文本该是一篇正经的新闻稿，但我坐在空荡荡的主楼，想到昨天的场景，只想写一篇记录，希望新的一年，爱都在身边，不管以哪种语言形式存在；不管此刻在家乡的你，过的是一个怎么样的年，不管原生家庭让你幸福或者难熬，同学们，生活的难题从来就不曾停止，法大人有勇往直前的精神，那么留在校园的你们，或者刷着家里 wifi 的你们，都一样，请学会爱，学会坚强，学会勇敢！

结束时，他们互相说"感谢今晚的相伴"。

夜里 1 点，同学们一起把我送到楼下，我竭尽全力，超有仪式感地，一个一个拥抱。

奋斗吧，少年，这是奋斗者的时代！

（选自 2018 年 2 月 27 日第 540 期总第 946 期）

政法院里的回忆

李建红

值此法大 66 周年校庆之际，法大的品牌活动"借你的双眸读法大"摄影展开展。有幸，这些年我记录的蓟门桥边角落里法大校园的点滴小景能在此展出。在开展之际，一个多月来挑选照片过程中的一幕幕又映入我的眼帘。回想，这几千张照片多数还是近十几年来的记录，提炼出来的这二百多张照片也浓缩了法大这些年旧貌换新颜的过程。

而今年，也是我在法大工作的第三十年，几多感慨。

法大院里的回忆，对于不同的与之有交集的人来说，有着不同的理解和记忆。于我，她的旧美，是无法形容的美。

我出生、成长、工作于这个角落。角落里，从前校园的模样在我的脑海里依旧清晰，一草一树一花，一砖一瓦一石，承载了我对故人、对儿时、对最美好年华的记忆。我的先人在这里，从学校初建、解散到复建，直至他们故去，他们最美好的时光在这里度过，一切都奉献在这里。诞下我辈，也继续在角落里工作和生活，我的一切都源于这个角落。

曾经的角落，是个很漂亮的校园。我想起学校复办之前，留守在院儿里的一些老师的孩子们，呼啦啦奔跑于一、二、三号楼前，围着枣树核桃树上蹿下跳，摘了果子衣服上蹭蹭即入口嚼咽，然后奔跑到学校后来建了图书馆的人工湖边，再从教学楼一路蹿向游泳池（现海淀艺师教学楼处）。设想假如没有 1976 年的地震，可能明光楼那儿还会留下学校的大操场。而看到现在经常出现的某些演艺明星时，又想起他们那时身为北京戏校、北京歌舞团、北京曲艺团学员、演员们练功的情景，这角落里也是走出不少明星的地方。复建后学校改了门庭，演员们和法大学生也共度了一段时光，这成为不少毕业生们的回忆。

2009 年，联合楼、礼堂、七号楼退出了校园老建筑群，有了现在的科研楼。1987 年学校建起图书馆，当时获得北京市设计奖，启功老先生给题写了馆名，法大的学子们在里面苦读，从这馆里走出了不少现在的法学大家。2013 年，老图书馆撤去身影，取而代之建起新的教学图书馆大楼。

时光，最是无情，也多情，昔日一切不经意的留存，今天都是最美好的回忆。联合楼前郁郁葱葱的松柏，教学楼后法国大梧桐树的林荫，图书馆前小花园的花前月下，图书馆后小山亭子里听风赏月，竹子借风摇摆，这些岁月的痕迹只能留在记忆里了。巴掌大的地方，却总是勾起老政法人的无限怀念。

法大大，可以从学院路到昌平；法大小，蓟门桥边一小角儿。角儿很美，是小而美。尽管角儿有时会被遗忘，但这里是孕育思想和精神的地方，"美丽中国"的心尖尖上有一个小小、小小的"美丽法大"。

从北京政法学院到中国政法大学，过去、现在、将来，承载了很多；法大故事，有你、有我、有他，几多起伏人生。

我的镜头我的眼，一种情愫，一种情怀，记录、见证小角落里的法大变化。展览的照片，不足以放进所有镜头留影，我愿意用这些照片，唤起你在法大角落里的记忆和对法大的爱。

（选自 2018 年 5 月 8 日第 548 期总第 954 期）

吟咏不平凡时代里真实的自我

赵文彤

"那时，我们无歌可唱。"

"'345'的路，就是我们的路。"

30年前的诗句一下子就把我们带回了过去，1987年到1988年中国政法大学昌平校区的景象也历历在眼前浮现。

"345"诗社迄今已30岁，我没有参加过以往的活动，但关注了它30年。这是因为，我与"345"诗社之间，有过一个故事。

1987年我大学毕业，跟"345"诗社创始人这届同学同时入校来到昌平。在1988年也是诗社成立那年的秋天，学校分配给我一套房子，乔迁昌平家属院新居那天，来帮我搬家的一群朋友们在学校食堂意外地与我们学校的同学发生了冲突，法大的一方正是法学院的唐波，"345"诗社创始人之一。因为这个意外，我把当月微薄的工资的一大半给唐波买了慰问品，不到月底我就没有吃饭的钱了，所以就牢牢记住了唐波这个名字。

事件起因于我这些经历过二十世纪八十年代初"天之骄子"式大学生活的朋友，对于法大学生当时所处荒僻的校园和粗略的饭食颇有微词，伤害了法大同学的感情，双方有些误解、委屈，也都有各自内心的理由，今天看来多少是有些荒诞的，不过也是那个年代年轻人独特的释放和发泄方式。但是我的朋友来自校外，人高马大，年龄也要长些，更重要的是我那时已经是法大老师，爱护学生义不容辞，于是我毫不犹豫地站在了法大同学这一边。我至今仍记得去宿舍看望唐波的时候他委屈、隐忍的眼神，当时我心里想，真不知该如何安抚他受伤的心灵。因此之后就一直对他和他发起的诗社有所关注。

但我还是想说说事件另一方，也许唐波至今都不知道这些人的名字：牟森、张大力、吕楠、王小山、孟京辉，这些都是后来一些年里在文学艺术领域曾经闪亮过的名字，一些了不起的人。当然，对于法大来说，唐波也是闪光的名字。一个法律人出身的诗人，是珍贵的，而且参与创建了一个如今已入而立之年的诗社，非常了不起。我不知道这次碰撞与诗社和后来的诗有没有关系，但我知道，诗歌，既是黑夜里伴着蜡烛的泪滴，又是夜空寻索中闪烁的星斗，这是于个体；而于时代，诗歌承载着时代最真实的声音，也记载着我们的心灵曾经走过的路程。我们在"345"的诗集中，看到了法大同学们留下的真情和走过的路。

今天在校的同学们写的诗注定已不是三十年前那样的诗了，但诗不会停下脚步，它同样会有自己的理由，走自己的路。

美国诗人狄金森写到：没有一艘船能像一本书，也没有一匹骏马能像一页跳跃着的诗行那样把人带往远方。这条路最穷的人也能走，不必为通行税伤神，这是何等节俭的车承载着人的灵魂。

感谢"345"诗社的创始者们，你们给法大留下了最宝贵的精神财富和文化品牌，也留存下了你们最真诚的心灵。

有诗人有诗社的法大，才是法大该有的模样，因为法大应该有梦想；有诗人有诗社的大学，才是大学该有的模样，因为大学应该有灵魂；有诗的青春，才应该是青春该有的模样，因为青春应该有激情荡漾。

同是法律人出身的当代著名诗人侯马写到：二十五年后我写诗，修炼出像那位杀手一样的功夫，就是用日常的材料攻致命的部位，其实最大的秘密始终是你怎样才能站到生活的面前。

祝愿"345"的精神在法大代代传承下去！祝愿"345"诗社长命百岁！祝愿"345"诗社的诗人，能吟咏出这个不平凡的时代里最真实的自我。

（选自 2018 年 10 月 9 日第 560 期总第 966 期）

重返大学

赵珊珊

接到让我在今天这样隆重热烈的开学典礼上发言的通知，我陷入极度惶恐和不安中，因为以我的资历，真的不敢作为法大教师代表在这里发言，也不敢随意草率地和刚刚步入法大的同学们分享自己的成长过程。所以自接到这个任务，我心中一直惴惴不安，以致昼夜思索，究竟今天站在这里，要说些什么呢？

一晚，在这样的思虑中，我不知不觉地进入了梦乡。梦境中的我，似我非我。一个阳光朝气的 18 岁少年，初离家乡，满怀着喜悦与憧憬，来到京城，成为一名法大萌新。

来到法大，摆脱了中学时代的题海战术和背诵课业，一个更广阔的天地呈现在眼前。课堂之外，我终于拥有了更多的自由。我兴奋地要踏入这个新世界，迫切地要结识更多有趣的灵魂。因此，重返大学，我选择过与书为伴的生活。因为每本书里都藏着一篇故事、一个灵魂、一种人生。读书，让我能走向"虽不能至，心向往之"的远方，在百感交集中体验更多姿多彩的风景。读书，让我能与古代的、近代的、当代的我所景仰钦佩的人交流，感受他们的喜怒哀乐，倾听感悟他们或数年寒窗，或穷其一生的真情话语、远见卓识。读书，让我能更好地认识自己。我在山巅眺望，在海边漫步，在草原奔跑，在沙漠戈壁驰骋……万水千山间去寻找发现一个全新的自己。

来到法大，我要热情地拥抱周围鲜活多彩的一切。我参加各种学术活动、社会活动，丰富自己的阅历；我真诚地与他人交往，拥有红颜蓝颜朋友，充盈自己的情感生活；我还要时常在这纷繁热闹的世界中给自己留一方独处的空间，不迷失在喧嚣中，和自己的心灵对话。因此，重返大学，我选择过关掉手机的生活。现在请你马上想想，是不是你所有的信息都是从手机中得来的，你所有的知识都是从手机中学来的，你所有的外界联系都是靠手机维持的？如果答案是肯定的，那么你真的应该关掉手机了。我计算了一下刚刚过去的一周时间，我花掉了将近50个小时看手机，那么以此计算，到我60岁的时候，大概会花掉人生中10年的时间看手机，这还只是从我30岁开始使用智能手机计算的。我们经常问起这个问题："时间都去哪儿了？"这应该就能回答了。所以，重返大学，我要关掉手机、重启人生。我制订了一份计划表：每天按时上课，慢跑30分钟，背诵英文单词15个，大声朗读中华人民共和国相关法典20分钟，阅读1小时，写作1小时，与父母家人通电话5分钟，与志同道合的好友交流20分钟，每周听讲座一次等。大学毕业时，我已经可以参加北京马拉松国际邀请赛了，虽然没能取得很好的名次；大学毕业时，我已经熟练掌握英语词汇超两万，这是英语专业八级词汇量的两倍，雅思词汇量的两倍多；大学毕业时，我已经阅读了200余本书籍，写作读书笔记、随笔、小论文等文字50余万字；大学毕业时，我已经更能体会、感恩父母的辛劳养育、师长的谆谆教诲、朋友的无私陪伴。

　　来到法大，我时时不忘，为社会维护公平与正义，将是我毕生的信仰与追求。法律是治国之重器。习近平总书记说，改革和法治，在推动社会前进中，如鸟之两翼、车之两轮。作为未来的法律人，我深知自己使命崇高，任重道远，肩头沉甸甸。坚韧的品格、扎实的法学素养、科学创造性的思维方式将是我最有力的武器。因此，重返大学，我选择过在逻辑和思辨中求索的生活。思辨是法学的灵魂。理越辩越明，道越论越清。没有激烈的思想交锋，就树立不起有深度的法学思想和完善的法学理论体系。逻辑是法学的基础，没有坚实的逻辑自洽，努力寻求公平正义的个案堡垒，随时都可能在社会风雨的吹打中轰然倒塌。因此，我要在夯实专业知识的基础上，进行自觉有意地推理、归纳、总结、批判、创新，在这个过程中不断磨炼自己的意志、检验自己的知识体系、锻造自己的思维方式。

突然，我在儿子的大声呼喊中醒了过来，原来这是一场梦。

对我来说，这是一场重返大学的梦、重返人生的梦，但这也更像一种思想的革新、行为的探险，因为我想要切换一种之前没有过的生活态度，尝试一种一直希望的生活方式。

亲爱的同学们，如果你也做过像我一样的梦，如果你也想要变成什么样的人，想要拥有什么样的人生，而且你还没有成为那样的人，没有实践过那样的人生，那么，从今天开始行动吧！祝福你们梦想成真！

（选自 2018 年 9 月 18 日第 558 期总第 964 期）

法大公交记忆

张永然

位于军都山下的法大校园，看得见山，望得见水，距离北京市区四十公里，乘坐公交"进城"是每个法大人校园生活必不可少的部分。以至于如何寻找最快捷、最方便的公交路线都成了法大学子的一门"专业必修课"。《法大出行指南》年年更新，从最早黑白的宣传页升级到时下广泛流传的微信推送。公交也已经成为法大人对于昌平的最深记忆之一。

我历经了在法大的二十个年头，虽然北京城市和公交的发展日新月异，但学生时代的公交记忆却始终难忘。还记得 1997 年，受尽旅途的失望和打击后，来到被誉为"祖国的心脏，首都的边疆"的昌平时，师兄师姐就用略带羡慕的口吻告诉我们，你们挺幸运的，走高速"进城"的 345 支线已开通，无须忍受 345 路的龟速之苦了。当时听得不以为然，不就是公交车吗？何谈运气？然而，四年的大学生活为师兄师姐的话做了最有力的注解，我们才逐渐意识到公交对于法大学子的意义。

到校后，第一次领略 345 支线的疯狂，是在大一的国庆假期。当时车站就在学校南门口，就是一个孤零零的站牌和一个石头平台。等车的每个人都遥望着来车的东关方向，整装待发地寻找最佳位置冲上车。不过当来的是 345 路，人群只有悻悻散去，再等着下一次冲锋。而 345 支线之所以受人关注，就在于师兄师姐说的"走高速路"进城，比 345 路要快上一个多小时。

那次公交经历真是百味杂陈，没费太大力气挤上公交，却遭了一路的罪。上车后就被挤在了后门的台阶处，而老式公交的台阶特高，人太多，只有前脚掌踩实，后脚跟直接悬空。但即使是这样，我也不用抓紧扶牢，因为已经被固定在拥挤的人群中，所做的是随着车身摇摆，随着人群波动而已。

当然为了少受罪，你还可以选择小巴，不过小巴现在早已绝迹。犹记得等车时，会有各式各样的小巴过来，售票员探头大喊，北京北京，上车有座，五块一位！上车确实会有座，但可能是引擎盖、马扎、条凳，等等。而且你要有耐心，不到车无法再上人，司机是不会开车的。由于小巴不打行李票，就成了假期后返校时，全身大包小包的我们，在挤345支线无望时的最佳选择。当然那时小巴价格也随行就市涨到了十块。

而对于有月票的我们，小巴只是最后的选择。月票可是学生时代的大福利。手持一张贴照片盖红章的纸板，附上一张类似现在车票大小、标明月份和金额的纸条，就能当月10元无限乘坐除6、8、9打头以外的所有公交。当时往返进城的票价是9元，再随便坐个啥车，成本就回来了。而且当时月票防伪没什么技术含量，换个照片可以全员通用。即使不换照片，售票员在人山人海中也很难发现。虽说一旦发现就给予60元到300元的高额罚款，但貌似每个人都有过逃票的经历，被查出的只有极少数的"幸运儿"。后来，月票也涨到了20元、25元，直到现在的一卡通完全取代了纸质月票。虽然更加方便，但当时甩手出示月票，飘然下车的感觉却真的难以找回。

345支线确实便利，可这并不妨碍法大在"乡下"的这个现实。为了"进城"，我们要起得比鸡早。记得2000年冬上考研辅导班时，一干同学相约五点半起床，在现在的阳光商厦门前（当时还没修好）赶首班5点45分的车。还好，人不多，车上还能有些位置，可以补觉。而下午返程则要历经挣扎，最好去积水潭起点坐车，才可以有站的地方；而在北郊市场（现在马甸桥西）上车，你会发现貌似年轻力壮的你甚至挤不过七旬老太！345支线往往是几经努力才关上车门，留下一群望眼欲穿的人。如赶上雨雪等恶劣天气，那么恭喜你中奖了。2001年的国考伴随着飘扬的大雪而来，当时走得早，躲过了高速封路，按时到了考场。而傍晚回程时，我乘坐的那辆345支线则在皑皑白雪陪伴下，在昏黄路灯映照下，慢悠悠沿着辅路近晚上十点才到校。当然现在 345 支线也变成了 345 快，从东关改到了朝凤庵村发车。345 路也改到昌平北站出发了。

除 345 支线外，就是早已消失的 845 路。该车作为月票无效的空调车，从十三陵水库直达北京西站，全程 10 元。该车平时冷冷清清，鲜有人问津。但一到假期回家立刻爆满，大家大包小包直接上车奔西站，少了中间换车的麻烦。然而该车走高速辅路，途经学院路、西直门，一路拥堵，曾创造过五个小时的行车记录。后来 845 路也做了改进，非空调的大站快车，全程票价 4 元。只是面对后来 919 路的强势介入，其不得不退出竞争。而 919 路作为后起之秀，其从最早的一条慢车线，到现在以 8 字开头的快慢结合，环绕法大南门、北门的多条线路，为法大学子"进城"提供多种选择。可惜，这些在我们上学时都没有。另外记忆中还有奔赴更远"乡下"的 314 路和 357 路，但很少乘坐。

作为一名法大学子，公交记忆复杂而多样。最难忘的是又挤又累，我还丢过钱包。但也有着欢乐和希望，去游览故宫、颐和园，去清华、北大，去求职、求学，乃至走向全国各地都少不了它。而随着年岁的增长，随着自己成为一名法大的教师，记忆的内容也不断丰富。当前新能源出租车、区内公交正逐渐取代黑车，跨区公交直接延伸到远郊区县。地铁更成为新选择，昌平线一期、二期已经投入使用，直达蓟门桥的南延线也已经立项，不断发展的公交让法大学子与外界的沟通更顺利，利于法大学子更便捷地去往更广阔的天地。

（选自 2017 年 2 月 28 日第 507 期总第 913 期）

创业诚艰难　守成亦不易

——忆我校中国法律思想史学科的创建与发展

杨鹤皋

新中国成立后，在法学研究领域，由于受到苏联的法学理论影响，以及社会环境的严重干扰，中国法律思想史的研究同其他法学学科一样，几乎处于停滞状态。

1978年12月，党的十一届三中全会在北京召开。会议决定把全党工作着重点转移到社会主义现代化建设上来，实行改革开放的伟大决策。改革开放也带来了中国法学发展的春天。随着社会主义法治的恢复和发展，全国法学教育及科研机构相继恢复，北京政法学院在停办八年之后，于1979年正式复办了。复办之初，百废待兴，最迫切的任务是要恢复各学科的教学，教师要上台讲课。当时，新设置的中国法律思想史学科无人问津，我考虑自己的文史基础较好，欣然承担起讲授中国法律思想史的任务。

那时，我已年逾半百，和青年教师一样，从零开始，忘我地工作。我"单枪匹马"到处搜寻资料，凭借此前内部刊行的《中国政治法律思想简史》（其实主要是政治思想史）和二十年来我积累的文史资料，终于写出了一份中国法律思想史讲稿，开始为四百名本科生授课，我校中国法律思想史课程就是这样起步并逐渐发展起来的。1983年，我又主持创建了中国法律思想史硕士点，开始招收研究生。

1979年我校复办后首次招生，当时办学条件十分艰难，教室没有桌椅，每人发一个小马扎拎着去上课，双腿就是桌子，同学们十分珍惜来之不易的学习机会，都聚精会神，认真地记笔记。我为本科生授课的情况就是如此。

我为研究生讲授中国法律思想史的地点是工棚。我校复办后不久，我所在的法理教研室招收了张耕、张贵成、刘权德、陈淑珍等六名研究生，因为教室很少，只好将我们的办公室——工棚作为课堂。只一板之隔的旁边是工会办公室，工会的同志对我说，你讲课时，有时好像是在讲古代故事，我们很爱听。

为适应教学需要，复办后我将积累起来的文史资料整理编辑成一部50多万字的《古代政法文选》（上、下卷）书稿，这年10月由校印刷厂印行万余册。它是我校复办后第一种教学参考资料，一些兄弟院系也将它列为法科学生参考读物。

我校复办后几年，林中、字培峰、马小红同志相继分担了中国法律思想史的讲授和学术研究任务，她们为我校中国法律思想史学科的发展做出了重要贡献。

我校中国法律思想史早期研究生范忠信教授，在研究我校中国法律思想史学科发展的情况时指出：

> 1980年，杨鹤皋先生接受学校派遣，参加司法部统一教材之一《中国法律思想史》的编写；两年后，以张国华教授为主编、杨鹤皋先生为副主编的《中国法律思想史》由法律出版社出版。此书是我国第一部以马克思主义为指导，比较系统地论述中国法律思想发展历史的教科书，被各政法院系普遍采用为本科教材，它对中国法律思想史学科体系的形成和学术研究的发展起到了重要作用。杨老师除编写出版了多种中国法律思想史教材外，还相继出版了《先秦法律思想史》《魏晋隋唐法律思想研究》《宋元明清法律思想研究》，此后又撰写了《近代中国法律思想史》，几部著作连接起来，正好是一部《中国法律思想通史》。《中国法律思想通史》一书于2011年由湘潭大学出版社出版，它是"十二五"国家重点图书出版项目、2011年国家出版基金资助项目，并荣获"中华优秀图书奖"。它的问世，标志着中国法律思想史这一法学学科取得重大进展。同时，杨师还撰写了《商鞅的法律思想》《汉初统治集

团的法律思想》《关于中国传统法律文化的反思》《中国古代预防犯罪思想》《程颢、程颐法律思想研究》等二十余篇专论，填补了中国法律思想研究领域的一些空白。通观杨师一系列著作，给我们突出的印象是：他基本上凭一人之力，对中国法律思想几千年的发展历程做了一个较系统的整理和归纳。这就是他为发展中国法律思想史学科所做的学术贡献。同时，他也使中国政法大学中国法律思想史学术研究在全国法史研究领域占有重要地位。

近几年来，当我年逾九旬之后，仍坚持"活到老、学到老、笔耕到老"的原则，继续编写整理出几部书稿，名曰《杨鹤皋法律史文集》。第一集《新编中国法律思想史》已于2020年11月由中国政法大学出版社出版，第二集《春秋战国法律思想与传统文化》亦即将出版。关于此书，2020年11月13日《人民法院报》载文指出：杨鹤皋教授的《春秋战国法律思想与传统文化》是"先秦法律思想文化阐释的新努力新收获""非常有启发意义的新探索"。

光阴荏苒，如白驹过隙。倏忽之间，中国政法大学将迎来七十华诞。我的一生，正好同学校荣辱与共，经历了艰难曲折七十个春秋；所幸改革开放后，我在中国政法大学所从事的中国法律思想史的教学与研究，在中国法学发展的春季里，也不断获得进步与发展。今特草写此文，以表纪念之忱。

（选自 2021 年 9 月 15 日第 669 期总第 1075 期）

不忘初心　砥砺前行

——忆北京政法学院建校初期的"教"与"学"

杨鹤皋

一、缘起

明年，是中国政法大学建校 70 周年，现在全校洋溢着欢庆的气氛。我作为建校初期教学中心——理论辅导组的一名小兵，参与了当时的教学活动。对学校的"教"与"学"了解较多，感悟颇深。现撰写此文，以表纪念之忱。

之所以记录这些内容，是因为我发现在之前出版的校史著作中，对建校初期的教学中心——"理论业务辅导组"仅提出了它的名称，语焉不详，没有具体内容。我作为本组几十名教师中仅健在几人中的一员，有责任将其真实情况记录下来，留存于世，故本文将它作为重要内容论述之。

二、北京政法学院的创立

1952 年，教育部贯彻中央"对政法财经各院系采取适当集中、大力整顿"的指示，按照"每大区条件具备时得单独设立一所政法院校"的原则，决定成立北京政法学院。

1952 年 8 月 23 日，由中央政法委员会华北行政委员会、最高人民法院华北分院及北京大学、清华大学、燕京大学、辅仁大学政治系、法律系、社会系等单位的代表——朱婴、陈传纲、韩幽桐、戴铮、刘昂、钱端升、费青、程筱鹤、严景耀、于振鹏、夏吉生等组成北京政法学院筹备委员会。

校址：沙滩（北京大学原校址：燕京大学撤销，北京大学迁至西郊燕京大学校址）。

根据上级指示及筹委会决定，北京政法学院由原北京大学法律系、政治系，清华大学政治系，原燕京大学政治系大部分师生，原辅仁大学社会系少数师生及原北京大学一部分行政人员组成，并由华北行政委员会（主要是从华北人民革命大学）调来一批干部担任各级领导。

学院成立后，著名法学家、社会活动家钱端升担任院长，戴铮任代理副院长，刘昂任教务长，著名法学家、社会活动家费青、雷洁琼任副教务长。

学院成立时，全校共有师生员工 863 人，其中学生 766 人，包括原四校学生 287 人、二年制专科新生 148 人、调干学员 331 人；教职工近 200 人，包括由华北人民革命大学调来的鲁直、张子培、张召南、修恒生、高潮、卢一鹏等 20 人，原四校教师 45 人。

四校教师中，北京大学 32 人（其中 3 人未到职），包括钱端升、费青、楼邦彦、芮沐、吴恩裕、吴之椿、黄觉非等教授 10 人，汪瑄、杨冀骧、阴法鲁、王利器等副教授 4 人，潘汉典、朱奇武、程筱鹤、金德耀等讲师 5 人，张国华、余叔通、欧阳本先、宁汉林、潘华仿、陈光中等助教 11 人；燕京大学 10 人（其中 3 人未到职），包括雷洁琼、严景耀、张锡彤、徐敦璋、于振鹏等教授 5 人，夏吉生等教师 3 人；清华大学 8 人（其中 3 人未到职），包括曾炳钧教授和杜汝辑、罗典荣助教；辅仁大学 3 人，为李景汉、戴克光、洪鼎钟 3 位教授。

以上大部分教授都是民国时期法学、政治学、社会学领域的知名教授、学者，许多都有外国名校的求学经历。他们在各自的领域耕耘多年，并取得了很高的学术成就。

学院成立初期的教学实行单元制与学时制，即确定某一专题内容的学时，在一定时间内集中讲授（即上大课）。讲授、讨论、实习、考试或考查、学年论文等教学环节均按学时进行。根据 1952 年 12 月 29 日公布的教学计划，一年制调干班课程设辩证唯物主义与历史唯物主义，主要讲授《实践论》《矛盾论》，学时为 7 周；阶级斗争课，主要讲授

"惩治贪污条例""镇压反革命条例";马克思主义国家学说,学时4周;中共党史,学时4周;政法工作等。

调干班学员多为从事公安、司法工作的革命干部。同时,青年学生一起参加听大课和课后小组讨论。

当时,教学采取上大课的方式。第一讲由马列学院(今中央党校)著名专家艾思奇讲授《实践论》,孙定国教授讲授《矛盾论》。其他有关政法业务的课程则请政法部门的领导同志讲授,教师在一旁,替他们在黑板上写板书,以便于学生记笔记。我记得何长工同志讲革命史时,湖南口音很重,是由我这个湖南老乡替他写的板书。

学院调干班办了三期,共培养学生1174人,1955年调干班撤销。

三、理论辅导组

建校初期的教学中心是理论业务辅导组(简称理论辅导组),由以下三部分人员组成。

其一,革命知识分子,多数是从华北人民革命大学调来的,他们是:鲁直、高潮、凌力学、卢一鹏、杨荣、苗巍。他们文化程度较高,并有较丰富的革命斗争经验。鲁直任组长,她是党的高级干部(行政十二级),为人正直、谦虚,礼贤下士,领导能力强。

其二,原北京大学、清华大学、燕京大学的中青年教师。他们是程筱鹤、余叔通、欧阳本先、张国华、张荣秀、罗典荣、杜汝辑、夏吉生。他们多数是中共党员、教学骨干,工作能力强,忠诚于党的教育事业。

其三,青年学生。校领导指派程筱鹤同志从北京大学、清华大学调整过来的学生中挑选10名品学兼优者,作为青年教师培养对象,他们是:曹子丹、吴大英、王家福、张浩、郭盛生、杨鹤皋、邹德慈、刘圣恩、陈志平、许寿强(许寿强于1953年调回家乡浙江工作)。当时,我们这群朝气蓬勃的青年学生听党的话,坚决服从分配,勤奋学习,努力工作,出色地完成了资料整理、教学辅导的任务。1978年党的十一届三中全会后,他们多从事政法教育工作,不忘初心,砥砺前行,两人为司局级干部,7人分别为所从事专业的学术带头人,均晋升为教授。

作为教学中心，理论辅导组的任务繁重，诸如课程的设置、讨论、辅导、考核等工作，均由它来承担。经全组研究讨论，确定每门课程的辅导重点；参加班组讨论，了解学员学习动态，指导他们学习；上辅导课，为学员答疑解惑；组织学习考核等。

经过全组人员一年多的艰苦努力，出色完成了各项教学辅导任务。1953 年 9 月新学年开始，为适应教学任务发展的需要，将理论辅导组撤销，新设置了马列主义经济问题教研室、国家法律教研室、理论政策教研室及研究组、国文组、俄文组、体育组等，原理论辅导组人员则分配到各教研室任教，以后均成为教学的中坚力量。

回顾中国政法大学 70 年来的奋斗历程，感悟良多。法大人不忘初心，艰苦奋斗，勇于开拓，终于在教学、科研及人才培养诸方面取得了巨大成就。现在的中国政法大学已经是一所一校多院的综合性大学，是"全国政法教育的中心"。全校师生正在校党委领导下，上下同心，砥砺前行，为创建"双一流"大学而奋力拼搏，在祖国法治建设的征程中创造新的辉煌！

（选自 2021 年 9 月 15 日第 669 期总第 1075 期）

读硬书，交真朋友，做大文章

——给法大 2021 级新生的寄语

吕明烜

各位新同学，大家好！

祝贺大家闯过人生的一关，来到法大，开启全新的旅程。

大学的生活应该追求什么？对这个问题见仁见智。但我一个朋友的看法简洁、扼要，尤为值得分享。他说大学应该力求三件事情：读硬书，交真朋友，做大文章。在我看来，如果能在四年期间包揽此三事，大学生活可谓圆满；就算只完成其中两件甚或一件，回望来路，也可以无憾。

先说读硬书。大学学习的关键在于读书。东游西逛的博雅，必须攀附于咬定青山的笃实，方可开出真格局。因此，切切实实打开书本，静心阅读，才是增长学识的不二法门。读书亦有主次之分，风花雪月的消遣文学，古灵精怪的猎奇研究可以使精神放松，却无法使灵魂增益。何谓硬书？从观感讲，是指广大精微、深奥艰涩的大部头；从所得讲，则是反求诸己而终身尽多的智慧渊薮。读硬书需要硬功夫，没有一点陷阵之志，无法突入经典的万仞高墙。而一旦突进，便是与千载之上的智者对谈，入乎其内，出乎其外，道不远人，知行合一，从真正的经典中，我们能汲取指导现实生活的无穷智慧。因此，大家应该唤起朝气和锐气，迎难而上，刚猛精进，穷追猛打，只求甚解，不问其他。

再说交真朋友。进入大学，青春特有的孤独与悸动，使人特别渴望友情与爱情。院里院外各怀特长的同学，学生社团中侃侃而谈的师兄师姐，都仿佛身披光环。相比读书学习的可控，交朋友需要契机和运气。

遇到好朋友真朋友，则尤为难能可贵。何谓真朋友？孔子说，益者三友，友直、友谅、友多闻，益矣。不得中行而与之，必也狂狷乎，狂者进取，狷者有所不为也。这些深刻的教导，都应为我们所牢记。而浅近来讲，君子之交，不求形影不离但求莫逆于心，不求两肋插刀但求肝胆相照。交真朋友，自己要学做真朋友，骄傲、怯懦、嫉妒——在未达化境时都是人性中难以抹除的缺陷，但是，真诚与自省是推动友谊的关键，更新自我、诚待他人，就算相交之路上难免磕绊，但借之反躬自省，友谊终究会久而弥笃。

最后说做大文章。所谓大文章，首先指大学问。大学是学习的黄金时代，虽然是初生牛犊，但也灵光四溢，充满个性。初入学界不应自我设限，应上下求索，明于古今，无问西东，方能观四方而定中央。所谓大文章，进而指大志向。古人说志乎上者得其中，志乎中者得其下，立身需向最高处，方能观北斗而知行路。所谓大文章，最后指大气魄。指点江山，激扬文字，勇于探索，义不逃责，方才不枉青春气盛。

每个人的青春都有高光时刻，每个人的青春也都有遗憾之处，但得失成败，都是成长的课堂。祝愿大家的法大岁月，乘风破浪，精彩纷呈。

（选自 2021 年 9 月 7 日第 668 期总第 1074 期）

缅怀恩师

追思绵绵忆往昔

此情只待成追忆

深切怀念

永远的老师

李秀云

巫老师千古！

巫老师是我们大学时的婚姻法课老师，当时 200 多人挤在 208 或者 308 教室里，听巫老师讲婚姻和婚姻法。当时婚姻法刚刚颁布两年，改革的春风也吹进了家庭，感情破裂是离婚的重要条件，而如何判定感情破裂，巫老师讲课的过程给我留下了深刻的印象。记得巫老师描述了一个场景，一对男女在公园约会，男生手里拿一本医学杂志等待女生。男生人到中年，变得成熟了，再穿件风衣就更帅了，而女生每天在家里外面地忙活，衰老得很快……巫老师一直教导我们，女同学要知道保护自己，要自强自立。课堂上，她更多的是讲法律如何保护婚姻中的女性，也讲了一些受家暴的男性。巫老师接触了大量的案例，在与同学们分享的过程中语言幽默生动，引得同学们笑声不断，课后我们也总会引用老师讲的一些例子开玩笑。

因为喜欢巫老师的婚姻法课，我的毕业论文就选了婚姻法方向，题目是"论夫妻感情破裂的条件和因素"。巫老师是我的指导老师，初稿写好后，我到老师家里，老师把修改的意见告诉我，我也得到了老师的肯定和鼓励。

因为喜欢巫老师的课且论文是巫老师指导的，所以我对巫老师自然多了些亲近。真的特别爱您，幽默的、生动的、理性的、正义的、充满智慧和真理的光芒。感谢您，感谢法大曾经教导过我的所有老师，法大正是因为有您，我才可以自豪地说，我受过最好的法学教育。法律知识可以更新，法律信仰坚不可摧。

当学生时，我从未想过老师也曾年轻过，更没有想过老师也会老，也会离去，如今自己的年龄比老师当年给我们上课时还大，大学的老师渐渐老去离去，但老师留下的精神财富受益终身。人生最幸福的事：生在一个有爱的家庭和组建一个有爱的家，以及上学遇到好老师。幸运的是，我都享受到了。谢谢老师，您一路走好。

最后借用亲同学代院长的话，深深缅怀敬爱的巫老师。

"学生的心里，老师永远是课堂上的样子，老师该一直记得一屋子不省心的孩子。学生认为，老师不会老，更不会故去，什么时候都可以回到老师身边，享受老师不厌其烦的各种娇惯。小滇池边的大树下，老师该笑呵呵地等着孩子们一个个回去，想和老师说各种不值一说的成长，说各种自得其乐的业绩，也说从校园出发的悲欢离合如今变成了儿女绕膝家长里短。学生们有了大把的学生，才理解老师看学生的心境。所谓亲炙，不过是孩子们跟在老师后面亦步亦趋，老师过世后勇往直前。"

深以为然。

（选自 2020 年 3 月 31 日第 613 期总第 1019 期）

此情只待成追忆

夏吟兰

恩师仙逝，哀哉痛哉！夜不能寐，追忆起与恩师的点点滴滴。

41 年前，我有幸考上当时的北京政法学院。上大二时，巫昌祯老师组织了课外的婚姻法学习小组，招收对婚姻法感兴趣的学生。当时，尽管巫老师不是我们班婚姻法的主讲老师，但听说巫老师上课深入浅出，生动有趣，便报名参加了这个学习小组，巫老师温文尔雅、循循善诱的大家风范，博学慎思、求真务实的学者精神，很快就让我成了铁粉，从此与巫老师结下终身的师生缘。

本科毕业的论文我选了婚姻法，巫老师是我撰写论文的指导老师，又一再督促我考研究生。说实话，1979 级的本科生已经很吃香了，我当时准备毕业后工作嫁人。巫老师找我谈话，告诉我眼光要放长远，知识改变命运，多读书一定不会吃亏的。我听从恩师的指点，认真备考，有幸成为巫老师的开门弟子。读硕的 3 年时间里，巫老师不仅亲自言传身教，还带着我参加了刚成立的中国法学会婚姻法学研究会的活动，以及在重庆举办的全国法律专业婚姻法师资培训班。在这些活动中，让我得以结识当时的婚姻法学界的泰山北斗：杨怀英先生、杨大文先生、刘素萍先生、李志敏先生，王德意先生等许多前辈，得到他们的耳提面命、亲自指点；同时，与师资班的同学们结下了深厚的友谊，之后这批师资班的同学成为婚姻家庭法学研究会的中坚力量。可见巫老师等老一辈学者为婚姻家庭法学学科以及婚姻家庭法学研究会的发展高瞻远瞩，深谋远虑。1986 年我研究生毕业，遵从师意留校任教。从此，在巫老师的引领下为中国婚姻家庭法学事业不懈奋斗至今。

巫老师的高洁品格，无私奉献、严于律己、宽以待人的精神是我们晚辈学生的人生榜样。工作之后，追随巫老师参与中国婚姻法的修订，妇女权益保障法的起草和修订，以及人口与计划生育法、未成年人权益保护法、老年人权益保障法、婚姻登记管理条例等多项法律法规的调研、论证、起草、讨论。几十年来，无论时间早晚，路途远近，风霜雨雪，巫老师总是提前到会，从不迟到、早退，持之以恒，严于律己，几近苛刻。她总会在会前做好各种准备工作，发表自己的真知灼见，也多次督促我要准时参会，提前准备。巫老师早期参加的各种会议、调研，经常是既没有车马费，也没有专家费，巫老师总说，党和国家信任我，我不能辜负党和国家的信任，我愿意做法律战线上的义务兵。巫老师还免费为许多受害妇女提供法律援助。20 世纪 70 年代末，巫老师牵头组织成立北京市第八律师事务所，专门为家庭暴力、婚外情、被拐卖和强迫卖淫等受害妇女提供法律服务，承办了各类法律援助案件，挽救了许多濒危家庭，甚至濒危生命。北京市第八律师事务所曾获得"天下第一家"的美称。对于生活特别困难的妇女，巫老师不仅不收费，还给她们提供资助，帮助她们渡过难关。我曾经看见过得到巫老师帮助的受害妇女下跪感谢，痛哭流涕，巫老师马上把她扶起来说："这是我应该做的，不用谢。"CCTV2015 年度法治人物颁奖仪式时的颁奖词写道："关注女性命运，保护弱者权益。86 年风雨人生，60 年初心未改，你用爱的力量，彰显了法的尊严。"是巫老师为保护妇女、保护弱势群体不计名利、无私奉献的真实写照。

巫老师连续多年担任全国政协委员，全国政协社会和法制委员会副主任，全国妇联执行委员会委员，中国法学会副会长、学术委员会委员，中国法学会婚姻家庭法学研究会名誉会长。一生为中国的法治建设建言献策，殚精竭虑，为中国婚姻家庭立法，为保护妇女、儿童、老人等弱势群体的立法奔走呼号，不遗余力。她曾经说过："立法就是给妇女撑腰，告诉你，你别怕。"

巫老师教书育人、学识渊博、淡泊名利、品行高洁、学为人师、行为世范，对年青一代提携关爱，督促勉励，呵护有加，是我们永远的老师，终身的榜样，她的精神永远活在我们心里。巫老师千古！

（选自 2020 年 3 月 31 日第 613 期总第 1019 期）

深切怀念敬爱的巫老师

何俊萍

　　惊闻敬爱的巫老师永远地离开了我们，我心痛无比。巫老师那和蔼可亲的音容笑貌一直浮现在我眼前，仿佛她老人家未曾离开，仍在与我们倾心交谈，给予我们谆谆教诲，殷殷期盼。她时时刻刻都在惦记着我国妇女儿童弱势群体的利益保护，关心着百姓婚姻家庭的安稳，关注着中国婚姻家庭法学科的建设和发展，操心着中国婚姻家庭法和妇女权益保障法等法律的修改。

　　1983 年 8 月，我毕业于西南政法大学，来到中国政法大学干部进修学院工作。当年 9 月被选派到中国政法大学研究生院民法研究生班，脱产学习两年，有幸结识了我崇敬已久的巫老师，聆听她那学识渊博激情生动的讲课。巫老师理性深邃地分析研究婚姻家庭及社会问题，热情关心着我国弱势群体的权益保护，具有极大的人文情怀，引领我步入了婚姻家庭法学及妇女与法律研究领域的殿堂。

　　1985 年 7 月，两年的研究生班学习结束后，我回到了中国政法大学干部进修学院（更名为中央政法管理干部学院）民法教研室工作。巫老师胸怀博大，积极提携帮助年轻老师，热心推荐我参加中国婚姻家庭法学会的学术活动，关心着中央政法管理干部学院婚姻家庭法学科的教学和科研的发展，指导我们撰写婚姻家庭法成人统编教材。她具有深刻丰富的学术涵养和敏锐洞察社会问题的能力，常常具有前瞻性地提出婚姻家庭法的学科前沿问题，运用社会调查方法研究解决婚姻家庭问题，智慧地点拨启迪我们的学术思考和研究，她的言传身教深深地感染着我。

　　巫老师不仅在事业上博学多才，而且在生活中热心待人，处处为他人着想，而且她家庭和睦，令我们羡慕。在外地参加学术会议期间，繁忙的巫老师会抽空去市场，买点当地的土特产带回给亲人。她常常如母亲般地叮嘱我们，既要胜任本职工作，又要兼顾好家庭生活。她高风亮节，率先垂范，润物细无声地感染着我们。我们都认为她是中国女性的人杰，自觉地以她为榜样，努力处理好事业与家庭的矛盾。

　　疫情渐退，春暖花开。可是，巫老师却永远地离开了我们，令人疼惜。我们多想送她老人家一程，敬爱的巫老师，您永远活在我们心中！

（选自 2020 年 3 月 31 日第 613 期总第 1019 期）

人生智者
——怀念李荣甫老师

李 立

我的老领导、老同事，法大外语（系）学院奠基人之一，我十分敬重的可亲可爱的李荣甫教授于 4 月 23 日驾鹤西去，永远离开了我们，享年 81 岁。

李老师于 1962 年来法大，数十年辛勤工作，培养了无数学生，为法大外语（系）学院的建设和发展做出了不可替代的贡献。

1979 年北京政法学院恢复招生。当时的外语教研室也就二十多人，其中很多是曾经教俄语的老师。恢复招生后，学俄语的学生少了，大多数学生学习英语。这些俄语老师就只能改行教英语了。李荣甫是当时为数不多的英语科班出身的老师之一。他不仅义不容辞地担任大量的英语教学工作，同时还承担培训这些俄语老师的任务，组织这些老师集体备课。老师们教学中有什么疑难问题都会问他，他会不厌其烦地把问题讲解得非常透彻。1983 年我从学校毕业来到法大工作，我们这些年轻教师也经常向他求教问题，他总是非常乐意把他所知道的一切毫无保留地告诉大家。教学之余，他还经常组织年轻人在一起学习业务知识，和大家一起探讨学术问题，使年轻教师能够快速地成长。李老师在法大办学困难时期为外语师资水平的提高发挥了传帮带的作用。

1984 年，学校在昌平开始建新校区。由于当时昌平的工作条件艰苦，很多人不愿意去昌平工作，一些教师陆续离开了法大。刚毕业的大学生也不愿意来法大工作，导致英语老师急缺。在这种情况下，当时的外语部领导向学校申请开办英语师资班，从 1983 级本科生中招收英语好的学生对其专门培训英语师资。1986 年，时任外语部副主任的李荣甫老师责无旁贷地承担起了师资班的培训任务，从课程设置、聘任外教，到亲自负责该班的主要课程和管理工作，李老师为英语师资的培养尽心尽力。经过两年的集中训练，当年师资班的学员出色地完成了学习，留校担任英语老师，解决了英语师资紧缺的困难。现在他们中的大多数都成为外语学院的骨干教师。李老师为培养法大外语师资做出了功不可没的贡献。

1994 年，作为外语部的领导之一，李荣甫老师在即将退休的年龄又为外语专业的发展做出了重要贡献。外语部向学校申请创办英语专业，经教育部批准，法大于 1994 年 9 月招收了第一届英语专业本科生，从此结束了法大只有公共外语，没有外语专业的历史，法大外语部也更名为外语系。李老师是法大英语专业奠基人之一。

李老师酷爱英国文学，特别喜爱莎士比亚戏剧。兴致所及，他会大段地背诵莎士比亚戏剧台词，自我陶醉在戏剧情景之中。有时，他也会背诵他喜爱的英文诗歌，给我们讲解文学作品中的宗教典故。课堂上他总是充满激情，将各种知识交织且严而有方地传授给学生，讲解课文时他甚至会扮演不同的角色，手舞足蹈地表演，他的激情感染着课堂上的每一名学生，令他教过的学生难忘。今年年初，我们几位院领导去他家看他时，他特别高兴。嘱咐我们要重点培养学生的文学修养，让他们多读文学作品，打好语言基础。李老师酷爱教师这个职业，一辈子培养了无数学生。

2014 年外语（系）学院建院二十周年之际，学院安排了摄影师专门为退休教师拍摄个人形象照。李老师特别喜欢这张照片，他手持拐杖，精神矍铄，依然能看出当年风流倜傥的精瘦样儿。李老师去世后，我去他家再次看到了这张照片，仿佛他还在我们身边。可是，他却走了，他走得很安详。当天午饭他喝了啤酒，吃了 6 个汤圆。下午午睡时悄悄地走了。想起很多年以前，李老师曾经跟我说过："我这辈子最大的愿望就是我离开人世的时候能够看场足球赛，喝着啤酒走，人生足矣！"虽然李老师走的时候没有看足球赛，但他喝了啤酒了！或许他吃的汤圆就是他心爱的足球？或许他在梦中看了场足球赛？他人生的最大愿望实现了！愿他在天堂，能够继续看足球赛，喝啤酒，朗诵莎士比亚戏剧。喜爱莎士比亚的人是真正懂得人生的智者。李老师生前嘱咐，不发讣告，不开追悼会，不留骨灰。

安息吧，亲爱的李老师！一路走好！

以下转发几位校友、同事的追思。

1983 级校友金有核：

怀念李荣甫老师。刚刚看到噩耗，泪下！三十四年前，见到的李老师，一口江浙普通话，他自己介绍的荣普还是荣甫还真让人怀疑那英语的发音是否洋泾浜。四年下来，没想到却跟这老乡老师有这般渊源趣事。

大一，一个随意邋遢的老师，眼睛乱转但机灵无比，"随口乱喷"但忽悠得学生们五迷三道；大二，分系。我分到国经一班，最悲催的是担任班长！上课时他老找我，因为让我点名谁不来上课；大三，由于我懒学，老是缺课，老师从让我点名到每次点我名，专业原因，经济法国经专业开设了外教，但主教老师还是他，相信同学们都知道老师那句江浙腔的口头禅"金有害来了没有！"邪了门了，每次都这样……我难道是他家亲戚？

老师，分别三十年，没想到竟是永别。二十年相聚时还见到您，您还是那样地叫我，跟您纯正的英语发音不同的是，乡音不变。说您两句吧。

一，您是第一位跟我要烟的老师。记得那天课间，您找我，"有烟吗？"我诚惶诚恐地赶紧掏烟哆嗦地给您点上，您深吸一口，精神抖擞。铃声响起，您是讲台上的潇洒绅士！

二，您还是我在大学里唯一让我挂科的老师。记得三十三年前的期末考试吗？大三，英语不及格！号称全校英语最好的经济法系挂科的总共就那么几个人，还让您全校宿舍楼道贴白榜公示！多不给面儿啊！后来查分，抽我一根烟算一分，都够补上了……虽后来补考过关，但这面儿，算栽了。

三，二十年相聚，看到您，您说，下次见！还是那样没谱，说话不算……两个小时前我们 1983 级刚刚开完这毕业三十年相聚的筹备会，打开微信就接到这样的消息，很难接受。真想再看到您那账房先生般的眼睛一挑，越过镜框巡视：金有害来了没有？真想再看到您在我补考时的痛惜眼神，其实，最想的，是在毕业三十年聚会时，再给您一根烟，给您点上！李老师，走好！

酒后归来，一时间在群里看到，伤感，不知所措。仅祭！

法大国际经济法学院退休教师吴焕宁教授：

李荣甫，好人一路走好。李老师是一个善良、乐观、敬业的老师，他热爱英语和英语教学达到了痴迷的程度；他与人为善、乐于助人的品质感人至深。我和李老师有过一段时间的接触，对他有比较深厚的感情。多年前，由于民法虚无主义泛滥，我校民法教研室被迫解散，其成员被分别转入其他教研室，如巫昌祯转到语文教研室，江平去了外语教研室……学校复建后，我常常在校园里看见他和别人打招呼或谈话都满脸堆着笑，一副与人为善、待人真诚热情的样子，觉得很亲切。每当我在学习英语遇到困惑向他请教时，他也都耐心为我答疑解惑，没有一丁点英语大师的架子，非常平易近人。他虽然走了，但他的音容笑貌依然清晰地留在我的脑海。愿他一路走好！

法大外语系原主任马改秀教授：

听到李老师去世的消息，我真的很震惊！记得前些日子我和俞海燕、刘富霞老师一起去家里看他，当时他的精神还好，还和我们一起聊天，借助拐杖还能在房间里走走，没想到这竟是我们最后一次见面！我1963年大学毕业到北京政法学院之后，和李老师及黄道秀老师、刘富霞老师在一起，风风雨雨经历了将近四十个春秋，我们之间的友谊不言自明。特别是和李老师，从外语教研室、外语部，直到成立外语系，我俩之间的合作已经达到了心有灵犀的默契。我和李老师之间没有猜疑，没有丝毫的嫉妒，精诚合作，相互补台。现在回想起来，我和李老师一起合作的点点滴滴就在眼前，好像就是昨天的事情！真是生命无常，造化弄人！好在李老师最后没有遭受大的痛苦，走得很平静，愿他在天之灵安息！

（选自 2017 年 5 月 2 日第 516 期总第 922 期）

追思绵绵忆往昔
——怀念李荣甫老师

中国政法大学 1983 级英语师资班

李老师走了。

听说，他走得很安详。

据微信群里的消息，当时他要了听啤酒，饮后入眠，睡梦中仙去。我们爱戴的大学英语老师，就这样离开了我们。

对政法大学 1983 级英语师资班的全体同学而言，李老师不仅仅是老师。

他改变了我们的生活轨迹。

师资班创建于 1986 年，是学校为了解决英语师资匮乏的问题，从 1983 级本科生中，遴选 14 人组成的。迄今为止，在法大校史上，师资班是独一无二的。

李老师和马改秀老师是这个班的创建者。他当时是外语教研室副主任，主任是马老师。

筹划阶段，要从全年级 400 多名学生中，选出十几名。李老师考虑了多少人，我们不知道。我们只知道，开班之前，他和我们每名同学，都至少谈话两次。可以想见的是，在我们之外，他还与许多同学做过交流。他是把师资班作为自己的事业来从事的。

开班后，李老师承担了日常管理。从授课，到教室、宿舍，到与法律课程及其他部门的协调，事无巨细，他都要逐项落实。我们没听他发过任何牢骚，只看到他忙碌的身影，不时出现在我们面前，但是烟比过去吸得更勤了。当然，这项开创性的工作，也得到了校方的支持。校长江平、教务长陈仲和教务处处长李西沙，都曾光临我们教室。当时在校报工作的唐师曾，还背着相机，来班上给外教摄影。

除了管理，李老师还承担了师资班分量最重的一门课——精读。他为我们选用的课本，也是北京外国语学院（北京外国语大学前身）专业教材。这门课的教授，是最能显示他功底的。生僻的字词，未曾见过的短语，被他用浅显而标准的英式英语，或是带着上海味的普通话一一解释出来。那些乍看上去诘屈聱牙的段落，便逐一有了意义。这让我们惊讶于他的词汇量。

他的敬业是实实在在的，他的纯粹也是实实在在的。课上，他所讲授的当然是语言；课下，他所谈的，也基本还是语言，或与语言学习有关的事情。其他杂事，我们当然也谈，但这似乎不是他的兴趣点；他会从谈论的内容中，不失时机地找到值得我们学习、领会的单词或短语，发挥一番。讲到酣畅处，他黑框眼镜后面的眼睛，会得意地眯成一条缝。

我们 14 人，开始时英语水平参差不齐。但经过一段时间的紧张学习，都有了或多或少的进步。对此，李老师是最感欣慰的。他会表扬每一名进步较大的同学，也会手舞足蹈地向外教炫耀。一次，在我们的新年晚会上，他甚至一展绝技，表演了民族舞蹈"道拉基"。

毕业后，我们绝大部分人，都站到了政法大学的讲台上，成了李老师的同事。教学中，我们碰到任何问题，还是习惯性地向他请教。他仍是一如既往，待我们，就像待自己的孩子。聊起教学中有意思的事情，他也会孩子般地大笑，眼睛还是眯成一条缝。

如今，李老师离开了我们，我们很怀念他。可以告慰的是，我们班的这些人，大多是以英语作为安身立命的工具。留在法大教书的同学，现在都是教学骨干，有的还担任了领导职务。

当初，在课堂上，李老师有句名言，在他表达恨铁不成钢的心情时，常会说道："李老师是爱你们的！"现在，我们感到遗憾的是，没能找个合适的机会，一起当面对他说：李老师，我们也是爱您的！

在医院最后告别老师之前，我们写了一副挽联，录在下面，作为这篇小文的结束：

是恩师，是益友，相处千余日，音容犹在；为弟子，为学校，耕耘数十载，精神长存。

李师千古！

（选自 2017 年 5 月 2 日第 516 期总第 922 期）

追思：自尊自爱自立自强又温婉慈爱的严端老师

王玉梅

6月24日，我一整天都在视频会议上，没时间翻看微信。傍晚，先生晓维推门进来，一脸悲伤："严老师走了。""哪位严老师？"我有些惊诧，反应不过来。"严端老师"，晓维不看我的眼睛。"不可能！不可能啊！两三个星期前，沐群说严老师身体不错啊！"晓维转身离去，该是不忍直视我的悲伤。我急忙打开手机，学校官方消息证实，我们最敬爱的严老师真的走了。

几位学生打电话、发微信，叮嘱我节哀，因为他们懂我对严老师的情。

我把自己关在书房，泪如雨下，失声痛哭。几个小时后，才敢在微信里问候徐老师。徐老师和沐群姐姐都说，严老师走得很安详。照片上的严老师的确宛若安睡。我想，这是严老师一生修来的福分。

我想去送别严老师，但徐老师说："严老师生前早就多次说过，我走了，不要搞遗体告别，不要开追悼会，不要给学生、同事、亲友和单位添麻烦。"

这就是严老师，一生的修养，把自己锻造成了"自尊自爱自立自强"而又温婉慈爱的女神。

律人律己：自尊自爱自立自强

我在1988年攻读法大经济法学硕士研究生时，拜徐杰教授为导师。毕业后听从徐老师和戚天常老师（时任经济法学硕士导师组组长）建议留在法大任教。后又在1994年有幸成为徐老师招收的第一批经济法学博士生。尽管我在大学本科期间就跟随严端老师学习刑事诉讼法，也同其他同学一样，喜爱甚至崇拜作为法大"四大才女"之一的严老师，但是，与严老师的亲密接触应该是在师从徐老师之后。他们一同成为我的学业、人生导师，也给了我慈父慈母般的关怀和爱。

放在我书架上的严老师的一篇手稿复印件，是严老师在 1994 年 3 月 3 日写的发言稿，是在三八妇女节前写给女学生们的。我并没有能够聆听严老师的报告，但严老师把手稿拿给我看，我想，这也是严老师对我的要求和希望。我复印了一份，留存至今，这些年常常翻看，用以鞭策自己，始终不敢懈怠。发言稿开篇直言："全国妇联号召中国妇女要做到自尊自爱自立自强，我觉得这是十分正确，十分必要的。"接下来，严老师娓娓道来，教导女生们如何"把自己造就成社会所需要的高质量的人才"，既要在谈判桌上冷静而雄辩，又要做温柔的贤妻良母。"我们做到了'四自'，我们就可能有成功的事业，和美的家庭，我们就有幸福的人生。"这是一位女教授对女学生的殷切希望，也是严老师对自己的要求："我经常用它来检查自己，鞭策自己。"

是的，严老师自己做到了，所以拥有成功的事业，和美的家庭，幸福的人生，所以可以安详地"辞世升天"。

说到品德，无需用大词形容严老师，我在法大读书、教书已有几十载，从未曾听到一人、一句对严老师的非议，也从未听到严老师议论、贬斥任何人，包括学生。

说到成就，并非著作等身的严老师，在刑事诉讼学、证据学领域的奠基人、学科带头人的地位是学界公认的。

温婉慈爱：我最爱戴的优雅女神

站在讲台上的严老师是理性、睿智、干练的，而生活中的严老师，却又是温婉、优雅、慈爱的。从未见过严老师发脾气，从未听到过严老师呵斥任何人，从未感受过严老师慌乱失措，即使是在最该慌乱的时刻。

记不清是哪一年，大概是 20 世纪 90 年代初吧，严老师在校园里不慎跌倒，摔得不轻，徐老师让我陪他们一起去医院。见到严老师时，她一只手上端了一个杯子，里面是血水，另一只手攥着手绢捂在受伤的口鼻处。倒是我见状有些慌乱，严老师忙说，没事儿，并不严重。到了口腔医院，医生检查伤口后说，两颗门牙完全松动了，需要拔除。严老师竟呵呵一笑，对医生说："别呀，我就这两颗门牙长得好看，尽量给我留住好吗？"估计医生也没遇到过如此冷静而又爱美的患者，竟欣然同意了，转身对陪在旁边的我说："你去把那边的镜子拿过来，让你的老师告诉我两颗门牙的准确位置，我得让你的老师继续美下去。"孰料，从小就晕针、晕血的我在转身去取镜子的瞬间晕倒在地，让医生好一通忙乱。几年后，严老师住院手术，并不嫌弃我又笨又晕，跟徐老师说，还是让玉梅来陪我吧。我想，除我们如母女一般的情谊之外，严老师也是有意锤炼我吧。手术、术后恢复，到又发现第二个癌症，自始至终，没见到她皱眉、抱怨，倒是严老师悄悄嘱咐我要多安慰紧张的徐老师。医护人员来换药，该是很疼的，不曾听到她喊一声痛，却在医生走后笑着对我说："玉梅，我刚才注意到医生给我换药时你闭眼睛了，怕了吧？没事儿的，不疼！"

这些年，每当我面对病痛时，总会想起病床上依然优雅的严老师，告诉自己要坚强而乐观。

忆起多年前在老师家里的一幕，或许可以说明严老师何以如此优雅豁达。那时，他们还住在明光楼里的局促的小两居室里，严老师与她的学生在卧室中工作，徐老师与我在另外一间兼作客厅、餐厅的房间里工作。此时，家里又来了徐老师的客人，我便与姥姥（严老师的母亲）躲到狭小的厨房聊天，姥姥那时应该也是70多岁高龄了吧，穿着得体，谈吐优雅，精神矍铄，丝毫不为家里的局促而着急，笑呵呵地，开了句玩笑："玉梅，如果再来一拨儿客人，咱俩就得去卫生间了。"

严老师是个讲究生活品位的人，即使是在困苦之中，她和徐老师这对神仙眷侣也从未降低生活品位。他们很少提及曾经的苦难，在那个狭小的两居陋室中，也把日子过得诗意盎然。记得在一个春天里的大风天，那时的北京，春天里常常这样刮着大风，刮得昏天黑地。我们中午从会上回到家里，严老师拉上窗帘，隔离了昏黄的天，打开录音机，挑了一曲舒缓的交响乐，冲一杯速溶咖啡给我（那是我第一次喝三合一的速溶咖啡呢，沐群姐姐从日本寄来的）。于是，我们全然不觉外面的恶劣天气了。

严老师的审美，是我终极一生也难以企及的。多年前，她从日本给我带回来一件围裙，大概是希望我也能够"既干练又温柔贤惠"吧，实在是太漂亮了，白底上盛开着朵朵紫玫瑰，淡雅而美丽，一直舍不得用，这几年才拿出来，大部分时间也是挂在厨房里看着。

后来，严老师从意大利归来，带给我一个水晶项坠，至今我仍记得她举着项坠、对着光线展示着它折射出的绚丽多姿，一如严老师一生的美。

严老师，我心中的女神，愿您在天上依然美丽、优雅、快乐、幸福！

（选自 2020 年 6 月 30 日第 626 期总第 1032 期）

缅怀严端先生、徐杰老师

李秀梅

庚子夏秋不一般，严师徐师驾仙山。徐师诞生于三三，严府次年金犬喧。徐家才俊怀志向，南通中学基础攒。悬壶济世代际传，严家千金单名端。南北通州通南北，南通学子北京转。院系调整在五二，政法聚首续乡缘。百废待兴抖精神，报效国家究法典。学业优异德行高，双双留校执教鞭。严师曾做校对员，徐师久做销售员。精神不倒青松立，坎坷垫起前进砖。二十世纪载九三，全国优秀教师颁。园丁辛勤把我灌，亦步亦趋讲台站。刑诉名师桃李爱，因疾心痛辞杏坛。徐师爱妻人人敬，法治路上勇登攀。经济法学掌门人，筚路蓝缕步步远。杰出资深法学家，昨年五月高声宣。严师徐师非亲师，感慨更深结发拴。心心相印度离乱，相濡以沫各举案。贴心棉袄女优秀，贤德赵婿儿子半。含饴弄孙天伦乐，琴瑟相和青云端。花颜初展十年前，携子南通深情玩。实干状元拜张謇，濠河啬园博物馆。狼山埋骨骆宾王，范氏家族纪念馆。人杰地灵才人出，二师生长在此间。桑榆晚景安得享，谁知天神索人伴。端午节前严师逝，后人同与屈子奠。狂风暴雨骤然起，余窃遥想窦娥冤。吾闻噩耗细思虑，名字难道藏机玄？端师尚且在念念，讣告今日陡再传。窈窕淑女溘然走，夫君内心自哀婉。料理停当情更伤，日日旧情回首观。阴阳相隔实无趣，分手一季共盘桓。秋分之后第一天，神州痛失好儿男。风雨雷电全上场，不顾生者依依恋。先生乘鹤亦涅槃，昆仑山上齐蹁跹。经受折磨在人间，纵然一跃入仙班。喷清吐香木樨绽，飞赴蟾宫共婵娟。爱情之花总鲜艳，时人世人常艳羡。情投意合此生证，同舟共济船不翻。翻船翻脸若闪电，相比二师情何堪？爱国爱人爱家庭，初心不改心曲啭。谁说鸡狗不一家？妇唱夫随永缠绵。金鸡见犬泪交流？互通款曲内心暖。谁言婚姻是坟墓？墓中歌舞美梨园。七日之后即仲秋，天上人间共团圞。吴刚捧出桂花酒，姮娥舞袖笑语软。花好月圆皆如愿，平平安安享清欢。严师徐师新传奇，时时处处不耍单。事业家庭诚美满，万古流芳佳名传。

（选自 2020 年 9 月 29 日第 632 期总第 1038 期）

永远怀念徐老师

刘俊海

　　傍晚时看到徐门弟子群里刷屏的消息都是沉痛哀悼徐老师。我虽过知天命之年，但看到徐老师 9 点 45 分仙逝的噩耗，还是潸然泪下。闭上眼睛，这位慈眉善目、淡定从容、温润如玉、睿智博学的经济法学开山鼻祖就不停地浮现在我的脑海里。

　　在二十世纪八十年代改革开放带来的思想大解放的黄金时期，我对于股份制改革与资本市场的法律基础产生了浓厚兴趣，更对以徐老师为代表的老前辈开创的经济法学心驰神往。我在考研究生之前曾特别关注当时的民法经济法大论战，非常崇拜徐老师独树一帜的经济法观点，将由他主编的、由中国政法大学出版社出版的经济法教材背诵得滚瓜烂熟。当时的经济法专业是最热门、最难考的专业。苍天保佑，我有幸以高分于 1989 年考入中国政法大学的经济法专业。

　　入校以后，徐老师和戚天常教授指定我作为经济法专业导师组秘书，从此有了更多向徐老师面对面学习讨教的机会。不但有机会聆听他讲授的课程，还有幸参加他主持的科研课题，并跟随他参加高端的学术研讨会，包括中国法学会民法经济法研究会 1991 年 7 月召开的哈尔滨年会。在哈尔滨年会上，我提交了论文《论证券交易立法的若干问题》。作为在读研究生，本无资格在大会上发言。当时，王家福老师是研究会总干事，徐杰老师是副总干事，王保树老师是秘书长。没想到，三位老师打破论资排辈的老规矩，破例让我在大会上汇报观点。初生牛犊不怕虎。自从那次在全国性学术年会上登台发言后，我在任何场合发言时都不再怯场。同年夏天在中央党校召开的"经济法规体系研讨会"

上，我有幸在徐老师的指点下，起草了《经济法纲要学者试拟稿》，核心思想都源于徐老师的谆谆教诲与耳提面命。正是徐老师让我参加的这两次学术活动把我推向了学术之路。

东风吹来满眼春。1992年春，邓小平同志南方谈话时提出了发展社会主义市场经济的重大论述。我也面临毕业后的人生路口。那时我国研究生数量少，不像今天的毕业生要走出校门找工作。研究生院告知我有两个单位的用人需求与我的专业对口，一是国务院法制局（现更名为国务院法制办公室）的工交司，一是北方工业公司深圳分公司。但我内心更喜欢从事法学理论的创新研究。于是，我向徐老师征询了就业意见。他分析了市场经济对法治建设和法学理论的现实需求，建议我继续攻读博士研究生，然后从事法学研究工作。由于徐老师负责的经济法博士点尚在申请之中，他推荐我考到中国社会科学院法学研究所，跟随王家福教授和王保树教授攻读民商法博士学位。经过夜以继日的紧张备考，我终于没有辜负徐老师期望。徐老师不但在我考博时在推荐信上签名，而且在三年以后参加了我的博士论文《股份有限公司股东权的保护》答辩委员会，并撰写了非常详实深刻的论文评阅意见。

一晃进入了互联网时代。徐老师也用上了智能手机。我和老先生也互加了微信。我很对不住老先生的是，他转发给我的微信比我转发给他的微信要多很多。我通常在节假日主动给老先生发微信问候。但老先生不摆架子，就像慈父一样，平时给我发送很多有益的养生、音乐和新闻等内容，让我受益良多。严老师今年六月二十四日仙逝后，徐老师十分难过，无比悲痛。看到他发来的严老师的遗照和两位老师年轻时的结婚照，我泪如泉涌，心如刀绞。当时，想为徐老师的心理压力分担一些，但语言又过于苍白。我本想今年国庆节去看望徐老师，但今天的噩耗传来，尽孝机会没了。打开手机微信，我和徐老师的微信互动永远定格在今年的八月八日。

徐老师安详、静静地走了。但他的音容笑貌、学术思想和伟岸风范将永远留在我们心间。徐老师千古！

（选自2020年9月29日第632期总第1038期）

深切怀念我的导师徐杰教授

周　昀

2020 年 9 月 23 日下午，惊悉我的恩师——敬爱的徐杰教授于当日上午仙逝的噩耗，我悲痛万分！教师节前还和恩师相约，10 月去看望他，不想竟成永诀。时至今日，我的耳边仍然回响着恩师爽朗的笑声和幽默的谈吐，脑海中还不时呈现恩师的音容笑貌，我实在无法接受恩师已经仙逝的事实。

三十余年朝夕相处，从师研习经济法学的经历，凝聚成我对恩师的点滴记忆。

提携晚生后辈　崇尚学术平等与自由

我于 1989 年考入中国政法大学研究生院，攻读经济法学专业的硕士研究生。1989 年到 1990 年，我们经济法、行政法等专业的同学在北京市怀柔县法院锻炼一年。随后，回到研究生院进行专业学习。徐老师是中国政法大学经济法系的第一任系主任，全面负责经济法系本科生和研究生的教学与培养工作。当时，徐老师不仅提携和着力培养了一批青年教师，充实教师队伍，改善教学质量，而且对于我们这些法学基础尚浅的研究生，也是尽量提供各种学习机会。

1991 年 7 月，我有幸和其他同学一起跟随徐老师参加了在中央党校召开的全国经济法规体系研讨会。在会上，有机会聆听了徐杰老师关于经济法基础理论和法律体系的精彩演讲，有醍醐灌顶之感。在会下，徐老师在百忙中还不忘抽时间鼓励我们，要大胆参与经济法理论文章的写作，不要怕出错。我便真的大着胆子写了一篇《再论经济法的调整对象——与杨紫煊教授商榷》的粗浅之作，不料最后竟然获得青年经济法论文三等奖。

1997 年我又考取了中国政法大学经济法学专业的博士研究生，师从徐老师攻读在职博士学位。当时，面临论文选题的困惑，不知自己应当选何题目进行研究更为妥当。徐老师于百忙中抽出时间，与我研讨交流，最终提出我应当选择作为现代经济法起源和重要组成部分的反垄断法进行研究，这样有利于为我国以后反垄断法的制定提供一定的理论支持。论文初稿提交给徐老师以后，恩师仔细、认真地阅读，并基本上予以肯定，但也指出了我论文的不足之处，尤其指出我文中"适度垄断"的观点恐怕不够妥当，应重新思考和修改。但是，愚钝与执拗的我当初并不能够理解恩师思想的精髓，最终还是执意保留了"适度垄断"的观点。最终，徐老师虽然仍然不同意我的观点，但他尊重学术自由，没有要求我再修改，并在论文通过后，向学校推荐为优秀博士论文。

坚持精耕细作　对爱情忠贞不渝

徐老师对经济法基础理论、公司法、证券法、合同法、外商投资企业法、反垄断法、银行法等经济法、商法的诸多领域都有精深的研究和高深的造诣，同时他将很多精力倾注到惠及众生的教材事业中。从最初的《经济法基础知识讲座》，到后来的《经济合同法基本原理》《经济法概论》《经济法学》等，徐老师先后主编二十余部经济法、合同法教材。每一部教材的编写，他都恪尽职守，要求极严。他常对我们说，教材虽然难写，但绝对不能有错误，否则就会误人子弟。还记得 1999 年徐老师在主编《合同法教程》时，为了确保教材质量，在我们几个参著者严格按照徐老师要求写完教材以后，徐老师请我们入住环境优雅、安静的饭店，集中一周时间，专门研讨教材如何完善、如何修改的问题，直到他认为解决了所有问题之后，才修改、定稿，最终出版。

徐杰老师与严端老师忠贞不渝的爱情故事，是一段佳话。严端老师是我国刑事诉讼法学的主要奠基人和学术带头人之一。她曾担任中国政法大学教务长这一要职，同时也是法大"四大才女"之一。徐老师与严老师既是江苏南通中学的高中同学，也是北京政法学院的同窗，从中学时代的相识，到大学时代的相知、相恋，终于在 1957 年 9 月喜结良缘。

1979 年，北京政法学院恢复招生以后，徐老师与严老师回到了他们日思夜想的母校，重新开始从事崇高的法学教育事业。过去二十年时光的流逝，使他们只争朝夕。为了抢回那些时光，他们夜以继日为中国政法大学乃至全国的法学教育事业奔忙着，但过分的辛苦与劳累，致使严老师于 1997 年病倒了，她罹患了两种癌症。在严老师生病和恢复期间，徐老师一方面继续为中国经济法学事业的发展殚精竭虑，另一方面也无微不至地照看严老师，使严老师在二十多年的时间内病情稳定，生活幸福。

今年 6 月 24 日，严老师猝然病逝，这对徐老师是一次重大打击，尽管家人、朋友、学生多加劝慰和照顾，但徐老师悲痛万分，始终无法完全排解心中的悲伤和思念。9 月 23 日上午，徐老师突然撒手人寰、与世长辞！

2020 年 6 月到 9 月，对徐门弟子来说，是最不幸的一段时间。先是慈祥的师母严端教授于 6 月 24 日不幸仙逝，不到三个月，博学多才的恩师徐杰教授竟然也在 9 月 23 日上午驾鹤西去。这是怎样的一种悲痛！无论我们如何不舍，我们都不得不面对恩师永远离开我们的事实！作为徐门弟子，我们唯有化悲痛为力量，以恩师为榜样，继承恩师的高风亮节，继续为我国经济法学事业的繁荣昌盛而努力奋斗！

（选自 2020 年 9 月 29 日第 632 期总第 1038 期）

严老师我拿什么报答您

刘　丹

2020年6月28日，是为严老师送行的日子。由于严老师的遗愿，加之疫情的缘故，我们不能前往现场，亲自送严老师最后一程。唯有云端相送，以寄托哀思！

哀肠百结如丝断，珠泪千行似雨倾！

作为严老师的学生，我深知自己资历尚浅，无力书写严老师教书育人，追求真理，探索人生真谛，捍卫法律尊严，维护人间正义的波澜壮阔的一生。这里仅撷取严老师人生中的某些片段，写就此文，让我们一起去触摸，去感知严老师的崇高品质！

1986年我入读本科的时候，就无数次听闻严端老师是法大"四大才女"之一的传诵。作为女生，对才女自然格外倾慕。1990年，我被保送上研究生。我选择了当时即为法大国际一流的专业——诉讼法专业刑事诉讼法方向，得以近距离欣赏严老师。由于我是专业组长，所以平时和老师们接触得多一些。随着接触的增多，了解的与日益深，慢慢地我发现，我对严老师岂止是倾慕、仰慕，而是敬慕。

严老师思维敏捷，逻辑缜密；治学严谨，求真务实；勇于创新，敢于坚持自己的学术观点，捍卫公平正义；终生矢志不移。

初识严老师，是上她的刑事证据课。这位才女老师，不仅温文尔雅、平易谦和、厚积博学、才思敏捷，而且果敢坚毅、气度非凡、追求完美、不慕名利。

在她的课堂上，学生们如沐春风。她的脸上总是洋溢着淡淡的微笑，透着知性而自信的魅力。出于对老师的仰慕，同学们都愿意和她亲近。课后严老师也经常参加一些我们学生组织的活动。学生活动有严老师的出席，总是令大家很兴奋，气氛也异常地轻松愉快，我们也乐得围着严老师转。女生如此，男生更不必提。有一次，我们专业的同学在教室里举办舞会，学跳交谊舞。一听有严老师参加，喜悦之情立马洋溢在大家的脸上。一是为一睹才女教授的风采；二是以能与严老师共舞一曲为荣。我们那时女生少，只有4个，所以必须得请严老师上场，亲自操练男生。记得有一个大高个儿男生，初次上场。但见他一手揪着严老师的后背衣服，一手抓着严老师的肩膀，拖着严老师，磕磕绊绊地一步一步挪动。动作僵硬笨拙，且不在点儿上。我们看着都觉得难受，像受刑一样。然而严老师却丝毫没有不耐烦，而是细心地指导、示范。我深感折服，无论什么时候，严老师总是那么和蔼可掬！回想当年同学跟着严老师，一步一个脚印儿地向前、向前、向前的样子，联想到日后严老师对晚辈的提携，我陡然明白，严老师这不是点点滴滴地在践行着"我是铺路石"的人生信条吗！

1993年我研究生毕业。尽管手里握着几个单位的用人函，但都不甚满意。一天我去联合楼（今已拆除）办事，偶遇樊崇义老师，我们在楼道里交谈了几句。当我告知樊老师，单位还没有最后落实，正为此一筹莫展时，恰逢严老师从一个房间里出来。于是樊老师便对严老师说："老严，你看刘丹的单位还没有落实，是不是可以帮她推荐留校。"严老师二话没说，就开始了解、调查我的情况（其实严老师对我了如指掌，但为慎重起见）。可是那年法律系（今法学院）没有留校指标。于是严老师把我推荐到了经济法系（今民商经济法学院）。经过学校几番考察之后，我获准留校。天啊，我留校了！我成为一名教师啦！连我自己都不敢相信。我欣喜若狂！多日来，选单位的烦恼，萦绕在心头的愁云惨雾，顿时烟消云散。为了不给严老师丢脸，我到了经济法系，随即"离经叛道""改弦更张"（指不搞刑事诉讼法了），在哪个山儿，唱哪儿的歌。于是乎，我开始拥抱经济法，后来又考取了经济法博士。

仔细想来，我并非严老师亲授的学生，但却如此受其厚爱。可见，严老师提携晚辈，不分薄厚彼此，并不因其是否亲传，而有丝毫的犹豫和差别。足见严老师大仁、大爱之心，山高水长！于我而言，严老师恩重如山！如果没有严老师当年的提携，我早已走出法大的校门，无法至今还沐浴着法大的光辉；如果没有严老师当年的提携，我也无法走上教师的岗位，遍尝桃李天下的芬芳与幸福。一句话，没有严老师，就没有我的今天！然而，这么多年来，我心里一直压着一块大石头，沉甸甸的，久久不能释怀。那就是不知拿什么去报答严老师。我也曾试图用送些礼物的方式，表达一下自己的感恩之情，但几次都被严老师严词拒绝了。有一次聚会，我趁严老师不注意，将一件饰品偷偷地塞到了她的包里。可聚会结束后，我发现那件饰品又躺回了我的包里。

1997年，严老师身患重病。尽管她头顶着新中国培养的第一批刑事诉讼法学专业的研究生、中国政法大学博士生导师、刑事诉讼法学教研室主任、科研处处长、学校教务长，全面参与1979年、1996年刑事诉讼立法、修改工作的女教授，新中国刑事诉讼法学的奠基人和主要学科带头人等一系列耀眼的光环，为不耽误工作，她毅然决然地从岗位上急流勇退。退得那么的干脆，那么的彻底，不留恋任何的名和利。

但实际上，她是退而不休，依然牵挂着国家的法制建设，牵挂着她的学生，牵挂着她为之付出终身的教育事业。

此后漫长的日子里，严老师以顽强的毅力与病魔抗争着，保持着一如既往的乐观、旷达与优雅。我们从没看到严老师有一丝的妥协与无奈。但我们可以想象到，那是一个多么折磨、煎熬、消磨意志的过程。23年啊，是什么样的精神支撑着她，使她如此的强大，如此的坚不可摧！

缅怀之际，重温严老师的人生哲言："如果有来世，我仍愿做一名教师""我要用行动书写自己的历史""时代注定了我是铺路石"。我豁然开朗，"师者也，教之以事而喻诸德也"。我今生今世做好一名教师，以行立世，以德垂范，便是对老师最好的报答。

（选自2020年9月29日第632期总第1038期）

怀念韩哥

李建红

走着的人群，有人慢行，有人停下来歇会儿，有人急急地远行。而有情有义有爱的韩哥选择了远行。

去年7月酷暑中的那天，韩哥给了我们一个下马威，我急急地跑到医院，他见着我第一句就是："二十多年前的今天，我帮你送你姑姥姥，现在你送我，世间有轮回啊。"他这话一出，我已泪水难收，一切历历在目。

三年前的七八月间，韩哥开始日渐消瘦，这样的身体让他不得不将最喜爱的骑行运动暂行抛却，对他来说这也是个巨大的打击。韩哥和一众好友们的最后聚会已是三年前的白露时节，那是他的生日，我在外送孩子读书，他一再问我返回时间，只等我到了才能成局，没想这就是最后一局，他后来就医又反复住院，最终还是没有找到治疗办法，在家空寂地看着自己日渐消瘦变得脆弱的身体。然而，无论何时，你去看他，他都是乐观地微笑，和你说起从前的一切，他超好的记忆串起三十多年来在法大的点点滴滴。

韩哥，老同事们都是一口一个小韩小韩地喊他，而对大名韩建英，则提及得不多。1986年4月他调来法大，在车队调度的岗位上一干就是三十多年，把最美好的青春年华留在这个政法院儿里。每天早上六点，他肯定要到学校等着各位班车师傅来了，检查好车辆出发，傍晚也是他等着班车一辆辆安全返回。三十年的调度，他处理的紧急情况不计其数，大型活动要安排好，车坏了，他得想办法找人修，班车坏在路上得及时调动其他车辆接送老师们上下课；每个年三十的夜里，他都静静地守在校门口的班车旁，唯恐那爆裂的炮竹伤了那些班车；每年 9 月迎新时，他总是做好计划，身先士卒，火车站里有他忙碌的身影，浑身汗水，却顾不上喝口水，来法大的学子从那一刻就开始感受法大人的温度。

韩哥这些年一直守在北门的车队小屋里，离退休的老同志们走过学校北门都爱和他聊上几句，打听打听学校的变化，或者在他那儿喝上一口水，避一避风和雨雪。瘦削的韩哥常站在北门门口，和来来往往上下班的同事们热情招呼，逗个玩笑，抑或看见谁的车、包、衣服有点啥小问题，就赶紧提醒一声，他给你的温暖就是这样平常而淡然。

曾经每年迎新后，他都要找一名家庭贫困的孩子进行资助，接受他捐助的学生们，可能始终不知道是韩哥的帮助让他们读完大学。多年来他一直这样默默地奉献。

2016 年，那个属于他自己的纪念日，他在朋友圈里留下以下文字："1986 年 4 月 18 日来到法大，眨眼三十年过去了，这个每天工作超过十二小时的地方就要成为回忆了。"弹指一挥间，他在这里默默地奉献自己的全部。

身边有韩哥，无论你是骑车、开车还是修车，他都会给你讲很多知识、经验，并帮你修车，三十年里他帮过的人也数不过来。韩哥无论做什么事，都先想到的是别人，就是给你换个车铃、车锁、小零件啥的，还要让你仔细试试使用的感觉，你试好了，他才给你固定好。

韩哥于我虽为同事，却似兄长。我和韩哥结缘，是从前姑姥姥在的时候每次需要用车时，都是韩哥悉心安排，直至最后送别姑姥姥，是韩哥开车把她送到北京大学医学部捐献了遗体。2012 年我的娘亲走时，韩哥第一时间打电话来安慰我。平常日子，每次我有点儿麻烦，无论大小，只要韩哥知道了，就肯定帮我解决，最忘不了那寒风里帮我换车胎的韩哥，忘不了时刻提醒我注意这小心那的韩哥。于我、于我的家人，以及他的各种同事朋友，他用他的热情细心始终温暖着大家，并始终让我们感受着：不是亲人却胜似亲人。

这几年间，韩哥在家养病，与他，一句简简单单的问候，可以是几个叶菜、几个水果，彼此的惦记，如同对自己家人。有几次因为工作或其他事情拖延了去看他的时间，每次一进门韩哥先问我，"你没什么事儿吧"，我被问懵了，我真的没什么事儿啊，但是我确实没有跟他报告，我这一段时间是有点儿忙，或者在干什么，以至于，他接下来会嗔怪，好长时间没有去是把他忘了，然后孩子一样地乐了，再又张罗你坐下吃喝。

我们常常感慨人世间的亲情冷暖，但是对于韩哥，惟感这是一个没有血缘关系的后天亲人，让你不得不对他生出一种惦念。如今，对他的惦念已然变成对他的怀念。

他的骑行白皮书上，写了这样一段话："一个人骑行，孤单而内省；一群人骑行，壮观而有力。踩着单车上路，经历一种身体，下了地狱，眼睛进入天堂，灵魂归入故里。"如今，韩哥在身体上的痛苦已经解脱，留给我们的是他对生命理解的一种坚强、坚韧和乐观的状态，或者这样一种信念。

2018 年的冬至时节，最爱喊我"姑奶奶，您慢着点儿成吗？"的韩哥，走了，去了远方。远远的，脑海里那个酷爱骑行的韩哥的身影，那飒爽的身姿又浮现在我的脑际，愿心间长流这般美好！

（选自 2019 年 1 月 2 日第 572 期总第 978 期）

愿谷安梁老师一路走好

白 晟

谷安梁，男，1931 年 7 月 22 日出生于辽宁省抚顺县章党镇，中国政法大学法学院教授。2018 年 3 月 9 日凌晨 4 点 32 分因病去世，享年 87 岁。3 月 11 日上午，遗体告别仪式在火箭军总医院（原二炮总医院）举行。

谷安梁老师退休以前供职于法学院法理学教研室（现为研究所），是我的学科前辈；退休后属学校离退休工作处，是我的同"处"前辈，我不能不向谷老师告别。

面对一位前辈的溘然长逝，我不禁悲从中来，唯有小小梳理谷老师的生平，寄托哀思，愿谷老师西去路上走好。

在"革大"接受洗礼

1949 年，谷老师在天津报考了"华北人民革命大学"，2 月从报纸上看到被录取，3 月到天津北站吕纬路北洋桥旁报到，两天后集体乘火车到北平的西苑华北人民革命大学（以下简称"革大"）本部，被编入第一期三部廿七班三组。正是因为此次入学，谷老师属于 1949 年以前参加工作的老干部，享受离休待遇。

谷老师曾在《往事如歌》里写道："考入华北革大是我人生路上的一个新起点。革大的地址在北京西苑，颐和园的东南，原为旧军阀曹锟的兵营……每天早晨集中整队跑步，吃过早饭集合带马扎或扶手椅到西操场上课……在露天广场上的第一课是时任天津市长黄敬讲的人生观。以前我没有思考过人生的价值问题。听课之后明白了许多道理，接受了这样的观点，就是人活着只有为人民服务，为人类的解放和共产主义的事业而献身才是有意义的，才是高尚的。听著名的哲学家艾思奇讲社会发展史、杨献珍讲辩证唯物主义和历史唯物主义……"

1949 年 8 月毕业，谷老师留校被分配至组织科。8 月第二期开学，谷老师到三部三十班担任组织干事。1950 年 3 月，被调至政治研究院一班任秘书干事，5 月到政治研究院组织科任科员。1953 年 3 月，"革大"撤销。谷老师被分配到复兴门外礼士路的中央政法干部学校，谷老师任组织科科员、秘书。在中央政法干校工作期间，谷老师曾参加过留苏考试，可惜落榜了。

"人大"七年求学时光

1955 年，谷老师参加了中国人民大学（以下简称"人大"）招生考试，被法律系录取。1955 年 9 月 1 日，谷老师开始了在"人大"的学习生活——含本科四年和研究生三年。谷老师 24 岁上大学，当时已工作了六年——属调干生。

谷老师在本科阶段学习了国家与法权理论、哲学、政治经济学、逻辑学、宪法学、民法学、刑法学、诉讼法学、马列主义基础、中国国家与法权史、外国国家与法权史以及俄语等课程，在校期间担任过系学生会副主席。

1959 年，谷老师和陶髦老师、甘绩华老师等留校读研究生。该届开设了国家与法权理论、法制史、国际法、刑法刑事诉讼法专业，有13 人就读，其中谷老师和甘绩华老师读国家与法权理论专业，陶髦老师读刑法刑事诉讼法专业，谷老师担任过班长。

法大情缘，始于 1962 年研究生毕业后，谷老师被分配到了北京政法学院。谷老师这一届 13 名研究生，有 8 位被分到了北京政法学院，有甘绩华、陶髦、许大昕、李佩华、许作山、邵景华和宋峻等，甘绩华和陶髦老师都曾出任过学校副校长。

谷老师 1962 年 12 月至 1964 年 5 月在民刑法教研室刑法组任"刑事政策与法律"课教师，谷老师没有担任主讲，只是做些辅导、主持课堂讨论的工作。1964 年 5 月至 1965 年 6 月，谷老师奉命带 1962 级六班学生到四川乐山搞"四清"，具体负责峨眉山山脚下的峨眉县九里公社的工作。1965 年下半年学校开学后，谷老师被调到 1964 年入学的二年级办公室工作，担任年级办副教导员、党总支委员兼五班指导员、党支部书记。

北京政法学院撤销后，谷老师以夫妻长期分居为由调回天津，在天津师范学院马列主义教研室哲学组任教，后担任组长，先后给中文系、数学系、地理系的学生上过课。"那时上课是不给报酬的。早晨自己骑自行车去上课，下课不管饭，讲完课饿着肚子骑自行车回家吃饭，一分钱讲课费也没有，一讲就是连续半个月、二十多天。那时认为这是很自然的事情，毫无怨言。"

重回法大

谷老师 1979 年 1 月接到北京政法学院筹备小组的信，于 1979 年 5 月结束了在天津师范学院将近七年的教学生涯，调回学校，开始法学教育工作。重上讲台，"最严重的问题则是参考资料极端缺乏"。于是，他们想到了一个办法："我们教研室几个教师骑自行车到中国人民大学去听孙国华老师的课，使用他主编的《国家与法的理论》教材，回来写自己的讲稿。就这样现买现卖走上讲台。"

谷老师在校主要讲授法理学、立法学等课程，给研究生讲过马列主义法学著作选读、法理学原理专题研究和社会主义民主与法制专题研究等课程，指导过八位研究生，均顺利毕业并获法学硕士学位。

在二十世纪八十年代和九十年代初，谷老师发表了《试论现阶段我国国家与法的性质》《关于建立具有中国特色的社会主义法学体系的问题》《略论经济体制改革与法制和法学的改革》《法学基础理论学科与教材改革》《创建立法学是法学改革中的一项紧迫任务——立法理论研究的若干问题》（《法学杂志》1990 年）等论文，其中立法学领域的论文在当时的国内可谓领先，他在法大应该是立法学学科无争议的开创者之一。二十世纪九十年代，谷老师出版了其主编的《立法工作概论》《立法学》教材，前者是法大第一部立法学专著，后者被司法部指定为"高等学校法学试用教材"。

可以说，谷老师凭一己之力在法大奠定了立法学课程和学科研究的扎实根基，更在军事法方面走在学界的前沿。1993 年，谷老师在《政法论坛》发表了《关于军事法立法理论问题的思考》，这篇论文无疑开启了法大军事法研究的先河。这方面的论著还有《略谈我国军事法的地位与军事法规的立法权限》《法学辞海（军事法学分卷）》等。值得一提的是，谷老师是北京市法学会的资深成员，多次担任副会长兼秘书长，还曾担任过 1997 年第三届法学会的会长。

谷老师于 1997 年办理了离休手续，组织关系正式转到老干部处，我与他的接触比以前少了。但记忆里教研室坚持多年的每年年终全体成员——含已经离退休的成员聚会，谷老师每次必到。最近一次是 2016 年 12 月 30 日的聚会，我受研究所之托代为组织离退休的成员，谷老师和杨鹤皋、甘绩华、任中杰、王启富、刘全德等老师如期而至。

如今，谷老师已经西去了。谨以此篇小文纪念我同"业"同"处"的学科前辈谷安梁老师！

（选自 2018 年 4 月 10 日第 545 期总第 951 期）

清明时节忆端公

白 晟

一

笔者在《罕见的法大"史料"》一文中已经提到，据《北京市高等教育志》记载，北京政法学院 1965 年前原三级以上教授有一级教授两名：钱端升和费青；二级教授一名：雷洁琼；三级教授五名：严景耀、曾炳钧、戴克光、于振鹏和徐敦璋。吴恩裕当时虽是四级教授，但业内公认水平不低于三级。此外，楼邦彦由于去北京市司法局担任副局长影响了职称评定，但实际水平并不低。

无论从哪个角度，钱端升"老院长"都是北京政法学院的标志性人物。

周恩来总理称"老院长"为"端公"，本文也以"端公"代称"老院长"。

钱端升（1900—1990），我国当代著名的政治学家、法学家和教育学家，历任清华大学、中央大学、西南联大和北京大学、哈佛大学教授，1954 年宪法的主要起草人之一，中国政法大学前身北京政法学院的首任院长。

新中国成立后，任北京大学法学院院长，1952 年全国高校院系调整，北京大学法学院并入新成立的北京政法学院。钱端升参与了北京政法学院的建校筹备工作，并担任首任院长。在学院的各项工作中，钱端升十分重视教学和科研工作，并始终关心同学们的学习和生活，为学院教学生活条件的改善做出了努力，"全力为新中国培养及输送高质量的政法人才"。

钱端升先生于 1954 年被聘为全国人大宪法起草委员会顾问，参加新中国第一部宪法的起草。1974 年在国务院总理周恩来亲自过问下，出任外交部国际问题研究所顾问及法律顾问。1981 年被聘任为外交学院教授。同年，加入中国共产党。1990 年 1 月 21 日病逝。中国政法大学全体教职工暨校友挽以长联："执教六十载，著作等身，诲人不倦，倾心育英才，师情似海，五洲桃李永怀钱翁；参政大半生，风雨同舟，肝胆相照，一切为人民，望重如山，四海法曹同悼端公。"

端升先生毕生从事政治学、法学研究，在一系列重大问题上均提出自己的看法。其著作除短篇外，有与王世杰合著的《比较宪法》，与人合著的《资产阶级宪法的反动本质》《民国政制史》，独著的《战后世界之改造》《政治与政治学》《中国政府与政治》（英文版），译著《英国史》《法国的政府》《德国的政府》《法国的政治组织》。

2007 年，为了纪念钱端升先生对于中国法学的卓越贡献，激励学者勇于创新，促进中国法学研究的繁荣发展，推进国家法治进程，中国政法大学发起了钱端升法学研究成果奖。2016 年 3 月，第六届钱端升法学研究成果奖评奖活动正式启动。

二

笔者在拙文《"老院长"的书桌》一文里介绍了张国华、沈宗灵和余叔通三位先生撰写的有关端公的文章。

《钱端升先生纪念文集》收录了美国芝加哥大学哈默·利文斯顿政治学讲座教授、北京大学名誉教授邹谠的一篇纪念文章《钱端升老师对我最深远的影响》，全文如下：

> 我在联大时，曾就学于钱端升老师。当时，《比较宪法》对我影响最深，我在美国芝加哥大学研究院学习时，始终未选修任何一门与中国有关的课程，但却熟读端升师在哈佛大学任教时，于百忙

之中，以一年时间完成的《Government and Politics of China 1912—1949》，我认为此书至今仍是权威之作。

我本应寄一长篇论文，评述钱老师的政治学思想与研究成果。但自中风及得心脏病后，行动不便，无法到图书馆重读钱老师的大量著述，加以每月能读书及写作的时间不长，未能如愿。

好在端升师对我最深远的影响，还不是他的某一著作，而是他的孜孜不倦，精益求精，治学严谨，一丝不苟的风格。我在联大时是一个很平庸的学生，远不如陈体强等同学的成绩，但得端升师的介绍，能入芝加哥大学研究院政治系就读。此后始终是以钱师治学的精神为榜样。

我已属耄耋之年，多种疾病缠身，仍尽可能每日抽出数小时读书写作，准备草就一两篇学术论文，以政治学原理与方法，解释中国、中国革命与建国的历史。这些文章也是以实际研究与论述去解答钱师早在 1926 年发表的"政治学"一文中，所提出的一个问题。可见先生对学生潜移默化的影响是无穷无尽的。在纪念钱端升老师时，我辈应以此自勉。

1999 年 5 月 15 日于芝加哥

邹谠是端公的弟子，笔者看到过邹谠与端公的合影。

据杨保筠主编《华侨华人百科全书》（人物卷）（中国华侨出版社2001 年版），邹谠（Tsou：Tang，1918—1999），美籍华人政治学家。原籍广东大埔，生于广州。1940 年毕业于西南联大，1951 年获美国芝加哥大学政治学博士学位。毕业后先后在伊利诺伊理工学院和犹他大学政治系任讲师，1955 年起执教芝加哥大学，历任美国外交政治中心副研究员、政治系助理教授、副教授、教授（自 1966 年起），是美国政治学协会、亚洲研究协会会员，美中关系全国委员会董事。曾任《中国季刊》《现代中国》《亚洲概览》编委。研究比较政治和国际政治，侧重研究中国政治和美中关系。主要著作有《毛泽东的革命经验和北京的国际实践》、《美国在中国的失败：1941—1950》（1963）、《中国在亚洲的政策和美国的选择》（1968）、《中国在危机中》（3 卷，与何炳棣合著，

1968）、《西方的概念和中国的历史经验》（1969）、《远东研究中心论文选》（编，合著，1981）、《政治变化和改革》（1984）和《邓小平选集：方向上的历史性变化与过去的延续》等。其中《美国在中国的失败：1941—1950》一书获 1965 年"戈登·莱英奖"（Gor—don：J. Laing），成为少数在美国政治学领域获得成就的华人之一。被聘为北京大学名誉教授，多次来华讲学。病逝于芝加哥。

网上查询得知，邹谠的《美国在中国的失败》一书令其声名大噪，被誉为芝加哥大学出版社当年的最佳著作，奠定了他在学术界的地位。他于 1999 年 8 月 7 日晚上 7 时 30 分（美国中西部时间）因心脏衰竭，逝世于芝加哥大学医院，享年八十岁。

也就是说，邹谠的纪念文章是其去世前两个多月，远在美国并身处病中写出的，这可能是邹谠先生留给世人的最后文字，这样的文字不仅需要用眼，而且需要用脑，更需要用心才能读懂！

三

昨天，笔者专程拜访了端公的第五任秘书陶和谦老师（按：陶老师是笔者的"老政法"前辈和北京大学学长），不仅与陶老师长谈四个小时，而且共进了午餐。陶老师赠予笔者的未刊稿《回首话当年》，其中有专节回忆端公（详情有时间以专文记述）。在此仅引用陶老师已经发表的博客里的文字，就可体会到陶老师对恩师的深情：想起恩师的关怀，就惭愧、惶恐，我要深深地感谢三位恩师（按：指钱端升、张友渔和雷洁琼）的教诲、指引和鼓励。我将把余热用在经济法理论研究上，努力向前。

第一位恩师是钱端升先生，我在 1950 年入北京大学政治系时是他的学生，1952 年院系调整到北京政法学院后，他任院长。改革开放后，我研究经济法起步时，曾多次向先生请教，先生均来信作恳切的指引。录几封来信。

和谦同学：

信悉。经济法论文汇编亦收到，至感，至感。

搞经济法是符合当前需要的。我意基础不妨打得广些。如有时间，对民法的系统，将近二百年来在各国的发表及今后的趋势，不妨钻一下，求得一个大致的了解。如此为我所未能做到，吃亏很大，故愿以此进告。

钱端升 1980.11.8

（注：此信是我刚担任《经济法概论》主编后，恩师认为"搞经济法是符合当前需要的"，教导我要深入研究民法，还说他未能做到。读后，我百感交集，无地自容。）

和谦：

信悉，所寄讲义两张亦收到。

你知道，我对经济法是一无所知的、没有发言权的。但既承下问，本想在自学方面有可以提起注意之处，可供参考。不幸，视力实在太差，不允许我进图书馆翻翻书，因此抱歉得很，我实在无话可说。

只有一事提醒注意。经济法既然是新的，当然教好是很不容易的。首先，要对同学循循善诱，万不可使他们望经济法而生畏。必须由浅入深，在开始时要尽可能地避免提出过多的概念性的东西，以及繁琐的论述。对于讲给学生听的东西，讲的人首先要自己懂得透，讲得清，既不含糊，又不单凭概念行事。你新搞经济法要满足上述的要求已是不易，但有志者事竟成，下定决心也未尝不可做到，望勉之。所言若无当，置之可也。

此复并候教祺

钱端升 1981.7.28

四

清明节前，笔者的"老政法"前辈和北京大学学长程味秋老师（也是陶老师的北京大学同窗，而且同是王铁崖点名的国际法专业同窗）曾私信程老师拜谒端公墓的照片。感动之余，节前避开高峰，专程独自前往端公墓地拜谒。

据林来梵教授撰写的《钱端升先生学术年表》，端公1924年获得哈佛博士学位后"归国，任教于清华大学历史系讲师，讲授'西洋百年史'"。了解了这一点，再读端公1933年翻译的煌煌两大册《英国史》，对先生的学术功底就会多一层理解。

近日借得入选《中国近代思想家文库》的《钱端升卷》，编者孙宏云的导言写得明白：端公是"中国现代著名政治学家、法学家，中国现代政治系的开创者之一。关于他的学问，其同辈学者评价甚高，在其身后也多无异议；而对于他的政治思想和进退出处，则有赞有弹……"。

"关于他的学问，其同辈学者评价甚高，在其身后也多无异议。"作为学者，这已经足够了。

放眼法科学界，这样的学者有几人？

作为端公服务近20年的"老政法"的一名非著名的而且快要退休的教师，笔者近来多次寻访端公的弟子，探访端公工作和生活过的旧址，越来越多地感受到了这位先贤的学者风范和精神风貌。这样的先贤值得高校的学者和学子们静心阅读！

谨以此文献给著作等身、学问"评价甚高"且"多无异议"的纯正学人钱端升先生！

（选自2017年3月28日第511期总第917期）

流星坠落

黄　楠

2018 年 12 月 25 日，法学院发出讣告：时为季冬，刘莘教授溘然长逝。刘老师生前笔耕不辍、著作等身，她任教数十载，立德树人、桃李传承。她用独立的学术品格感召学人，用学者的良知和底线慰藉苍生；她以"身土不二"为座右铭，深深眷恋着脚下的土地和身后的祖国，用豁达的人生态度拥抱风雨和苦痛。刘莘教授高尚的情操、独立的品格、渊博的学识、豁达的态度为我们留下了宝贵的精神财富。

她暖如春水

"我们学者应该中立，不应该成为权贵的代言人，应该多为弱势群体说话"，这是刘莘在一次学术会议上的讲话，是她发言的立足点，也是她为人、为学的出发点。她的学生吴陶说，刘老师不仅人暖、话暖，就连她做的研究、她的事业也是暖的。的确，刘莘是中国行政法学家、行政法学先驱、权利斗士，但她却从不以上述头衔自居。她著作等身，一生著书 10 余部；桃李满天下，"刘门"已出 79 位硕士、20 位博士、2 位博士后、12 位本硕连读学生；但她更心系民生、仗义执言。

她的学术生涯很多时间都在和卫生、水利、劳动教养、拆迁等事关国计民生的领域打交道，她总是把问需于民前置，知民忧，方得解民难、暖民心。她始终带着正直公正的心，要在这混沌复杂的世事中表达法律人的思考。甚至在出现不理解甚至偏见责难的时候，依然抱着热忱，希望这社会、这土地变得更好。学生王静说，直至病榻上最后数月，刘莘依然关心着立法的最新进展，探讨着法治推进的难点，从未放弃对这人间的热爱和希冀。

刘莘的温暖，及于行政法学事业，更及于身边人。与她共事多年的李新生叫她"大丫头"，因为她总是那样可爱、真挚、重情。他记得有一天，刘莘给他打电话："李哥，我给你带了几瓶酒，在你家楼下。"当他匆匆下楼，竟然看见她双手抱着一箱酒，站在寒风中。李新生说，那一刻我心里可暖了。现在这酒还有两瓶，已被他永远珍藏了。

因为刘莘的名字与"流星"音似，所以她把学生们都唤做"流星雨"。"流星雨"就像一个家，刘莘自然是家中的慈母。每年开学和毕业，"家"里总会有迎新和送别的聚会，学生刘慧磊说，迎新的场面仿佛"母慈子孝、弟恭兄谦"，而送别宴便是"慈母临别密密缝"。凡是在校生无论离京还是回京，行动之前都要跟老师打招呼，因为老师曾经说过："一家人嘛，总要知道彼此在哪里。"

刘莘惦记着"星星们"的方方面面，有个博士生被学校通知退宿舍，当时正值繁忙的论文期，刘老师得知后便把自己的房子借给他住；"流星雨"不定期有爬山、打球的活动，刘老师一有机会就"乱点鸳鸯谱"；等到学生结婚，婚前又像闺蜜一样关心婚纱的样式、婚礼的风格、伴娘都是谁；待到"星二代"出生时，刘老师又开始和学生们大侃育儿经……她总是乐于听"星星们"分享学习工作生活中的悲欢故事，她办公室的一面墙都是"星星们"的照片，而学生们也尽心竭力回报着老师。在老师重病期间，"流星雨"自发组成"护佑亲爱的刘老师""陪护雅典娜""流星雨大星星""流星雨小分队""玫瑰花开"等数个护理小分队，安排各种事务，联络医院医生、探讨每阶段方案、陪护排班，事无巨细。

刘莘用无限深情，诠释着教师的角色。直至临终前，她忍受病痛的煎熬，依然将学生们紧紧团结在周围，在共同抱慰痛苦的过程中密切相联。学生王轩说，她是怕我们如同那些家长离开后的大家庭一样各自散去，毕竟父母情深，兄弟缘浅。她是在生命的最后开释我们。

她生如夏花

刘莘之绚烂，却从不以美学家自居。然而，她确是美学界实践主义者以及法学界精通美学的现象级人物。她审美活动的对象所涉甚广，包括对服饰、家居，对人心、对社会现象等一切美的发现与创造。

对时尚搭配天生敏感的她喜欢根据不同的场合、不同的会面对象选择不同的着装和配饰，她的衣服件件精美，都是用心所选，并且搭配和谐，配饰和装束相得益彰。学生李燕说，有一次和刘老师相约见面，要去参加一个化妆 party 的她从鲜红色的车上下来，一身牛仔，与往常的服饰判若两人，耳垂和手上都戴着骷髅头的饰品，真是让人艳叹。

每逢拍毕业照或者和朋友、学生聚会时，刘莘更要精心打扮一番，把最美丽的自己和最灿烂的笑容留给身边的人。甚至到了生命的最后时刻，依然如故。学生吴陶说，她在刘老师术后去医院探望，彼时的老师已是瘦骨嶙峋，行动艰难。即便如此，为了不让大家因看到她憔悴的样子而难过，仍旧挣扎着起身化妆打扮，不着病号服，而是穿了舒服却雅致的碎花家居服。她顽强地追求美，尽最大努力把美的印象留在大家的心中。

刘莘生活得优雅，学生每每去她家，无不被她精致、舒适的生活理念所吸引。虽然刘老师在中国行政法学领域造诣深厚、影响深远。但作为研究生导师，她虽要求学生们严谨治学，但和大家交流起学术观点时却平易近人。学生王凌光说，每次去老师家请教问题或者讨论论文，老师都先要进厨房忙活会儿，然后端出一份精致的茶点——切成小块的各种水果、点心还有咖啡或者茶。刘莘喜欢喝咖啡，在指导学生之余，也会给他们讲咖啡的故事：这又是从哪儿带回来的咖啡、什么样的香气。听到学生说某种咖啡好喝，还会送给他们一些。学生张力说："现在我的厨房架子上还摆着刘老师初夏时候顺手塞给我的云南小粒咖啡，只消耗了一小半。我总孩子般天真地以为，咖啡永远喝不完，那么，刘老师就会永远笑嘻嘻地开着她的车，突然停在我身边，摇下车窗喊我的名字……"

她飒如秋风

"司法者应当沉默。立法者手握笔杆子，应当多听。立法者应当沉得住气，而不应像戏子。"刘莘是一个勇于表达自己观点的人，很多同事、朋友、学生在回忆起她时，总会提到一个词：侠骨柔情。

作为新中国第一代行政法学硕士、法学界"50后"凤毛麟角的女性学者，刘莘一生对行政立法、行政复议的研究独树一帜，更是最早将辅助性原则等一系列理论原则引介入行政法，对后来研究者启发颇大。学生张力说，刘老师不遗余力地亲身参与国家法治建设，从中央到地方省市，参与过的立法起草、论证、设计不计其数，并常常以知识分子的独立精神和思考，为公理仗义执言，为公道秉笔直书。

学生王凌光也证实了这一点：在各种各样的研讨会、专家论证会上，刘老师从来不会看任何人的脸色行事，从不虚言，也不胡言、妄言，发言必条分缕析、必言之有物。有时候过于"直抒胸臆"，事后说起来，刘老师也会不好意思地吐吐舌头："又放炮了。"但下次参会时依旧不改本色。

在病中，刘莘依旧是大家心中的女侠，一身霜华傲骨，直面生死。她从未停止对生命、死亡、时间的思索，她忍受煎熬，勇敢抗争，始终不放弃。她多年的好友刘沛曾多次去探望她。每次探望，必谈及治疗方案。刘莘曾经说："阿沛，你知道我为什么喜欢你吗？因为咱俩太像了，遇到问题，就想怎么解决问题。从来也不抱头痛哭、无所适从。"刘沛有时候工作忙，便让自己女儿做了饭给刘莘送去，彼时的刘莘虽已不能进食，但仍旧把饭全吃了。然后给刘沛发一条短信："孩子送来的饭我都吃了。不就是吐嘛，有什么的了，但我不能让孩子白忙活。"

即便到生命的最后，刘莘也保持着最大的克制，尽量不依赖吗啡。痛到不能再忍时才咬着牙关轻轻地说："又开始痛了，要不要再打一针？"在最终知道病情无可挽回时，她冷静沉着地安顿身后事，拒绝亲友探望，不愿大家为她担心。即便再疼，她也未曾呻吟过，只是默默忍受。那些偶尔的泪水，也只是无声地从眼眶中渗出。

她灵如冰雪

刘莘属猴，三月万物苏醒时生，有着白羊座的奔放，而动作迅捷正如灵猴。无论是游泳打球，还是登山健走，都是一马当先。学生王凌光说，跟她配羽毛球混双，不需要担心她体力差、够不到球，反而担心她跑得太快，会突然出现在队友击球线路上被误伤。

在学生们眼中，刘莘就是一个"孩子王"。每年的春天或秋天，刘老师都会组织学生出游。学生李烁回忆说，有一次跟老师去宁波开会，会后特地去了奉化溪口游览雪窦山。当时刘老师的体力真好啊，一口气能从山底爬到山顶。而李烁却因为体力不支，一度想要放弃登顶。刘老师就在山上更高的地方与他遥遥相呼，说："爬山就是一个征服自己的过程，人永远不会被别人打倒，只可能被自己打倒。"李烁听此，便赶紧加快步伐。

当然，刘莘也偶有不灵的时候。她经常被家里的电脑"欺负"。她的电脑总是会无故地蓝屏、死机、屡唤不醒；但当学生赶来维修时，又会神奇地"死而复生"，修无可修，搞得刘老师无可奈何，只好自认跟电子产品"相克"。

然而，这样温暖、慈爱、热情、时尚、优雅、豪气、灵动的刘莘，却没有跨过这个冬天直达春天。

惠特曼说："生命只有在爱过后才是生命。"无论生活的馈赠多么吝啬，她始终不改慷慨热忱；无论命运的安排怎样凉薄，她自始无悔大爱初心。刘莘六十三年的岁月，因为爱，而温暖隽永，于朴实处见珍贵，于平淡处见卓越。她来过，真诚而热烈地爱过；她走了，这爱依然存在。

（选自 2019 年 1 月 2 日第 572 期总第 978 期）

迟来的道别

许玺铮

冬日北京，又是一派肃穆孤寂的景象。朦胧的天空中悬着红彤彤的太阳，清冷的空气里回荡着乌鸦的嘶鸣声，遥遥地望着窗外军都山脉，它就是一幅沉默不语的巨大背景画，目睹着一切循环往复。窗内屋里的电话声依旧此起彼伏，每天都有说不尽道不完的琐碎事情，我们总是匆匆放下电话，有时连道一声别都显得仓促而多余。

我与韩建英老师就是在这办公室电话声中结识的，两三年间各类车辆的用度，几乎天天都有电话联系。他是有坚持与耐性的人，却不会用老道经验欺侮我这个职场新人，对于一些不合理乃至有些鲁莽的需求，他都能协调妥帖，甚至帮我化解了围。那时候一度调车繁复，因为担心出差错，他会与我一一反复核对，有时核对完不免牢骚一下、叹息一声或调侃一句，这突然让我觉得，电话里的韩老师，不是陌生客套的工作伙伴，而是一位有趣的老师、豁达的前辈、可靠的大哥。

就这样，在电话里我们共事到某一天他的病讯传来，一直未曾谋面，似乎也向他提及过怎么就从没见过您本尊啊，却也嘻嘻哈哈就不了了之，大概总觉得这偌大的校园，怎会见不到一个想见的人呢？之后听说韩老师病情严重想去探望，终未如愿，直到冬日里这突然的消息传来，与韩老师的第一次见面，便是向他道别。

韩老师离开岗位的这些年来有许多新力量加入，学校大小车辆依旧如常运转，所有工作就像车上齿轮一样从未停歇过，似乎没有谁是不可或缺的。但当一些乖戾的、推诿的、虚妄的声音响起时，我就会想起成长道路上像韩老师一样从容坚定、负责到底、实事求是的人，依然在告诚自己、慰勉自己、激励自己。

我想，虽然已经过去多年，在这熙熙攘攘的办公室里，若是再有来电，我一定还能很快分辨出他那熟悉的京腔，再道一声您好，再道一句珍重。

（选自 2019 年 1 月 2 日第 572 期总第 978 期）

百年树人

——纪念中国共产党建党 100 周年有感

曾尔恕

今年是中国共产党建党 100 周年，也是中国政法大学建校 69 周年。我是学校第一届硕士研究生，毕业留校工作至今已近 40 年。在这样的日子，我深切怀念那些为中国法学教育的建设与发展披荆斩棘、毕生奉献，而今已经离开了的前辈师长。这篇短文主要回忆指导我校第一届法制史研究方向硕士研究生的 4 位老师。

中国政法大学于 1978 年恢复办学，1979 年恢复招生并招收研究生。1979 年 6 月我在河北宣化参加了由张家口教育局组织监考、为期 3 天的研究生入学考试。记得第一天是英语考试（主要是语法和英汉互译）和语文考试（主要是古代汉语和作文）。第二天上午是国家与法的理论考试（主要是国家与法的基本概念、资产阶级民主的实质、对阶级斗争与无产阶级专政理论的理解等问题）；下午是法制史考试（根据报考方向，试卷分中国法制史和外国法制史两个方向）。第三天是政治考试（主要问题是关于马克思主义认识论与党的群众路线、当前调整国民经济的必要性、坚持四项基本原则与继续解放思想）。这些试题经典地代表了当时我国法学教育的关注点。当年 10 月，我们一行 35 名来自祖国四面八方、有着不同学历背景和工作经历的人，分 7 个专业（法学理论、民法、刑法、诉讼法、法制史、政治学、经济学），成为北京政法学院（中国政法大学前身）第一批硕士研究生。学校招收、培养这批研究生的主要目的，是迅速补充国家最急需的法学教育人才，满足国家在依法治国、恢复经济建设发展上的需要。因此，包括我在内的当年法制史研究方向招收的 4 名硕士研究生在毕业时都留在了法制史教研室。

我们上学时由导师组指导专业课业，导师组长是曾炳钧，授课老师有潘华仿、许显侯、薛梅卿、沈国锋、刘保藩、郑治发。这样一个组成几乎代表了北京政法学院初建之时教师队伍一个方面的来源：曾炳钧（1904—1994），四川泸州人，1925 年考入清华大学，1926 年进入政治系学习，1934 年作为清华留美公费生赴美留学，获得伊利诺伊州立大学经济学硕士学位、哥伦比亚大学政治学博士学位。1941 年在美国修完学业时，正值世界反法西斯战争进入白热化阶段，他接受了当时在美国的中共地下党的委托，签下生死状，作为唯一的中国押运员乘挪威货船 S. S. Gunny 号历经三个月的海上航行，将一船新型战斗机带回祖国投入抗战。此后，他历任云南大学教授、武汉大学政治系教授兼系主任、清华大学政治系教授兼系主任，1952 年院系调整被调入北京政法学院。

潘华仿（1924—2010），湖北汉川人。他自幼好学，初中毕业时被重庆一所著名中学录取后，不顾兵荒马乱、路途遥远、家长反对，执意逃离家门一路打工赶到学校报到。1947 年他考入北京大学化学系，次年转入政治学系，毕业留校任教，后随院系调整被调拨至北京政法学院。

许显侯（1931—2000），籍贯福建晋江。解放军南下时参加闽浙赣游击队，17 岁入党。他曾于 1951 年就读于北京大学政治学系，1952 年到北京政法学院工作，两年后就读于中国人民大学的研究生班，而后返回北京政法学院任教。

薛梅卿（1930—2021），福建邵武人。1942 年考入福建邵武中学，1948 年考入福建协和大学（现福建师范大学的前身之一）历史系，1953 年以优异成绩被保送到中国人民大学历史系研究生班学习，后被选调到法律系研究国家与法的历史专业，1956 年以中国人民大学研究生优等生身份毕业，被分配到北京政法学院任教。

以上这 4 位先生之中，我与曾炳钧的关系最为特殊：既是父女，又是师生，还是同事。父亲的一生主要是在大学里度过的。在清华大学读书期间他曾任青年励志会大会主席和《弘毅（北京）》刊物编辑。弘毅学会会章书陈："本学会以砥砺人格讨究学术，交换思想，以谋中国之解放与改造为宗旨。"这一在青年时代就立下的忧国忧民、追求真理、向往民主进步的精神，父亲一直秉持，直至垂老暮年也从未改变。1985年，父亲在85岁高龄时加入了中国共产党。他在入党申请书中写道："……我自知年事已高，岁月无多，能力有限，贡献不大。但自信报国之志不衰，奋发之心未眠，他无所求，但愿在有生之年作为党的一个成员尽可能做力所能及的工作，为党的光辉事业、革命目标奋斗到底！"

初到北京政法学院，父亲被安排在研究组学习，1954年被分配到国家法教研室准备财政法讲义，1955年被调往国务院法制局协助整理财经法规。曾兼任董必武同志领导的中国法学会筹备会委员。1956年调至国家与法的历史专业，在国家与法的历史教研室成立后，任该教研室主任。当时教研室开设的课程有：中国国家与法的历史、世界国家与法的历史、中国通史、世界通史。研究室严格要求所有课程内容都要经过各教研组的老师集体讨论，要求每位教师必须制订个人教学和科研计划、写出具有出版水平的教材，鼓励青年教师多做历史科学的基本功，提倡通过科研提高教学质量、讲授历史发展规律要让材料说话。父亲身体力行，在北京政法学院第一次科学讨论会上提交了长篇论文"我国国家机构的民主性质"。他参加了"中国国家与法"全部讲义的集体讨论，并主要承担了从殷周至秦汉时期法制史课程的讲授。他在校党委组织的关于如何办学的座谈会上发言，强调办好大学必须具备两个条件：一是必须有业务水平高的教师，二是必须有好的图书设备。出于这种认识，他向图书馆积极推荐采购书目、建议图书馆建设好教师参考资料室，并为教研室购买了许多历史与法制方面的古旧书籍。

1956年11月22日，在中国政治法律学会召集的"中国法制史问题座谈会"上，我父亲曾炳钧提出："目前政法院系迫切需要一部综合的中国国家与法的历史教材。讲授这门学科的目的在于就中国的经历、从国家与法方面来阐明历史发展的规律。"他认为："中国法制史的研究，或中国国家与法历史的研究，是一项艰巨的工作。法学研究工作者必须端正态度、掌握方法，并群策群力、分工合作来进行，才可望真正有所贡献。"1958年教学改革时，父亲曾组织学生们与老师一起改编讲义。1963 年法制史教研室出版了父亲与青年教师薛梅卿合著的《中国国家与法的历史讲义》第一册"奴隶、封建社会部分（校内）"及经他审阅的第二册。这部教材是北京政法学院出版的第一部中国法制史教材，也是新中国国内出版最早的中国法制史教材之一，反映了在当时的历史条件下我校老师在法制史这门专业基础课方面的研究水平和授课的基本内容，非常珍贵。学校复办最初使用的中国法制史教材就是在这部教材的基础上改编的。父亲渊博的学识及潜心教学的努力，赢得了学生们的爱戴，被师生亲切称作"曾公"，与吴恩裕、戴克光、严景耀几位教授并称为当时北京政法学院的"四大教授"。

在学术研究上，父亲提倡争论，认为"从争论中发现真理，推动真理，正是辩证唯物主义的发展"。1956 年 8 月他在中国政治法律学会召集的座谈会上直言："依我个人意见，百家争鸣就是为了实事求是，追求真理。有的怕争鸣会在立场观点上出问题，其实只要是从人民群众长远利益出发，从事实出发，立场、观点虽不中，不远矣。"他还说："我们国家人民的长远利益是确定的。因此，只要在这个立场上站得稳、看得清，为了追求真理，实事求是，立场观点就不会有错。而要追求真理，要'百家争鸣'，就不要以教条主义对待马克思列宁主义。"1957年中国政治法律学会召集了一个"关于法的继承性"问题的座谈会，会后父亲在《政法研究》上发表了《关于法的继承性问题》，提出用无产阶级的立场、观点、方法，从旧法中批判吸取有用的因素并加以改造或发展。1981 年父亲与法制史教研室的老师们合力编纂了《历代冤案平反录》。父亲在这本书的序言中写道："如果从本书中可以得到什么启发的话，我以为至少有以下几点：——要不断肃清封建专制主义的影响，反对个人专断，反对以言代法；维护法律的严肃性和司法机关的独立审判权；反对任何人在法律上享有特权，实现法律面前人人平等。——要建设一支通晓法律、刚直不阿、廉洁奉公，敢于以身殉职、以身殉法的无产阶级司法队伍；反对屈从权势，徇私舞弊，贪赃枉法。——要在审判实践中开展唯物主义与唯心主义两条思想路线的斗争，坚持从实际出发，调查研究，重证据不轻信口供；反对先入为主，主观臆断，草率从事；严禁逼、供、信。"父亲的译著《当代世界政治理论》翻译于 1963 年至 1964 年，初衷是为国内对西方学术著作的了解和参考有所助益。这部译著在 1983 年由商务印书馆出版。

学校复办之初职称评定尚未进行，为数不多的老教授们起到了搭建学科研究平台的作用。1979 年 9 月父亲参加了在长春召开的中国法律史学会成立大会。1980 年在中国政治学第一届年会上父亲被推选为副会长；1982 年在第二届年会上父亲被聘为顾问。那时的他虽然已是耄耋老人了，但仍关注学校的进步与发展，坚持参加教研室的会议；他常在家里接待师生，认真地与他们一起探讨学术问题；他热忱而严格地指导研究生，给他们开列必读书目，督促他们多读书、读经典并要求写出读书笔记，每次课上都要围绕专题进行讨论和点评；他克服青光眼造成的眼力困难，持放大镜逐字逐句地为研究生修改学位论文；1987 年，父亲作为博士论文答辩委员参加了新中国第一届法学博士的论文答辩。我们毕业留校任教后，父亲依然惦念、关注着我们的成长。记得有一次我在教学楼四楼教室上课，讲课之间忽然发现最后一排竟坐着父亲！他从头至尾听了我的课，并在课后与我进行了长时间讨论。那时的父亲已经 82 岁了，我不知道他是怎么知道那天我有课，又是怎样拄着拐棍从北太平庄慢慢走到学校、上了四楼。他说过多次，教书不光要传授知识本身，更重要的是要教会学生学习和思考的方法；就如同不仅要给求金者金子，更重要的是要教会他点金术。垂暮时分，他在病榻上握着他指导的学生郭成伟的手叮嘱，我辈永远铭记，那就是"一定要自强不息"！

潘华仿老师是我的硕士论文指导老师。他在 20 世纪 60 年代下放安徽劳动时因患脑卒中偏瘫，此后不能自由行走。所以，我和同窗陈丽君与潘老师的初次见面不是在学校，而是在铁狮子胡同 3 号的一个老院子中不大的居所里。潘老师的居室窗户很小、光线幽暗，所以总要开着门，室内除了必要的生活用品几乎没有什么陈设。为了争取时间多讲、多听一点儿内容，我们每每进门后与潘老师都不多寒暄，而是马上进入课堂状态。由于偏瘫，潘老师写字很吃力，但是他总要为每次课准备一大摞讲稿！虽然讲课对象只有我们两个人，但他就像面对一个礼堂的学生那样用力大声讲解，直到口干舌燥。由于行动不便，讲课中间他很少喝水，只是偶尔沾沾水杯、咂咂嘴巴。他要求我们博闻强记、多多思考。每次课后，他都会布置问题，要求我们下一次课上给出自己的答案。直到现在，回忆起每周两次走到北太平庄换乘两次车到潘老师家去上课的感觉，我和陈丽君都异口同声地说："那是去朝圣!"寒来暑往，潘老师共指导过6届学生。多年后，在谈到外国法制史教学时，潘老师发出这样的感慨："外国法制史作为一门课程，大概可以算是社会主义国家法学教育在课程设置上的一个独家特色。不过，它却是那种很容易流于空泛和大而无当的学科。上下五千年，纵横几万里，远古、中古、近现代，英、美、法、德、日，几乎没有什么法律现象不可以被纳入外国法制史的范畴。一些初学者的那种老虎吃天的茫然感，的确不是毫无缘由的。"

潘老师记忆力非常好，常常写出英文书名让我去北京图书馆为他代借图书。我的毕业论文参考了10部英文原著，几乎全部是我用潘老师的借书证借阅到的。那些书都是20世纪70年代新出版的、只有在北京图书馆才能看到的图书。潘老师笔耕勤奋，《英美法论》集里收集了他所写的17篇论文。这些论文既包括西方法律思想，又包括英美宪政制度，还包括英美契约、侵权、信托、破产、代理等法律制度。他说："这些文章虽然以英美法为研究对象，但引发这种研究的却不只是探索外国知识的热情；虽然它们体现了个人的一些研究兴趣，但是某些选题的确定又并不总是那么个人化。在一定程度上，它们也反映着自己对中国社会与法制发展的感受，表现了一个学者对这种发展加以回应的努力。"潘老师鼓励学生参加科研活动，注重在科研中培养学生的能力。在他的指导下，他的学生在读书时就翻译出版了《美国法律史》；我自己刚毕业就在他的指导下参加了《当代世界政治思潮》和《外国法制史》教材的写作。

许显侯老师是给我们讲授大陆法系国家法律制度史的老师，负责指导陈丽君的学位论文。许老师思想敏锐，在学术思想上敏捷、开放。我想这一定与他祖籍福建沿海，受到了侨乡一以贯之的对外文化交往频繁的传统影响有关。他关注20世纪的世界法律多元化进程和国家大事，1981年在《人民日报》《百科知识》上发表过多篇介绍外国法律制度的文章；1983 年在《中学政治课教学》上发表《学习新宪法、宣传新宪法》。在学习与研究的方法上，许老师提倡比较的方法。他在 1986 年的《政法论坛》上发表《论比较法学与法制史研究》，强调法制史与比较法的关系。他认为："从不同的研究对象看，比较法学与法制史学科不能等同，更不能互相取代，但它们又是紧密相联的两门学科。比较法研究需要法制史提供系统科学的史料，法制史研究则需要运用比较的方法和比较法的研究成果；比较法学侧重对现代各国和不同法系之间横的研究，法制史学科则着重对法律进行纵向的、历史的研究；前者侧重抽象概括的研究，后者侧重实体的研究。"他提出："当今世界不同法系、不同国家法律制度的变化是很快的，新兴的部门法纷纷出现，并占据了重要的地位……通过比较研究就有可能利用这方面的立法经验。"许老师的这一认识与 20 世纪 80 年代末深化改革背景下我国法学领域重新开设比较法课程相关联，并在我校外国法制史的学习与研究中得到了响应。在其后的外法史博、硕论文中均无一例外地注重运用比较的方法为我国的社会主义法学发展提供服务。许老师的不保守还表现在他与学界同行保持着广泛、活跃的联系。他年近 70 岁时还骑着摩托车去北京大学、中国人民大学请法律史名家来校讲课及参加论文的答辩；他介绍教研室的青年教师远赴西南政法大学交流取经；1984 年他带领毕业不久的陈丽君和我参加在厦门召开的全国外国法制史研究会第二次年会。正是在这些学术交流中我们更贴近地接触了学界的前辈，并与许多外国法制史学界同仁结下了持久的友情。

薛梅卿老师是 1979 级江兴国的硕士论文指导老师，当年给我们讲授中国法制史。除承担本科生的教学任务外，薛老师后来担任硕士研究生导师组组长，共指导过 40 多位硕士研究生。印象深刻的是她每次给我们上课都会带着一大摞沉甸甸的图书资料；下课之前总会留一点时间专门强调加强专业思想的重要性，常常叮嘱："学习法制史要坐得住冷板凳，要耐得住寂寞。"留校初期，我们对三尺讲台比较陌生。针对这种情况，教研室每周一次的活动内容往往是讨论某个章节、某个问题在课堂上应当怎样讲述。教研室建立了听课制度，不但要求教研室主任听每位老师的课，而且强调青年教师必须向老教师学习、听老教师的课，青年教师之间也要互相听课。薛老师的课讲得好，不但声音洪亮、表述清楚，而且板书整齐、漂亮。课前她会将自己绘制的与课程内容相关的各类图表挂在黑板旁边，课间休息时她会耐心解答学生的提问。一堂课听下来，学生们留下了完整的笔记，不但巩固了课堂知识，也受益于老师一丝不苟的学风训练。薛老师精深的法制史学专业修养、严谨的授课态度和亲切、率真的性格受到同学们的由衷敬佩与爱戴，她和其他三位女教授（教授婚姻法的巫昌祯、教授刑事诉讼法的严端、教授法理学和宪法的孙丙珠）被誉为法大的"四大才女"，成为校园美谈。在长期从事中国法制史、中国监狱史学的教学与科研工作中，薛老师厚积薄发，主要撰有《中国法制史稿》《中国监狱史》《中国法制史教程》《中国历代刑法志著释·宋史刑史志篇》《宋刑统研究》等著作。其中的《中国监狱史》为我国监狱学研究、刑事执行法史学研究和中国法史教材的建设填补了空白。追忆往事，薛老师说："一个炎热的夏日，人力车拉着我和简单的行李从中国人民大学出发，沿着荒僻不平的泥石小路颠簸到一所未具规模、相当简陋的大学，在此开始了极其艰辛的教学工作……没有退缩，毫无怨言，不曾见异思迁，至今热爱不减。"薛老师用自己的教学生涯诠释了一个在党的培养教育下成长起来的教师的"初心"和"使命"。她在晚年曾这样表白："教师的使命是极其庄严的。师德不是口号，并非一时，不能作秀，必须诚实地一生秉持。用当前的提法，这是不是'不忘初心，牢记使命'的实际表述呢？"

　　昨天，今天，明天。抚今追昔，展望未来，思绪浩渺。可以告慰的是，法大先贤们以毕生精力为建设法治国家做出的努力，已经化为法大不灭的精神遗产得到继承和发扬。学为人师、行为世范，十年树木、百年树人。今天前辈们种下的幼苗已经枝繁叶茂，明天必将长成参天大树；法大人不是"精致的利己主义者"，而是国家栋梁。

（选自 2021 年 4 月 13 日第 653 期总第 1059 期）

成长之路

回忆往时

如沙起云行，似海奔如立

激荡吾侪胸怀

感悟时新　初心不改

周王心安

去年，我有幸在法大 1979 级校友入学 40 周年纪念活动中，听到一位大我 40 届的师兄讲述他回到阔别多年的校园后的感想。老校友们对学院路校区爬满斑驳岁月痕迹的红楼倍感亲切，面对朝气蓬勃、面庞青涩的新一代亦感慨良多。谈及这份"变"与"不变"，令我格外留意与动容的一点，是师兄提到的 2017 年习近平总书记来到中国政法大学考察并发表重要讲话的事情。

我对于习近平总书记考察法大并发表重要讲话的初印象，源自九月份的开学典礼。典礼前，学校礼堂电子屏幕上播放了习近平总书记 2017 年五四前夕考察中国政法大学的新闻片段，这使我第一次以法大学子的身份，去了解、学习那次习近平总书记考察法大并传递给法大、广大青年和我国法治事业的思想内涵。

"立德树人，德法兼修，抓好法治人才培养"，这是习近平总书记的殷切叮咛。老教授为法治理论研究和法学人才培养源源不断地贡献力量和智慧，他们雪鬓霜鬓却仍精神矍铄。对法学教育工作者，习近平总书记鼓励他们不仅要授业解惑，还要引导学生正确认识社会现象。当天正在开展主题团日活动的学生们各抒己见、畅谈体会，他们风华正茂、踌躇满志。对广大青年，习近平总书记勉励我们要珍惜韶华，潜心读书，不忘初心跟党走。

我很幸运来到了法大，也很幸运而真切地感受到习近平总书记的讲话在我身边人的一言一行、这个校园的一朝一暮中，得以践行、延伸、拓展开去。

在朋友圈里，针对社会热点事件，法大学子总是能够踊跃发声——关切而不冲动，理智而不冷漠。法大的同学们，未来中国法治事业的建设者们，他们不仅努力地做到事事关心，而且认真地从法治角度看问题。除此之外，这份跟党走的"初心"的践行更体现在实干中。寒假期间，新冠肺炎疫情紧迫，许多同学报名担任防疫志愿者，我也有幸参与了对其中一位师姐的采访。从列出提纲到整理受访者的回答，那些文字经过反复确认和总结，每一次浏览都是对我的一次教育——我似乎也坐在了亮堂的学生活动中心大厅，耳边响起了广大青年要"矢志不渝，不忘初心，实现人生价值"的教导。

庄严而肃穆，深沉又典雅，这是修葺一新的逸夫楼给我的印象。一楼的展厅内，还陈列着记录校史和新中国法律事业发展的一张张珍贵的照片、一件件厚重的实物。"有些物还在，这种精神还要传承下去"，老校友说。我想现在我大概理解了，习近平总书记的法大考察之行，何以让 40 年的老校友闻之欣喜。

不变的是这座丰碑，是初心；向前发展着的是跟着党走、跟着时代走的青年。

（选自 2020 年 4 月 28 日特刊）

不负春天的嘱托　担当新时代青年使命

谢冰钰

三年之期，日夜砥砺；初心不忘，青春正好。

2017 年 5 月 3 日，在五四青年节来临之际，在我校建校 65 周年前夕，习近平总书记来到我校考察并走进了民商经济法学院本科 1502 班组织的"不忘初心跟党走"的主题团日活动。

习近平总书记考察法大并提出"立德树人，德法兼修，培养大批高素质法治人才"的要求，走入青年学子当中主动讲述起青年时代在梁家河的奋斗故事，用"矢志不渝，用一生来践行跟党走的理想追求"的话语，勉励法大学子做有理想、有本领、有担当的青年一代。当日的新闻联播对习近平总书记考察法大这一重大新闻进行了报道，其中习近平总书记对青年人奋斗的嘱托格外催人奋进："中国的未来属于青年，中华民族的未来也属于青年。"他勉励当代青年要树立与这个时代主题同心同向的理想信念，勇于担当这个时代赋予的历史责任。

三年来，那段春天里殷切的嘱托，时时铭记于每一名法大学子心间，刻刻勉励着法大青年在砥砺担当作为中绽放出青春绚丽的光彩，而作为一名预备党员，习近平总书记的殷切嘱托，亦伴随着我立志前行。

2018 年，正在紧张备战高考的我，在教室的屏幕上看见习近平总书记给法大青年的回信，他对同学们立志"不忘初心，用一生来践行跟党走的理想追求"予以充分肯定，这段话语亦勉励着我在实践中成长，在成长中抉择，在抉择中树立起远大的理想。9 月，我如愿以偿地迈入了法大学府，希望通过勤奋努力的学习，有机会为法治中国建设、为实现中华民族伟大复兴中国梦贡献智慧和力量。

2019 年，作为法大青年学生代表的我，在学生活动中心观看了纪念五四运动 100 周年现场直播。会上，习近平总书记强调，"新时代的青年处在中华民族发展的最好时期，既面临着难得的建功立业的人生际遇，也面临着'天将降大任于斯人'的时代使命"，这番话语令我沉思自省，深觉青年的心中所存，应是志报家国；青年的肩上使命，怀梦相继、无远弗届。

2020 年，举国战"疫"，我在线上通过云端党课、主题团日切身领悟着"00 后"青年的担当。青年的力量，不在一己而在四海；青春的担当，不在言语而在践行。战"疫"风雨，我看到一大批"90 后""00 后"青年逆向而行，在危难降临时，是他们的挺身而出、义无反顾，让青春在祖国最需要的地方绽放，践行党的初心与誓言，用血肉之躯守护家国安好。

三载春盛春又归，砥砺之途多风雨，看似寻常最奇崛。不变的是印刻心间那句"不辜负党的期望、人民期待、民族重托，不辜负我们这个伟大时代"的嘱托。

视当下，践行时刻不息。在这段疫情防控的关键时期，我见证了由法大学子起草的致全国大学生群体"依法战疫"倡议书的诞生，亲身参与志愿者采访工作，一共采访并宣传了 16 名在祖国各地投身志愿工作的法大青年，用绵薄的力量服务同学、奉献青春，触碰时代光与热的温暖。我曾参加国际法学院 2018 级党支部"当代青春力量"的主题党日活动，在党旗飘扬下与同窗共勉青年之担当；参加"国家援鄂抗疫医疗队队员刘兵专场"，和白衣英雄对话交流时代与人民使命；组织"青年检察人对话青年法学生"主题团日活动，倡议努力兼修德法、在实践中做新时代法治青年；长歌一曲，在"汇聚榜样力量，弘扬中国精神"主题朗诵会中，与伙伴一道立志明德，誓中华同心、共担风雨，做心中有爱、肩上有担当的新时代中国青年。

"青年有理想，国家有力量，民族有希望"，时岁葱茏，三年之期，毕生驰往。法大青年之力量，是"位卑不敢忘忧国"的责任使命，是

"舍我其谁，当仁不让"的浩然气度。我愿与寰宇共同见证着祖国的繁荣昌盛，愿脚踏实地发光增热添砖加瓦，更愿志存千里乘风破浪，做新时代最坚定的奋进者、奉献者与开拓者。

（选自 2020 年 4 月 28 日特刊）

向着春天努力奔跑

沈佳怡

又是一年暮春季，我看着家乡那郁郁葱葱的绿，想象着此时此刻的法大，它又该是怎样一派景色呢？

三年前，也是这样的暮春时节，习近平总书记来到法大考察。三年后的今天，当我也成为一名法大人后，再回顾总书记的教导与勉励，更觉动容。

习近平总书记强调，中国的未来属于青年，中华民族的未来也属于青年。年华尚好，奋斗正当时。中国的未来属于青年群体，却也少不了每一个青年的奋斗。我常常想，即便是一株小草，投入整个春天的怀抱，也会对这满园的春色有所贡献。作为学生，作为一名法大人，我们更要有一份责任感。正如习近平总书记所强调的，随着中国特色社会主义事业不断发展，法治建设将承载更多使命，发挥更为重要的作用。所有法大人都会带着这份沉甸甸的使命感不断向前，即便前路需要艰苦的探索，也不能阻碍我们的步伐，保有我们的初心，这样才能够实现更多的公平。

习近平总书记还对青年的成长和进步提出了建议。当网络在我们的生活中占据的地位越来越重要时，碎片化信息、各种立场及观点纷至沓来，加上现代化快节奏的催化，社会上难免会存在一些浮躁之气，让人焦虑。"青年处于人生积累阶段，需要像海绵汲水一样汲取知识，同时要克服浮躁之气，静下来多读经典，多知其所以然；要充分发挥青年的创造精神，勇于开拓实践，勇于探索真理；要正确对待一时的成败得失，处优而不养尊，受挫而不短志，使顺境逆境都成为人生的财富而不是人生的包袱。"总书记的谆谆教导，总是发人深省，让人受用。

当我们接过时代的接力棒，带着沉甸甸的使命出发，党的指引给了我们明确的方向。老一辈的优秀党员，在新中国成立之初，为党和人民无私奉献，才使国家越来越富强、民族越来越兴盛、人民越来越幸福；新时代的党员也毫不逊色，当今许多"80后""90后"甚至"00后"的青年，如黄文秀、秦玥飞、张晓东等，他们或攀登科学高峰，或深耕山里乡村，或驰骋疆场，以壮丽的奋斗描绘青春的底色。在此次新冠肺炎疫情期间，无数青年党员战斗在抗"疫"一线，守护着人民的健康平安。坚持党的领导，紧紧团结在党的号召之下，形成了强大合力。于是，百花齐放，百鸟齐鸣，成就了这满园的春色。

使命感、敬畏心使我们不放松、不亵渎；学习和思考，是我们成长的不二法门。作为新时代追梦人的我们，定要向那花开烂漫的春天，努力奔跑。

（选自 2020 年 5 月 5 日第 618 期总第 1024 期）

惟愿不负青春 逆行战"疫"有我

林灏铮

大学四年级的时候，我报考了家乡的基层公务员。还没从毕业离园中完全过渡出来的我，很快就到单位报到正式开始工作。当前总的政务环境是工作重心下移，镇街一级承担的任务指标越来越多，7月、8月忙碌于防控季节性的登革热疫情，9月至12月的工作则是围绕评选全国文明城市开展。慢慢地我也习惯了基层工作的繁忙状态，加班的周末也渐成了常态。

农历正月初一，和大部分人一样，自己还沉浸在新年的氛围中，对疫情蔓延的认识也只是停留在媒体报道的数字上。直到春节那天中午接到紧急通知，到街道参加防控疫情应急工作会议，才意识到这场全域全员全力的疫情防控战斗早已打响。

根据市委、区委的统一部署，按照"外防输入，内防扩散"的防控原则，街道一方面抽调人力，协同基层卫生院、交通运管部门、交警等部门，在辖区内高速路口设置联合检疫点，全天候对所有过往车辆的司乘人员进行体温测量和信息登记；另一方面严密落实辖区网格化排查工作，将各个社区划分为多个小网格，挨家挨户开展走访摸查、登记造册、宣传动员工作。

1月30日，为进一步发挥基层党组织战斗堡垒作用和党员先锋模范作用，守好辖区入境的"北大门"，经街道党工委研究，决定成立高速出入口卡点临时支部委员会。检疫站每天要检测的车流量约1.2万车次，而后随着各地复工复产，外地员工陆续返回，人流车流量逐渐增加，人手调配越发吃紧，这个时候都是要靠党员"顶上"，作为年轻的党员，我更应该积极担当。无论被安排到哪个班次，我都准时到岗，规范做好排查登记等工作。

街道派往高速出口值守的人员每天有 4 个班次，一个班次 6 小时，每班有 3 人至 4 人，负责排查登记过往车辆人员信息。早期为排查司乘人员是否来自、经过疫情严重地区，需要查询其手机导航记录或移动支付记录，借此判断其近 14 天内的行踪轨迹，这种手段效率不高、准确性低，一旦遇到车流高峰时段，排查登记往往应接不暇，顾此失彼。后来，在运营商的技术支持下，通过扫码显示移动手机漫游地的方式，大大提高了排查效率。尽管如此，排查登记的节奏依旧相当紧凑，很多时候刚想脱下防护手套和口罩喝口水，下一辆车就停在面前准备登记。

一次，一辆大货车的司机在登记完相关信息后说，自己拉货一路长途跑来，哪里也买不到口罩，问我能不能给他两个。我向他解释说明，当前口罩作为紧俏的防护物资，政府机关统一调配优先保障防疫急需，虽会在宏观层面保障市民的需求，但无法保证每个人都能买到口罩。但言罢，我还是从自己为数不多的口罩中拿了两个给他。

高速卡口检疫点运作时间长、前线防疫人员数量多，相关物资消耗的速度快，自己在做好日常工作的同时还需兼顾好后勤保障。因公务用车优先用于其他运输任务，常处于使用状态，而物资跟进又要求迅速到位，所以很多时候前线一个电话反映物资缺乏，自己就得立马自驾私家车去运送。在法大四年，我积极参与了校内的勤工助学活动，在学校办公室综合科协助做过一些事务，待自己真正离开校园，实际接触经手过才明白做事光有积极性还不够，后勤看似简单，实则事无巨细，在安排筹措的过程中更需去学习、思考如何科学合理地统筹、调度、分配物资，真正实现物尽其用，为前线防疫人员提供有力支持，提升应急保障能级和管理精细化程度。

我所在的街道管辖 18 个社区，其中 17 个是涉农社区，社区内有不少外来务工人员，为落实全覆盖、无漏网的网格化排查工作，我根据工作安排，以社区居委主任助理的身份到挂钩的社区与居委会"两委"干部开展摸排工作。因走访排查对象多，数据填报时间紧，白天又有街道日常的行政工作，所以只能在晚上"暴走"，到老厝区，走村巷道，上田头寮，披星戴月，脚踩涂路，挨家挨户进行排查、统计、宣传。

作为在城区成长起来的年轻人，如何用好"群众语言"有效、深入地开展工作，是摆在自己面前的难题。上了岁数的村民，纵使不懂得如何使用智能电子设备，没有接受过新兴媒体的宣传，也已通过各种渠道知晓了这次疫情的严重性。但了解归了解，很多村民依旧没有树立真正意义上的防护意识。走在社区内，面对一些疏于防范的村民，我很想劝服他们做好自身防护措施，但话一出口，难免显得很生硬、很"官方"，村民们怕是都听不进去，更别说自觉行动了。

在这个特殊时期，尽管街道多次申令疫情防控期间严禁举行任何聚集性民俗、宗教活动，但仍有个别居民漠视规定，执意要聚众办活动。这时候社区"两委"干部出面做其思想工作，发挥乡里乡亲熟人社会关系优势，动之以情、晓之以理、明之以法，劝其移风易俗，不办红白事，"让路"于疫情防控，可见，要走群众路线，要依靠群众打赢防疫阻击战，就要讲究语言艺术，用群众听得进去的话语，用群众能够接受的方式，耐心地争取群众的配合和支持。

春节那天回街道开会时，与同事笑言彼此感情真好，大年初一，未走亲戚，先见同事。毋庸讳言，戏谑中确实带有一丝不甘，而后埋头苦干，完全投入这场疫情防控的战斗中，浑然不知一个月的时间已过去。再回头，疫情防控初见成效，这座城市逐渐恢复以往的生机，又觉得所有的辛劳都消失殆尽，未来那希望的曙光就在转角。

曾几何时，2019届本科毕业典礼仪式的场景还历历在目，仿佛自己昨日仍从拓荒牛前经过，"厚德、明法、格物、致公"的校训依旧在耳边回响。

踏入基层，所见所闻，终于叫我明白了现实远不是教材上的字句研究，明白了尊重规则、坚守底线的难能可贵，明白了窗外芬芳的玉兰是多么的美好。还未完全走出象牙塔的自己也曾有心理上的落差，抱怨过，无奈过，但这些挫折与困难，还不足以磨灭四年来军都山下学习生活过的痕迹，不足以磨灭铭刻于内心深处的理想与信念——"凡我在处，即是法大"。

法大人所到之处，要用举手投足显示法大的生命风格，以所言所行尽展法大的担当作为。就像马怀德校长在本科生毕业典礼上的致辞：你在法大立下的誓言，经历的磨炼，可以助你找到前行的方向，增添拼搏的勇气；你在法大学到的知识，练就的本领，可以助你顺利抵达前方；你在法大习得的规则，养成的品德，可以保你畅通无阻、一生安康；你在法大接受的仁爱，体会的善良，终将让你活出幸福的模样。"新手上路，别怕!"

我愿用一步一个脚印的实干与担当，以最美的青春韶华做担保，不负自己，不负法大！

（选自 2020 年 3 月 3 日第 609 期总第 1015 期）

我与法治中国梦

楚梦琦

在祖国北方最美的秋季，我进入了梦想中的学府——中国政法大学，开始了一段全新的学习生活。走进法大，有一种力量在我的心中生根发芽，指引我战胜自己砥砺前行，这便是我心中时刻铭记的法治中国梦。

在去年的五四青年节前夕，习近平总书记来到了中国政法大学这片热土进行考察。他传达给我们的不仅仅是节日的祝福，同时更是为全国广大从事法治工作和法律学习的每一位学子带来了温暖的问候。作为一名普通的大学生，亦是一名行走在入党路上的积极分子，总书记的讲话带给我深深的思考：如何成长为一名高素质的法治人才，如何为伟大的中国梦的实现贡献自己微薄的力量，这些问题都萦绕在我的脑海中久久不能散去。

"业精于勤荒于嬉，行成于思毁于随。"正如习近平总书记提到的那样，中国的未来属于青年，中华民族的未来也属于青年。青年一代的思想精神状态及综合素质，是一个国家未来发展的基石与希望，也是一个国家核心竞争力的重要体现。每当晨曦来临，都是在提醒我们更当似鹰击长空，以更饱满的热情仰望蓝天。新一代青年胸中热血激扬，要将大好年华融入时代的主旋律，把青春时光汇进祖国的山河。我相信法大的学子，都是立志于做大学问、大情怀的法学从业者，绝不是网上调侃的"大概学学"。于我而言，就是让自己潜心下来学习课本上的专业知识，参与课堂外的社会工作实践。现如今有越来越多的事物在分散我们的注意力、消磨我们的意志，与其任由时间在这些琐事中流逝，不如将大好时光投入提升自我的日常学习中，让专业能力扎根于心，综合运用能力外化于行，不枉费自己的青春，也不浪费国家和学校给予的资源。

"不积跬步，无以至千里；不积小流，无以成江海。"作为一名法律硕士，我不仅要保持积极进取的学习态度，更要将本科学习到的知识与未来法学知识相结合，努力地向复合型人才的行列靠拢，提升自身的综合素质与工作能力。作为一名立志加入共产党的青年，我要从点滴小事做起，培养坚持不懈的顽强精神，积极投身到法治中国梦建设的洪流中去。追忆往昔，若不是那一点点燎原的星火，怎会有今日幸福安康的崭新生活；如果不是那一种坚韧执着的信仰，怎会有今天奋进向前的国家。点滴推进法治，瞬间成就永恒，法律思维的养成并非一朝一夕，法律精神的形成并非一蹴而就。脚踏实地，不忘初心，习近平总书记的教诲铭记于心，激励我们将新时代的责任与使命落到实处，为实现法治中国梦想而努力奋斗。

"十年树木，百年树人。"习近平总书记强调全面依法治国是坚持和发展中国特色社会主义的本质要求和重要保障。随着中国特色社会主义事业不断发展，同样带给法治建设更艰巨的使命与要求，而这一切的实现都需要每一位兢兢业业的法律人为之奋斗。全面依法治国的实现，既要着眼长远，定下一个远大而宏伟的目标，更需立足当前打好基础。法治从来无小事，要在一点一滴的实践中紧跟时代的革新。关注法治，就是关注每一个中国人的发展，关注我们祖国每时每刻都在发生着的变化。习近平总书记在讲话中还强调，没有正确的法治理论引领，就不可能有正确的法治实践。高校作为法治人才培养的第一阵地，在中国法治建设的过程中，有着不可替代的重要性。高校是人才密集的区域，关于法治相关领域问题的研究深入而富有体系，通过对复杂的社会现实进行深入分析，科学地提炼出规律性认识，为完善中国特色社会主义法治体系、建设社会主义法治国家提供理论支撑。伴随着"全面依法治国"要求的提出，社会各个方面的制度建设均被带入了新的高度。社会法治发展水平进入了新的阶段，这也就意味着社会对于法学专业学生的要求也随之提高。目前中国的法学教育已经取得了巨大的进步，各部门及高校探索的法治人才培养模式也有许多优秀的经验。但是，中国法学教育和法治人才的培养模式还存在不断成长的空间。

习近平总书记指出，青年在成长和奋斗中，会收获成功和喜悦，也会面临困难和压力。当我们走进法学底蕴厚重的法大校园，"法治天下"的碑文激励着学子们奋笔疾书，"厚德、明法、格物、致公"的校训鼓舞着学子们挑灯夜读。人生能有几回搏，若是意志薄弱，吝啬于付出自己的辛苦，怎能学懂知识、掌握技能，又怎会出类拔萃呢？法学专业的学习是一场持久战，不仅要在学历上勇攀高峰，在职业素养上面也要不断增强。学法需要持久的耐心与热情，需要自己的知识与经验双重沉淀。因为法律的实用性较强，与社会生活联系紧密，很多时候能够将专业知识运用到具体生活中，解决不同的问题，从而获得很大的成就感。一分耕耘，一分收获，通过努力拼搏和挥洒汗水，才会在丰收的季节收获满意的果实。在法大，我们终将逐渐成长成熟，学会如何正确对待一时的成败得失，更加侧重于理性地分析事件，从不同的角度看待问题。在顺境逆境时都不卑不亢，让每一份经历都成为人生的财富。人的一生总要面对无数次选择，就像下棋一样，在黑与白交织的世界里，每向前迈一步，都要经历一次内心的困苦、犹豫、失意而后获得坚定的成长过程。习近平总书记的嘱托为我们的专业学习指明了方向，学校为我们的全面发展提供了一片沃土。我们享受着优质的教育资源，应该珍惜机会努力学习，争取早日回馈社会。而我希望自己的法学之路可以走得长远并有意义，收获沿途风景的同时感受人生真正的价值。

人民有信心，国家才有未来与力量。随着深化改革开放的推进，人民的幸福感不仅表现在物质资料的丰富上，更多的是体现在公平、平等、正义等权益保障的层面上。中国特色社会主义建设进入了新时代，离不开法治建设为中国梦的实现保驾护航。不忘初心，牢记使命。作为一名普通的法学专业的大学生，我的初心就是通过发挥专业优势实现社会公平正义，进而推动法治中国的建设。法律信仰是现代法治精神的内核，就是因为怀有对法律的信仰，我们才选择法律专业并从事法律工作。正如美国法学家伯尔曼提到的，法律必须被信仰，否则它将形同虚设。法律从来不是冰冷的，法律永远都保持着人性关怀的温度。既要发挥法律的规范作用，又要重视发挥道德的教化作用，促进法律和道德相辅相成、法治和德治相得益彰。

    告别了本科生涯，我们又站在新的命运十字路口上，出现在我们眼前的是新的生活、新的开始、新的阶段和崭新的研究生生活。面对这一切，我希望自己可以化身为一个骑士，抹掉胸口的创伤，擦掉昔日的荣耀，整装待发，开始新的征途。莎士比亚说过："时间会刺破青春的华丽精致，会把平行线刻上美人的额角，会吃掉稀世珍宝，天生丽质，什么都逃不过他横扫的镰刀。"我对自己的期许是既然选择了这里，就要坚定自己的理想信念，广泛地充实自己的法律知识，锻炼自己的实践能力，勤勤恳恳踏踏实实地投身于维护社会的公平与正义之中，为法治中国梦的实现积攒力量。

（选自 2018 年 11 月 27 日第 567 期总第 973 期）

记这特别日子里的难忘一课

陈新琦

2017 年 5 月 3 日，在法大 65 周年校庆即将来临之际，习近平总书记的到访，使得这一天对所有法大人而言，变成了一个特别的日子。而我也因担任《社会学概论》这门课程的助教，在这天，从研究生院回到了昌平校区，有幸见证了校园里洋溢着的热情与欣喜。

虽然此前已有预期，但上午 9 时许，当我真正步入校园之时，我仍忍不住感慨于校园里热烈的氛围，从南门到致公楼，短短几百米的路程，随处可见脸上写满激动、好奇或者兴奋的法大学子。而当我与商老师坐在致公楼一楼的教师休息室等待上课时，在靠近逸夫楼那条小道上站满的翘首以盼的同学们与我们仅仅一窗之隔，他们的期待，他们的殷切也同样溢于言表。看着这样的情形，被大家的热情感染的同时，我又不禁有些紧张。因为今天恰好是由我向师弟师妹们作一次主题分享，我没有把握，在这样的氛围中，他们还能认真听一位助教讲课。我更担忧，今天分享的主题"我们时代的神经症人格"似乎与这样的氛围格格不入。我怕同学们无法静下心来与我探讨现代人的焦虑与偏执，更无法在这样的欢喜中产生共情，无法理解为什么霍妮要讲："所有那些古怪的虚荣、自负、要求和敌意后面，有一个正在受苦的人。"商老师因此一再宽慰我："新琦，没关系，别紧张，照常上课就好，课不能停，可能来的同学会少些，你不要受影响。"话虽如此，但课前，我心里多少有点忐忑。

即将上课，我与商老师一同前往教室，途中看到一个学生一路小跑进了教室，一边跑，一边还在自言自语："不看了，课比天大，课比天大。"而当我走进教室时，满心的忐忑化作了欣喜，教室里坐的满当当的学生，并不比平时少，尽管他们中还有不少人忍不住朝窗外张望，可当商老师说那给大家一些时间，大家想看就先看一会儿的时候，他们只观望了两三分钟，就自觉地拉上窗帘，回到座位，一起说着："老师，我们上课吧，课得上，课得上。"而这样的回答也绝非言不由衷，因为在接下来的两个半小时中，尽管窗外时不时传来欢呼声，他们却丝毫未受影响，一直以积极的互动、认真的思考回应着我的讲述，并无数次在课堂上碰撞出思维的火花。我惭愧于自己之前的担忧：我低估了他们的定力，也低估了他们对学习的热忱和对知识的渴求。

课后，我私下里问那个喃喃着"课比天大"跑进教室的小姑娘李沁，那时候她是什么样的心情。有趣的是，她竟然不记得自己曾经这样说过，在我和她的同学一再提醒之后，她才想起说这句话的缘由，她说："师姐，你不说我都忘了，那句话是无意中说出来的，因为当时我很想看习总书记，我在致公楼外的阶梯上等着，但是快要上课了就很着急，一直看时间，一直看时间，后来铃声响了，我就想，不行啊要上课了！我很喜欢商老师的社会学课！很重要的课呢！所以我和小伙伴就跑回来了，跑的时候我可能下意识地说了那句'课比天大'，其实这没什么啊，大家都很重视上课的。"

这样的一次课堂经历和李沁质朴的回应，让我久久不能平静。就如刘柏志老师评价的那样："师生默契，在喧闹追逐中还能安守一方课堂，有此定静亦是可贵。"也如商磊老师所言："校园之热烈与课堂之宁静交相映衬，刻于脑海，相信也会在今天安然上课的学子心中留下印迹。一方清净专注、恪守秩序与本分的课堂是我们师生献给母校的生日礼物！"

而对我来说，我最大的感触，则是骄傲。我自然为法大骄傲，习总书记在校庆前夕的来访，是对法大为我国法治建设所做出的贡献的肯定，也表达了对法大进一步为法治建设和法学教育做出贡献的期望；我也为法大的师者骄傲，我体会到了每一次课堂上的激情、智慧与引人入胜背后，是付出心血的准备，是不厌其烦的修改，是忘我的投入与专注。商磊老师对课堂教学的严谨与坚守，是众多法大老师的一个剪影，他们风雨无阻，恪守初心，数十年如一日在三尺讲台上传道、授业、解惑，不求功名，唯育人才；我也更为法大学子而骄傲，从过去到现在，有无数师兄师姐、师弟师妹像这一天政治与公共管理学院 1601 班的同学们一样，心怀理想，潜心求知，享受每一次课堂上的头脑风暴，期待着并努力着去追寻头脑的充实和灵魂的丰满。我深信着，这样的老师和这样的学子，也是法大的荣耀。

（选自 2017 年 5 月 4 日专刊）

玉兰沁少志　以法筑中华

赵轩珩

尊敬的各位领导、老师，亲爱的同学们：

大家好！

浩空揽碧云，白露迎新雁。又是一年清秋，雁向南飞，寻觅温暖，新生朝京，圆梦未来。在中国政法大学这片最有风骨的土地上，在阳光恩泽之处，作为一名新生，我很荣幸能在此发言，听从时代的召唤，肩负我的使命。

法大，曾经，你在听说里。

听说你是一杆永远不会倾斜的秤，黑白杂糅，你也能还人间清明，善恶难分，你也能弘天下正气。

而今，东风送来我的佳音，我装好行囊，带着这份意外与期待，叩响法大的门环，走进法的世界。

一日为法生，朝朝立高德。

在法大，既有法，便有德，我知道，我当严格要求自己，只有自律，方有约束天下的能力，吾身不正，何求天下正？吾身不清，何求天下清？我需时时反省，刻刻感悟，若想维护秩序，自己先遵规守矩，若想弘扬新风，自己先积极进取，若想以大道为任，自己要是这大道中的一员，怀人文情操，做人正直，他日走上社会，也不沾淤泥，不染世俗，如一朵玉兰，圣洁纯净，庄严清澈。致公如此，厚德如此。

一日入法门，终身明法纪。

在法大学法，大概就是心有所归，我们必当用勤奋刻苦回敬那厚重的书本，我们必当用诚恳好问感念我们的恩师，如海绵汲水，通晓法律，用汗水浇灌正义之花，如雕琢美玉，积累知识，学以致用，做昌明法治的革命军，做时代新风的护旗手。明法如此，格物如此。

一日受法礼，此生为国存。

习近平总书记强调，当代青年要树立与这个时代主题同心同向的理想信念，勇于担当这个时代赋予的历史责任，我们的祖国还在全面推进依法治国，这是中国梦，也是所有法大人的梦想，是千千万万个我的梦想。

未来四年，愿积土成山，愿凝滴成流，从小事成大事，成小梦圆大梦，为善，为正，为明，为德，做一个合格的法大人，做中国特色社会主义法治道路的建设者。

从我们庄严宣誓的那一刻起，我们就知道，我们肩上，是整个社会的碧水长天，我们有责任，让光芒洒满每个角落，我们也有力量，学好法律，依法行事，为依法治国添上浓墨重彩的一笔。

今天我们踏进法大，带着青春的激昂与热情，带着年少的无畏与奋斗，带着我们血脉中的正义感。四年后，我们离开法大，一定也带着除恶扬善的决心，带着一腔热血与满腹知识，带着对法律的信仰，走进中国的新时代，共圆伟大的中国梦！

秋有清霜言我志，更待玉兰漫山野。走进法大，我心向往。最后，祝所有学子圆梦法大！

（选自 2018 年 9 月 25 日第 559 期总第 965 期）

青春向祖国告白

黄天浩

我是来自第 22 方阵，中国政法大学大队的黄天浩。作为训练组的一名成员，从 6 月份至今，我们已经在训练场上度过了 100 多天。从最开始的激动紧张到现在的热情振奋，能够作为一名青年代表在国庆当天向祖国告白，我由衷地感到幸运和荣耀！习近平总书记曾寄语青年："爱国，不能停留在口号上，而是要把自己的理想同祖国的前途、把自己的人生同民族的命运紧密联系在一起，扎根人民，奉献国家。"所以，除参与国庆献礼外，我更想用自己过去一年的扶贫支教经历向祖国告白！

2017 年 5 月 3 日，习近平总书记考察中国政法大学。那一天总书记语重心长地对我们说，当代青年要树立与这个时代主题同心同向的理想信念，勇于担当这个时代赋予的历史责任，潜心读书，敏于求知，毕业后为祖国和人民施展自己的才华，实现自己的人生价值。紧接着的 6 月 21 日，总书记就前往了山西省吕梁市考察调研，提出了深度贫困地区是脱贫攻坚的"重中之重，坚中之坚"，人民群众对美好生活的向往就是我们的奋斗目标。那一年，我大四，正面临着毕业之后何去何从的人生选择，总书记的嘱托一下子就点燃了我心中法大人的"经世济民，法泽天下"的担当情怀，我毅然决然地决定跟随总书记的脚步到吕梁的贫困山区去，于是我提交了中国青年志愿者扶贫接力计划研究生支教团项目的报名表，成为一名法大研支团的成员，在毕业后奔赴国家级特困地区——吕梁山区石楼县开展支教服务。

当我踏上石楼那片土地的时候，我真的无法想象在经济飞速发展的当下，中国仍有如此贫困的地方。而囿于客观经济条件，当地的教育水平也着实令人担忧，于是我们开始思考如何才能改变当地学生对于知识、课堂重视程度低的现状，这是总书记"扶贫先扶志，扶贫必扶智"的扶贫观给了我们思路，想让孩子们自己明白知识的力量，潜心学习，敏于求知，就必须开拓他们的视野，助力孩子们培养志气，培育智慧。我们先后6次为孩子们募得价值86 000码洋的图书，开展"阅读分享课""阅读习惯摘抄评比""经典诗文诵读""优质图书分享会"等50余场阅读习惯养成配套活动；在学校专业教师的指导下，结合中小学生的普遍认知能力，就同一普法主题为一年级至高三年级12个学龄层次的学生量身定制12篇普法讲稿，利用法大的优势学科资源形成适合大众法律基础教学的知识课程体系，共组织、支持开展了40场普法活动，覆盖4省5市10校，累计覆盖4000余人次；我们先后进行了10余次家访，为孩子们开设兴趣班丰富第二课堂、开展线上学业辅导10余次，捐赠各类物资2万余元；我们还带着孩子们来到了北京，带他们去天安门，参观国家博物馆，参加模拟法庭、马拉松长跑、"我和我的祖国"主题教育活动……当孩子们回到学校，在作文里写到"长大后也要考中国政法大学"的时候，我默默地对自己说，做这件事，值了！

不忘初心，努力成长为有理想、有本领、有担当的社会主义建设者和接班人，为法治中国建设，为实现中华民族伟大复兴的中国梦贡献智慧和力量。这是总书记给予我们的勉励，作为支教志愿者，我们能做的绝不仅仅是在课堂上讲授知识，更要用实际行动为服务国家战略贡献青春的智慧和力量，这才是中国青年应该做的"大事"。"广大青年要努力成为有理想、有学问、有才干的实干家，在新时代干出一番事业。"一年的支教生活让我对总书记的嘱托有了更深的理解和感悟，这句箴言也将一直激励我坚定前行，时刻用青年人的实践奋斗向祖国告白！

（选自2019年11月12日第600期总第1006期）

在祖国西部绽放青春风采

艾力江·吐逊江

我叫艾力江·吐逊江，是中国政法大学政治与公共管理学院2016届毕业生，毕业后怀揣着建设家乡、扎根基层的理想信念，经母校法大推荐后成为一名光荣的自治区选调生，目前任喀什地区叶城县恰其库木管理区党工委副书记（主持管委会工作）一职。

2012年，抱着对知识无限的渴望和对大学生活无比的憧憬，我来到军都山下，开始了人生中最为珍贵的大学生涯。四年的象牙塔生活让我充分感受到了高等教育的魅力所在，在学校接触到的教师、各类学者、专家更是成为我的良师益友，为我日后的人生规划以及健全认知等方面带来巨大的帮助。在四年的学习生活中，我对厚德、明法、格物、致公校训的认识不断升华，至今无论是在生活中还是工作中校训都时刻鞭策和激励着我，我也为自己是一名法大人而倍感荣幸！

毕业后，为响应党的"到西部去，到祖国最需要的地方去"的号召，我毅然决然地放弃在乌鲁木齐等大城市工作的机会，再次背上行囊，离开家乡，来到了南疆边陲小镇叶城县参加工作。转眼已经过去了五年，当时身边人有很多的不解和疑惑：我为什么会去那么偏远艰苦的地方参加工作，还一头扎进村里，等等。也许我说不出太具体的原因，或显得没有说服力，但经过这五年在乡村的工作经历和感受，我可以大胆地回答这些质疑：是为了初心，为了家乡，为了这里朴实可爱的群众。

大学时期，我喜欢法大宁静有序的环境，到处充满了学术气息，那时我经常去的地方就是拓荒牛前。使出全身之力、表情坚毅、奋力向前的拓荒牛常常让我驻足思考，而现在的我也好比这头拓荒牛，在南疆的基层为改善百姓的生活水平而奋斗，每天努力工作就是让我感到无比光荣和兴奋的事情。

回首基层工作这些年，从负责村党建工作到担任村党支部书记，从负责乡村农业生产工作到现在统筹管委会全盘工作，每一步我都在不断学习和提升。不曾忘记，刚到村里参加工作的我，因傻傻分不清韭菜和小麦而闹笑话，和坐在田间地头的农民交流时因为嫌脏在屁股下面垫了一张纸，无形之间和农民产生了小隔阂……这些不断让我反思，反思的同时我也在不断地总结和成长，这些经历也成为我当前做好"三农"工作的制胜法宝：想在农村开展好工作，首先必须融入群众，而融入群众的基础就是接地气。

吃水不忘挖井人。近些年，在党中央的亲切关怀下，天山南北发生了翻天覆地的变化。习近平总书记就新疆工作做出了多次重要指示批示，其中强调最多的就是改善民生，在这方面群众的感受是最直接的，我作为一名基层干部，是这些工作的落实者和见证者。一条条土路被柏油路取代，一间间危房变成了抗震且舒适的富民安居房，一座座"卫星工厂"就建在农民家门口，农民自己的土地、生活品质和精神面貌焕然一新，在教育、医疗等方面的优惠政策更是讲也讲不完。农民群众嘴边常常挂着一句话：中国共产党亚克西！习近平总书记亚克西！

行百里者半九十。当前我们已经如期实现了第一个百年奋斗目标，正在朝第二个百年奋斗目标奋力前进，眼下还需持续做好脱贫攻坚和乡村振兴有效衔接的相关工作，为实现新疆社会持续稳定、长期稳定的目标而加倍努力。在往后的工作中，我将依旧铭记母校的谆谆教诲，持正义之天平，弘扬法大之人文精神，为建设团结和谐、繁荣富裕、文明进步、安居乐业的社会主义新疆而不懈奋斗！

最后，感谢母校的培育之恩，四年法大情，一生法大人。请母校放心，无论走到哪里，我都将永葆感恩、正义、忠诚之情怀，为祖国西部的建设奉献自己的青春和智慧。

（选自 2021 年 9 月 7 日第 668 期总第 1074 期）

法大情怀

在思忆，在怀念，在感叹

法大给予的一切

已融入法大人的精神

成为汩汩不竭的源泉

三代法大人：与母校一起蓬勃生长

王颖昕

时光荏苒，我们的母校中国政法大学迎来了六十五周年校庆。在这个意义非凡的日子里，我们同为母校的儿女齐聚一堂。在这里，我作为法大本科生的一个代表祝福我们母校的六十五岁华诞。

今天我有幸得到这样一个机会，能作为广大在校生的一个小小的缩影，原因大概只是我有一段不那么平凡的故事可以讲给大家听。我们大部分同学第一次来到法大，大多是十八岁考上大学的时候，意气风发，充满期待。然而我和大家可能有一点不太一样，我第一次来到法大正好是整整十五年前，是法大五十周年校庆的时候。那时候我五岁，在爸爸妈妈、姥姥姥爷的带领下，懵懂地走在法大校园里。我是家中第三代法大人，我的姥爷和我爸爸同样都毕业于中国政法大学。

我的姥爷是法大六三级学生，那时法大还叫北京政法学院，校园在我们现在的学院路校区。1963 年，姥爷考上北京政法学院，作为村子里仅有的考去北京的大学生，这份骄傲实打实、沉甸甸。那时的法大还是所很年轻的学校，物质基础和教学条件都很艰苦，但是姥爷的大学生活依然过得很充实。在法大，姥爷收获到的不只是知识，更重要的是公平正义的法治精神。这悄然改变了一个从农村出来的少年，在后来近四十年的政法岗位的工作中，专业的法学知识让他的道路走得更加笔直。他谨记母校的法治教诲，始终坚持重证据、重事实和严格依法办事的原则。在司法工作岗位上兢兢业业，勤勉正直，从未出现一起错案，让每一起个案中的个体都感受到公平正义。

我的爸爸是法大第一届来到昌平校区的学生，彼时的法大从北京政法学院更名为中国政法大学，就是这样一个"霸气"的新名字，吸引了爸爸报考这所学校。1987 年的昌平校区还没有完全竣工，建筑工地四处可见。那时候中国政法大学还没有北门，北面是没有围墙的，一路通到军都山脚下，饭后散步可以一直走到山麓林间。爸爸的老师中，江平教授那时还站在讲台上给本科生讲课，舒国滢老师还是刚到法大的年轻学者。爸爸在毕业后走上了法官岗位，离开了法大校园，但似乎也未曾远离。八七级是昌平校区的开始，也是海淀校区的最后一届本科生，他们捐赠的拓荒牛还矗立在校园里，是共同的法大印记。

2014 年的夏天，我也考入了中国政法大学，成为家里第三代法大人。我是这个校园里最普通的一员，但唯一的与众不同大概是法大烙印在我的血脉之中。姥爷、爸爸和我，都是自己年代里普通的学生，普通的法大人。然而这个共同的名字，总是令人思及心头一暖。除了温馨的家庭，我们还有另一个归属——我们的母校法大。

在这半个多世纪里，一所大学，一个家庭，三代学生，我们与母校一起蓬勃生长。法大从一所年轻的政法院校，风雨兼程，披荆斩棘，也成为今天国内顶尖的法科强校，而且正阔步迈向世界一流的法科强校。

65 周年校庆前，习近平总书记来到法大视察，我们家三代法大人感到极其欣喜，这也是我们家令人振奋的大事件，就犹如总书记来到了自己的家中一般，倍感自豪和荣耀。老中青三代人，无论通过家中荧屏，还是法大老师们的传达学习，无不被总书记讲话中对于法治中国和青年责任的厚望深深感染。对父辈法大人而言，法治中国是每日都在践行的神圣职责，而对青年法大人来说，更应该牢牢铭记总书记对当代青年的叮嘱，要树立与这个时代主题同心同向的理想信念，勇于担当这个时代赋予的历史责任，要励志勤学、刻苦磨练，在激情奋斗中绽放青春光芒、健康成长进步。

我们家的每一代法大人，无论是仍在司法战线一线，还是已经退休离开实务工作，都仍在母校的怀抱之中，都会在自己的位置上，承载着母校的印记和教诲，以自己的小小风帆伴随着母校在法治海洋中继续航行。

（选自 2017 年 5 月 17 日第 517 期总第 923 期）

期待，2017 年的花开

白 婧

零下的昌平，伴着阵阵妖风毫不留情地吹走一切不想学习的杂念。12 月的尾巴，是一个复杂的时间。期末要来了，可是新的一年也要来了啊。

2017，今年我大二。褪去了大一的浮躁与不安，现在的我们就是昌平王。我们熟悉这小小校园里的每一个建筑，每一处风景。看着班车准时来到这里，又准时离开。回忆中，还留存着初来法大时的温度，和喜欢的老师讲台上的英姿。可是，今年的我，大二。这是一个充满着可能性的年纪，可以在喜欢的社团指点江山，可以在关注的领域大有作为。在法大，拥有最好的老师，最广阔的平台，让我们可以在这里，绽放最美好的自己。

2017，今年我开始辅修。法大人，当志存高远。既然来到了这里，又怎能以一个法盲的身份离开？三十多个学分，十几门必修课，满满的课表，拼命地挤压着我的懒觉。可当我再次听到"挥法律之利剑"时心中想到的，却是法律铁面无私中蕴含的关怀。法条看似死板，其实却灵活而具有生机。相信，四年之后的我们，将不仅是一个守法的公民，更是一个知法懂法的社会精英。

2017，今年我是一个师姐，更是一个部长。从提前来到学校准备迎接新生到"百团大战"，期待着每一个与我们相遇的人。从第一次被叫作"师姐"到带领师弟师妹们完成第一个任务，我们仍像大一时一样，经历着一个又一个的第一次。数着心跳压下自己的紧张，但是我们是师兄师姐，更是部长。当我们带领着大一的师弟师妹们走过迷茫的大一，我们知道自己身上的担子。我们希望能做好自己的任务，更好地服务师生。我们更希望能用自己的一点点经验，让他们少走弯路，用自己的一点点关心，让他们感受到在法大，同样有那么多关心你、懂你、爱你的人们。

2017，今年，我仍然单身。脱单热潮一波接一波，真心地，祝福每一个恋爱中的你，你很幸运，找到了陪伴你度过漫长冬天的那个 Ta。而我，则依然享受着每一天被学习和工作充满的时光，享受着寝室里可爱的五小只每天互相嘲笑却也互相关心，在感冒时的一声慰问中感动。在没有家人陪伴的远方，我觉得最幸运的是，来到法大与你们相遇。2016 年即将结束，我思念着每一个充满着回忆的日子，看着秋叶纷落，听着风的呢喃。

（选自 2017 年 1 月 3 日第 506 期总第 912 期）

走在"研究生院"这座城

邓　勋

外界常说，法大的研究生院地狭人稠，近年来是"被工地包围着的学校"。身为法大研究生院的一员，我开始重新去审视、发现和感知校园里的一切。

作为公认的中国法学教育的最高学府，法大研究生院的教学质量、科研表现、人才培养等强大的软实力已有目共睹、毋庸置疑。然而，真正了解并融入研究生院的人，会更加喜爱这里清幽宁静的气息，会永远难忘这片精致优美的土地。

研究生院北临久负盛名的"燕京八大景"之一——"蓟门烟树"，东沿元大都土城遗址公园小月河、野松林。我眼中的研究生院，是一座静雅秀丽的小城。

忘不了去年 11 月下旬那场短暂的初雪，那是来自南方的我第一次亲眼见到真实的雪的模样。依然记得那日清晨，我拉开宿舍阳台的窗帘，霎时被漫天飘洒的雪花惊艳，放眼望去，整个男生宿舍楼的外墙被覆上了一层厚厚的白色，晶莹剔透，可爱极了。激动的我立刻飞奔下楼去看雪，那时天刚亮，天气极冷，穿过正在兴建的图书馆和高耸的女生宿舍楼，就来到了综合科研楼的门廊。

前方的柏油路上依稀可见早起晨读的同学们的身影，我轻轻地踱步而去，向四周远眺，琉璃瓦、砖红墙、结冰的路面、静静的长廊，在冬雪的映照下，白茫茫的一片，显得静默、疏远，不食人间烟火，就像它们原本的样子。

凉亭里坐着两位头发花白的老人，爷爷杵着拐杖，奶奶依偎在侧，用刚在食堂买的热乎乎的馒头逗着身边的小狗,他们就这样恬静地说着、笑着,仿佛一切都是慢下来的,惹得行人艳羡不已。

沿着科研楼的方向,只需几步的距离,就能到达教学楼的右侧入口。此时已临近上课的时段,同学们都加快了步伐,拿着书本纷纷走进教室投入地学习钻研。教学楼的窗门、屋瓦和墙垣都是一式的洁白,显得格外的肃穆、寂然,门墙非常高大,因为大而变得幽深,吸引着莘莘学子那求知奋进的目光。

走到教学楼的回廊处,是几扇修长的门,门外立着几棵耀眼的枫树,树下是一大片青青的草丛,由于冰尚未消去,整个草丛看上去像一条白色的缎带,古朴别致。草丛中夹杂着许多错落有致的黄色枫叶,静静地躺在丛中,枫叶深深浅浅的脉络显得十分清晰,像极了透明的琥珀,使人生出美的悸动,我不小心怔住,忘了时间的流逝。

教学楼对面就是著名的"法治天下"石碑,由著名法学家江平先生题写,石碑的周围有几棵古树,树叶褪尽,只剩下稀疏的树干,远远望去,给人一种庄重威严的感觉。我缓缓地向石碑处走近,不由得被江平先生的科研精神与家国情怀所折服。正是由于对法治国家、法治政府和法治社会的期盼,法大人相聚于此,用勤劳与智慧去践行法律人的使命,推动我国的法治进程,书写法治天下的崇高理想。前辈们的高贵灵魂与卓越成就定将彪炳史册,也无时无刻不激励着我们——法大的未来——去追赶,去超越,去彰显年轻生命的无穷力量。

这就是我们的研究生院,虽然空间不大,却经过岁月的磨练,成为中国法学研究的重要阵地;虽然外表简朴,却在高楼琼宇、熙熙攘攘间,独有一片法大人共同的精神家园。永远记得黄进校长在 2016 级研究生开学典礼上的寄语:时刻秉持"厚德、明法、格物、致公"的校训精神,保持一颗平静的内心,追求物质上的简单和精神上的富裕。

法大研究生院记录了太多追梦者的花样年华,这座城也承载了法大人生命里很重要的时光,有爱的人和事。无论风雨更迭,世事沧桑,我只知道,离开会不舍,告别后会一生怀念。

（选自 2017 年 4 月 4 日第 512 期总第 918 期）

法大初印象

盛钰晶

那时候总感觉小暑刚过了不久，立秋却已近在眼前。窗外暑气还久久不能散去，妈妈又问了一遍何时录取通知书才能送达。我哭笑不得地把她送出门外，强行按捺住心中的雀跃。通知书就在此时悄然而至。我裙裾飞扬，满怀欣喜地取回通知书。

一个月后，我轻轻挥手，告别我小小的城，把梁祝的传说和流淌的汝水藏进梦里，背上行囊，一路向北。

北上的路好像长得走不完，可一转眼我已站在了法大门外。到达北京的时候已是静悄悄的夜，隔了一条街看着校园里的灯突然灭了下去，我的心反倒雀跃起来。

这一夜我辗转反侧，翌日清晨醒来，胸腔里有什么东西震荡不休，一声一声敲得我几乎要开始战栗。而当我终于到达法大的门前，所有长久孕育的期待突然爆发出来，潮水般将我完全淹没。

我咬咬嘴唇，背上包走向展台，迎面而来全是春风。一声声"师妹"近在耳畔，我心里好像有朵含苞已久的菌苕突然绽开。初始的紧张随着每一步慢慢化开，我用脚步丈量着这片陌生的土地。

我听着师姐的耐心讲解，走过长长的宪法大道，进入端升楼，看着对面一脸认真的师兄递上录取通知书。

我蓦地回首，发现暑假里一起水群的同学正在身后，向前又是身着学院文化衫的师姐们温柔的声音。

我经过球场，走出北门，在校医院里排队等待，听着师姐们含笑的调侃，羞涩渐渐褪去。

　　我走进寝室楼，与室友们初次相见，嘻嘻哈哈地叫起早就约好的昵称，一同分享彼此带来的零食。

　　我坐在兰三楼前，听师姐们聊起许许多多我们未曾听说的法大故事。我也再度去往迎新展台，和师兄师姐们一起等待着新生到来。

　　我好奇地去寻找拓荒牛的所在，循着路牌的指引走向学校的不同角落。我在寝室楼间一脸迷茫地穿梭，处处都是柳暗花明的惊喜。

　　和小伙伴趁着迎新的时候偷偷溜进菊园找人"面基"，把羞涩的对方吓了一跳。大笑着调侃尴尬的初见，明明新识却又好似旧交。

　　食堂约饭，聚在一起的时候自己都忍不住傻笑。大会小会，惊叹于师兄师姐挥洒自如的气度。迎接刷寝，感受到师姐们为了自己部门奔走的辛苦和一颗热烈的心。

　　各式各样的会议和活动排满了五天，我们奔波在校园中，一面说起学校的小而精致，一面庆幸着这给我们找路提供了足够的便利。

　　又是在端升楼里，我们全班人第一次聚在一起。自我介绍里一个个熟悉或陌生的名字对应的都是未来的同窗。我们努力地记住彼此，不过似乎大家都不太擅长记人。我在路上相遇时朝着每一个眼熟的人打招呼，背地里却悄悄琢磨刚才又是谁。若是有时间慢慢聊天，我只好一脸不好意思地和对方再做一次自我介绍。不过幸运的是，大家都愿意相互包容，我们对彼此的印象也越来越深。

　　环阶，礼堂，学活……我们一一走入，对法大也更加熟悉。

　　老师们讲台上风格迥异却都引人注目，初来乍到的我们倍感新奇。宪法江湖的诗人张劲老师果然是位男神。张力老师对阅读的讲解不但风趣还十分实用。辩论队的表演赛全场爆满，师兄师姐们唇枪舌剑，字字机锋，实在是让人热血沸腾，吸引了我们这些小萌新们去报名参加。还请辩论队的各位师兄师姐下次再会时手下留情啊。法学院学生会见面会上，学院各个组织八仙过海，各显神通。唱歌、跳舞、朗诵、话剧……热闹得像台联欢晚会，我们在台下拼命鼓掌，努力传达出内心的欢喜。我坐在前排，偷拍西装笔挺的师兄师姐们，突然有些期待自己穿上西装会不会也有一样的端庄优雅。除了这些正式的会议，我还参加了老乡会。在夜晚的学校里四处寻找逸夫楼赶赴老乡会，一路上看见许多捧书学习的师兄师姐，我有些咋舌，更意识到未来的日子里不能懈怠。老乡会上听到家乡话只觉亲切，原来在他乡，一句乡音也能给人奇妙的震动。

窗外是静悄悄的夜，室友们也都已沉沉睡去。我一个人捧着手机打字，偶然间会发呆想想即将到来的军训。不知不觉间已在法大待了一周，想想要半个月后才能回来，竟然生出了一丝微妙的不舍。明天，我们仍要前行，而我们与法大来日方长。

你好啊，法大。未来还请多指教。

（选自 2017 年 9 月 19 日第 526 期总第 932 期）

苦且益坚　不坠青云之志

蒋世康

没来法大之时，我只知熬夜埋读之苦；来到法大之后，我终尝冷夜苦训之难。亚圣孟子有言："天将降大任于斯人也，必先苦其心志，劳其筋骨，饿其体肤，空乏其身，行拂乱其所为，所以动心忍性，曾益其所不能。"我时刻谨记，才得以坚持下来。这期间，我的脚疼过，感冒过，也曾有过心灰意懒的时候，但只要想起这句话，我咬咬牙就这么过去了。

军训前，我的心中有着诸多的恐惧与期待。我知道要真正成为法大人，就必须经过 14 天的魔鬼军训，我其实是很害怕的，怕苦怕累怕晒黑，惧吃惧住惧厕所……但我还是有所期待——军都山的美景、苦苦相交的情谊。来到盛华军训基地后，我才知道"噩梦"成真了！满是异味的被褥，清淡至极的伙食，难以接受的时间观念……踏入营门的那一刻，我突然发现自己已经迈入了"地狱"的大门。

我很幸运地被分到了一营一连，那里不光有我们新闻院的同学，还有法学院的同学。这 14 天以来，我们彼此熟悉，彼此玩闹，彼此照顾，真的有一种家的感觉。一个院子，八间屋子，深夜寒风，白日高阳，我们有说有笑地把这 14 天过好。狼人杀是我们闲来消遣的游戏，小音箱是我们宣泄情感的工具，这些天的苦泪交织绘就了我们心中的宏图。

还记得那一天和靳同学的守夜，是我一生中难以忘怀的一个小时。寂静无人的院子，明星漫布的星空，我和他手捧一碗泡面就这么吃着，顺便暖了暖手，喉中喷出的热气一下子消失没了。寒风阵阵吹来，心里如此平静，此刻远离家乡，我已是异乡人，今后的四年不知该如何度过，只能心里默默地期待、期待再期待。

在苦难中，我也收获了许多东西。在同学们忍痛坚持时，我学会了坚韧，在他们对我伸出援助之手时，我学会了互助。在听了教官们的经历后，我知道了什么是热血与爱国，知道了什么是勇敢与不怯。在吃饭时，我知道了学校的食堂多么美好。在夜训时，我知道了被窝的温暖……一天早起，我发现头上还顶着柔和的月光，让我既惊又喜，真的是第一次起床还能看见月亮啊！

苏轼有句话说："古之成大事者，不惟有超世之才，亦必有坚韧不拔之志。"成功的大门必是向有坚强意志的人敞开的。在军训的日子里，我忍受了早上起床的寒冷，忍受了中午毒辣的阳光，忍受了因不能洗澡而脏兮兮的身体……教官的训斥让我愈发坚毅，即使嗓子剧疼也奋力地唱着军歌。我相信在歌咏比赛的那一天，虽然我不是最大声的，但却是最认真、最释放的。

在军训的 14 天中，我真的成长了很多，也真正地融入了这个温暖的集体，值得我用一生去回味！

苦尽甘来，我也该对未来有个规划了。军训之苦，回味无穷，让我对接下来的生活充满希望。马上就要迎接"百团大战"了，心里有点儿小激动，曾经的我踌躇满志地希望能够在大学时加入几个有趣的社团，但在进了院里的噪点工作室之后，才明白了什么叫作做一件事情就要专，不能三心二意。社团都有例会，都有活动，每加一个社团，时间和精力就会多一份负担，所以要有责任心，不要加入过多的社团，并且每加入一个都要负责到底。

我的心情莫名地澎湃起来，因为我快要真正地成为法大人了。在这个"百团大战"的前夜，真的不知该如何度过……认识的一个师姐参加了很多个社团，变成了一个全能的人，而认识的一个师兄只专心搞一个社团，却也让许多人尊敬。而我，报了三个社团，却不知道该如何自处，不知道该以哪个为重。直到一个师兄跟我说，"你不用太纠结，选择了就一直坚持下去，即使明日天寒地冻，路远马亡"。他的话让我的心又坚定了几分。

刘同说："孤独是半身浸江，秋水生凉；寂寞是全身如林，寒意渐深。"我想说，孤独与寂寞不过是内心的诉苦，坚毅与忍耐才是大学生活之道。每每看着远方的星空，我都会不自觉地哼唱《异乡人》这首歌，两颊也有热泪流过的时候，但我很幸运，我们都很幸运，能够与志同道合的人共同度过这四年。心有梦想，春暖花开。

（选自 2017 年 9 月 26 日第 527 期总第 933 期）

一个菜鸟新手的入学指南

路　佳

有关军训的记忆，始于沙石地上的漫漫黄沙，止于离别时基地门口站得笔直向我们敬礼的教官。

我记得那里的天总是很蓝，在训练场的远处能隐约看见山的轮廓，我们的教官很喜欢那首歌，在宿舍门口，在训练间隙，在去食堂的路上，他总是在不停地哼唱："和我在盛华的街头走一走，喔~喔。"离开的时候，我们最后一遍唱了这首歌，有几句歌词真是应景，"分别在九月，带不走你"。

也可能是因为已经回到了学校，我们如愿以偿地洗了很久的澡，吃了想吃的一切，所以回想起军训，并不是像想象中一样会觉得又苦又累、不堪回首。很奇怪，想吃的都可以吃到了，我却再也没有当初端着土豆白菜也狼吞虎咽的满足感。

军训时感受到的那些欢乐，在某种程度上也许就像顽劣的小孩子在淤泥当中觅到的莲藕吧，它确实没有莲花那样娇艳，却也别有一番清脆可口。

军训的清晨总是在无梦的沉睡中到来，是困到睁不开的眼睛，是哈欠连天摇摇晃晃走向水池的狼狈，是多年未见的挂在夜幕上闪闪的寥寥几颗星，是在黑暗当中困倦亮起的宿舍的灯。沉默的人群啊，在微冷的风中用冰凉的水洗漱罢，才终于喧嚣起来。

我曾开玩笑地说："军训猛如虎。"军训确实猛如虎，熬夜成瘾的人们，大概从前也不敢相信自己有朝一日会乖乖在十点上床睡觉吧？说起睡觉，昼夜温差极大的初秋，有很多同学为了不毁坏教官叠的标准豆腐块而不盖被子睡觉，我每天看着寝室里唯一一个东北人在我眼前抱着臂膀瑟瑟发抖说太冷，也实在是趣味十足。

最特别的体验，莫过于有幸在军训期间度过了自己的十九岁生日。那感觉，像是从天而降的巨大馅饼，将我砸了个头晕目眩。那一天，有惊吓，更多的是惊喜。前一天同班的好友就恐吓我说要在深夜十二点将我喊醒，搅得我枕了一夜的担惊受怕，好多次突然醒来触亮手机屏幕，总以为下一秒就要被摇醒，终于在十二点半心安。清晨起床的第一个礼物，是维吾尔族大美女欢笑着将我扑倒在床上，"生日快乐!"她说，顺手毁了我刚刚苦苦挣扎叠好的被子，引来一屋子的"无情嘲笑"。这群可爱的人呵，在中午食堂等饭之时，不知是谁起了哄，竟在食堂门口齐声高呼："刑司1704的路佳生日快乐!"害我羞极了，也欢喜极了，这群可爱的人呵!

最让人惊喜的是教官偷偷买回的蛋糕，我们躲在屋子里点亮蜡烛，手机的灯光挥舞着，那一个个笑脸，让我感觉整个基地都暖融融起来，整个世界都是亮堂堂的。汉语、英语、维吾尔语、哈萨克语……不同语言的生日快乐歌依次响起来，是啊，也许民族不同，也许籍贯不同，但是来到了法大，相遇在军训，我们幸福欢乐的心情，是毫无差别的。

所以，总归是欢喜的。且不提基地食堂简陋的饭菜，无肉使人瘦的"折磨"；也不提踢正步让人手青脚肿、走路都一瘸一拐；不提阳光下的暴晒让厚厚的防晒霜都败下阵来；也不提窘迫的自由时间和永远不够的睡眠。认识了这么一群美丽又可爱的姑娘们和一位虽有些幼稚却着实心善的教官，总归是欢喜的。

"最怕空气突然安静，最怕小战士突然的出现，最怕教官又骗我们说最后一遍好好踢。"每次唱起这首我们自己改编的歌，大家都忍不住笑作一团。对于教官们，尽管我们也生气过，抱怨过，偷偷在心里讨厌过，在他们不注意的时候翻过白眼，但是真正相处下来，却说不出他们的不好来。

军训，结束了。刚刚收拾好行装，还没安顿好的我们，又卷入了"百团大战"的漩涡之中，学生会、学委会等各种社团组织迎面而来，人头攒动，让人眼花缭乱，不知所措。慌忙地准备笔试面试，在师兄师姐面前露怯紧张，遇到不会回答的问题尴尬得笑不出来。填了一张又一张的报名表，还是扯不出自己莫须有的特长。

一波未平，一波又起。我想，也许大学生活就是这样，是一场紧接着一场的毫无准备的冒险，没有中场暂停休整的时间，只能一直不停歇地奔跑，然后在这场长途奔跑当中，成为一个更优秀的自己。

我不知道下一场冒险的主题是什么，作为一个刚刚踏入校园的新手，只能尽全力跑到临近的终点。可不知为什么，即便我面对的依然是未知且漫长的路，但那份刚到北京的惶恐拘谨，好像在慢慢消融。

（选自 2017 年 9 月 26 日第 527 期总第 933 期）

一年好景须君记

盛钰晶

面试的时候被问到最近一周来最开心的事，愣了三秒竟控制不住脸上的笑意。军训归来的那天，和室友洗完澡一起往回走，阳光和斑驳的树影落了满身，忍不住就张开双臂故作拥抱的姿态。而那时的我，又是想要拥抱什么呢？是风带来的这场光影的华尔兹，是同伴苹果一样清甜的嗓音，是终于近在指端的大学生活，抑或不过是这眼前的秋日光景？

我坐在兰三楼外的秋千上，身旁室友手捧《瓦尔登湖》，长发上散落着日光。空气微微冻人，阳光却暖融融的，要哄着你脱下刚套上的毛衣。几天前班级合照，被说来就来的秋雨直直给逼得改了日子。我裹紧了风衣，听着南方同学"北京没有秋天，夏天过了就是冬"的抱怨，几乎准备拖出箱子找羽绒服。隔日晨起，眼前居然是大片大片泼洒的金色。原来，是秋天啊。

不用再考虑早晚 15℃，中午 30℃ 的天气该怎么穿衣，这无疑令我心情极好。顺路买了几个橘子，橙黄橘绿时，不正是一年好景。张晓风老师提到她曾经要学生每人交上一段古诗词的朗读音频，有人把"一年好景君须记"念成了"一年好景须君记"。真是美丽的错误。一年好景一定要你这样的人记住啊，最最要紧的是橙黄橘绿之时。

那你可知我的牵挂？毅然复读与我拥抱作别的你，两地徘徊聚散匆匆的你，懵懵懂懂远走他乡的你，此时的你又在想些什么呢？那里的秋天你喜欢吗？我应该不喜欢北京的秋的，因为你们不在呀。

可是呢，偏偏又遇到了另外一群人。你可知我的惊喜？军训日子里朝夕相处的你，食堂里没带纸巾和我面面相觑的你，一起约了夜宵谈天说地的你，你们怎么都这么可爱啊，让我如何不满心欢喜。我还是喜欢北京的秋好了，谁让你们在呢。

秋分过了，夏天突然就走了。我曾经那么虔诚地一笔一笔描摹着夏天的眼角眉梢，妄图留住那群人的顾盼神飞。而屈指间西风已把蝉鸣吹散。几个月前我还热得大汗淋漓，调侃着前后桌的小情侣，叫嚣着未来要一路南下，走得越远越好。尔后我却一路北上，在跨越了将近两个省份后莫名有些想家。

恍如隔世。

总觉得不久前我还在为高考、报志愿、录取结果惴惴不安，现在却早已和旧友，和一整个夏天的泪水汗水作别，遇见这一处姗姗来迟的秋。

走在校园里和面熟的人打了招呼，又悄悄地问同伴那人的姓名，就这么渐渐熟络起来。面试的时候看着熟悉的师兄师姐一脸严肃，突然卡了壳，担心自己的表现太差劲，却又抬头遇上师兄师姐眼底的笑意，突然就有了勇气。见面会上最初的拘谨慢慢化开，心里给整个夜空都点满了烟花。

简直像一首老歌唱的那样，年轻的朋友来相会。明明是橙黄橘绿时，我看万物却看出了生发之意。我们是全新的种子，在这个秋天播种在每个社团之中，彼此都是希望的存在。年轻的我们在此时此地相会了，这样的人间好时节，还需要你我来记得啊。

(选自 2017 年 10 月 31 日第 531 期总第 937 期)

黄叶渐落　荣誉依旧

辛海平

一个秋、两个月、三场比赛、一群人，成长再一次经历了蜕变，梦想也终于结出了果实。

第九届北京市大学生模拟法庭竞赛落幕，中国政法大学获得一等奖。这一切对法大的学子来说，或许早已司空见惯，毕竟法大近四年来3次收获一等奖，九届比赛，鲜让冠军旁落。但是胜利背后不为人所知的，是24次的走庭练习，是上千页的打印材料，是每场比赛10次以上的文书修改，更是两个月来在格物403鏖战的日日夜夜，是压力与批评面前的振作与成长。

这里不只是一群人，更是一个团队。她之所以能够战无不胜，能够让评委由衷赞叹"这支队伍的准备实在太充分了"，靠的一定是团队的力量。一名指导老师、六名本届队员、不计其数的往届队员，大家一起日复一日地奋斗，一起对文书每个字"锱铢必较"，一起将每一个庭上的提问重复练习百遍，一起把压力扛起，一起把荣誉留住。"团队"是这支荣誉之师的最好注脚。

谈起团队，便必然谈起这个团队中的灵魂——赵天红老师。赛队里的队员对于赵老师的评价，并不花哨却感人非凡，"赵老师很忙很忙，但她一直都在"。赵老师是法大刑法研究所所长，有繁重的教学任务，还兼任律协委员等多个社会职务，身兼数职的她总是有开不完的会，写不完的材料和上不完的课，但是她从未因自己的忙碌而耽搁过赛队哪怕一丝一毫。发给老师的微信，她总会在第一时间回复，任何的问题不论在何时提出都能在最快时间得到最充分的解答。每周的训练老师从未缺席，就算已然忙碌一天，她也始终坚守在队员身边，直至每天乘最后一班班车才能赶回海淀。每一次文书的终稿都是经老师亲手修改，哪怕是举证质证中一个具体词语的说法，老师都会给出指导并亲身示范……队员是她的学生，更是她的孩子，对于赵老师，队员们难不感恩。其实也有人问过赵老师，以她的地位和成就完全不必亲自来指导赛队，但老师的回答令人动容，"我喜欢和学生们在一起的感觉，喜欢看到他们成功后的喜悦，更为他们的不断成长而感到幸福和骄傲"。正因为有这样的指导教师，还有这样一群幸运又努力的队员，法大模拟法庭的强大才真正令人畏惧。

北京赛带给队员的远不止一个一等奖的奖杯，更是一段美好的回忆。正像本届队员在夺冠后的感叹，备赛的两个月，窗外的树叶由绿变黄，由黄渐落。以后每年的叶落之际我们也许都会回想起那段在格物403奋斗过的时光，那叫做拼搏，更叫做成长。每年的黄叶都会落下，但在队伍的传承下，我们坚信法大的荣誉不会枯萎，而会一直延续！

（选自2017年11月28日第534期总第940期）

岁月成诗又一载

——2017 不可错过的精彩瞬间

王文杨

钱端升老先生始终在那里，静静地伫立在端升楼的一侧，眸中映着匆匆来去的每一个不停歇的脚步，也映着法大日新月异的成长与变化。在嫩柳抽枝的春风里，教育部专家组来了。法大师生以严肃而从容的姿态，为本科教学审核评估画上圆满一笔；习总书记来了，在这片繁荣的校园中留下了赞许，播种下希望与期待。在明媚温暖的阳光下，65 周年校庆拉开帷幕。校庆特展前迎来一批批参观者，见证了 65 载法治年华；"党建和思想政治工作"自查自评的开展，探索着新时期党建和思想政治工作的新思路。毕业季到了，漫天的毕业帽见证了毕业约拍的热闹与不舍；迎新季来了，新一批青涩学子涌进校园，为法大灌输着新鲜的血液。在寒意渐起的朔风里，法大顺利入选世界一流法学学科建设高校；学校第八次党代会的举行，对法大未来五年及更远的发展做出了规划。2017年，法大姿态昂扬，一直朝着更加绚丽的远方奔去，任何困难与艰险也未能挡住她前进的脚步，风雨兼程，步履不停。2018 已在眼前，又是一年春风起，嫩芽新柳正在不远处等待，法大也将整装待发，以更新的改变与进步大踏步迎向未来。而教学楼里、树荫下、微风中，彭真先生、谢觉哉先生和钱端升先生始终安静在一角，以不变的挺拔身躯和深邃的目光，凝视着法大，就如同凝视着自己的孩子，在漫长岁月中守护并期待着她的成长。而以他们为榜样的一众教师秉持着、坚守着法学精神和治学态度，也将一如既往地伴随一届届学子，托起法大的希望与辉煌。

（选自 2018 年 1 月 3 日第 539 期总第 945 期）

星星的光芒

——谨以此文献给法大 2014 级毕业生

王文杨

当我看到今年第一条毕业照片的朋友圈时，是在一个晴天的晚上，空中隐约有星星闪烁。我坐在图书馆里，看他们穿着学士袍潇洒从容，看一张张熟悉的脸欢喜雀跃，有些恍惚，仿佛之前一直有个错觉，以为他们能一直陪伴我，给我鼓励和指明方向，直到我们各奔东西。然而接连而至的照片戳破了这个梦境，响起了离别的第一声号角。

想我大学三年，交织着与师兄师姐的许多回忆。一路过来我仰望着他们，看他们讨论专业课、项目、比赛、保研和考研、拿到 offer；他们也见证了我的成长，让我见识到大学最初的模样；他们在每个生活的路口告诉我该怎么走，告诉我不能丧气和懈怠，让我战胜自己内心的脆弱，成为一个成熟的"大学人"。

我与小寒师姐相识于新生入学第一天，她拿着我的材料带我到学校各处报到、办卡、完成琐碎的手续。后来，我带队做的创新项目立项失败，成为我大学遇到的第一个挫折，这个花费很多时间和精力的项目让我第一次对此前深信的"努力一定会有收获"产生了怀疑。夜晚繁星下，寂静的校园小巷里，我哭着给师姐发信息，向她诉说我巨大的无力和委屈。我原以为得到的反应是"下次就一定会成功"一类的安慰，没想她这样告诉我："人生就是这样，努力的确不一定会有收获。但可以肯定的是，不努力一定不会有收获。所以你能做的只有克服自己的玻璃心，然后继续努力。"她的话打破了我此前无谓的幻想，为我揭开了生活残酷的一面。也是在这一晚，我开始学着更坚强、更现实地看待大学路上的险路和沟壑，学着不抱怨环境、不怨尤自己，遇到事情尽力去做，接受所有的结果。

不久后，我迎来大学中社团的第一波散伙饭。饭后，小金师兄带我们到操场上，一群人坐在草地上围成圈看星星。夜晚悠长，晚风静谧。我们散漫地聊着，聊生活、聊学习、聊自己迷茫的未来。师兄向我们讲了部里前几届师兄师姐的大学道路，认真地告诉我们如果打算走推免的道路，一定要及早准备。"你们现在还有很多时间，想准备是来得及的。"我那时对这些事情一知半解，只能边感叹"好厉害"，边通过前面师兄师姐的经历为自己定方向和计划。后来，我再也没有机会跟一群人在草地上坐着聊天，可我总是想起那个散漫的夜晚。

之后的一个夜晚，偌大的阶梯教室里，我盯着电脑屏幕的对话框，准备进行一场紧张的谈话。在春季招新期间得知某部要招新部员时，对这个部门向往已久的我摩拳擦掌地想试试。经过不停地询问与查找，我联系到了这个部门的小程师兄。而今晚，我们将通过网络进行一次"面试"。在我给他发了自己写过的稿件后，他没有问我其他的信息，只是问我为什么想来这个部门。我答："因为我喜欢写东西。现在我的文字还很不成熟，但如果能加入我一定会好好努力。"大学期间有趣的回忆里，跟社团有关的至少要占一半。加入新闻通讯社是我那段时间做过的最正确的事情之一，我曾想过如果没有师兄的接纳，也许我现在的生活迥然不同，但可以确定我一定会错过很多很好的朋友、很多有趣的事。

现在想来，在法大的这段时间，无论是我感到绝望、迷茫还是不知如何选择，总会有师兄师姐默默地来指引我，告诉我接下来的路怎么走。他们之于我的大学就像星星之于这个黑夜，不耀眼但能看见光芒，这些光芒一直在那里，足以指引着我在暗夜中鼓足勇气，继续前行。每年都有星星，每年也都有被星星引路的人。再过些日子，"我们"就要变成"你们"了。不知道我们能不能做得像你们那样好，但我们一定会努力。

刷遍今晚所有的朋友圈毕业照，我走出图书馆。来了一些云，天上不再有星星了。但我还是看得见路，因为我蒙受过星星的光芒。

（选自 2018 年 6 月 12 日第 553 期总第 959 期）

在夏日告别

王颖昕

天渐渐热起来，越来越趋近直射的太阳和浓绿的树荫都在告诉我已经是夏天了。华北的夏天漫长而炎热，没什么稀奇的。只不过今年的夏天意味着离别，所以注定不一样起来。

毕业季，我开始和朋友们拍毕业照，吃送别大四的饭，办理毕业手续，把堆积了四年的东西打包收拾走，然后就和昌平说再见了。这一切都在预料之中，没什么新奇，好像也不好意思拿出"欢笑和泪水"这样的辞令形容。虽然打开朋友圈，就可以源源不断地看到由九张精美照片和充沛感情组成的对毕业声势浩大的纪念，但是我们不得不承认，毕业就像夏天一样，没什么稀奇的。

昌平校区落成已经三十年了，我们大约也是这里送走的第三十届毕业生。寒来暑往，一届又一届学生来到这里，度过青葱的四年，然后在"欢笑和泪水"中离开。谁也不会带走什么，仿佛也没有留下什么，但周而复始中，那个被称为母校的地方渐渐丰盈起来。我们之于法大并不特殊，法大之于我们的意义却难以言表，人这辈子总是在从一个地方奔向下一个地方。不管留恋也好，还是急于摆脱，告别总是在预期当中，绕不开的。

我当然非常留恋法大，这里有可以聊天的朋友和让我们自由发展的环境，如果可以，我希望这一切永远都不结束。但是这显然不可能，虽然我以为四年已经足够长了，但站在结束的地方回望，总觉得好像只有一瞬那么短。如果可以不离别，我当然很开心，但是离别成为定局，倒也不会太伤感。或许是毕业前的一年实在煎熬，终于结束了，只顾得上为解脱而愉快，忘记了这不是一年的结束而是四年的终结。其实一年前才是对离开最焦虑的时候，那时候隐隐已经感觉要离开了，但又该去哪里呢？司考、考研、出国、找工作，就算再浪漫主义，也不得不把这些沉重的词挂在嘴边。从去年夏天开始，我就窝在逸夫楼的小屋子里，除了吃饭、睡觉，就是学习，或者把发呆伪装成学习。那时倒不觉得辛苦，老老实实接受现实，每天看几页书就好像小仓鼠攒下了一颗坚果，也产生了一种奇怪的满足感。我就这样度过了司考和考研，从夏天趴在高于体温的桌子上写字到冬天在走廊里抱着书哆哆嗦嗦，好像也没什么不开心的。直到考完试的那一天，直到揭晓答案的那一天，好像闸门打开了，我的丑兮兮的坚果们倾泻而出，四散奔逃。

相比之下，今年夏天的我自在得很，每天看看书，写写东西，把大把时间阔绰地丢给自己喜欢的书和哔哩哔哩。这种时候哪还好意思说出"我很伤感"这样的话，我们不过是把离别当做庆祝，嬉闹着穿上学士服去拍毕业照。或许我不难过还因为我考了法大的研究生，并不算是完全意义上的离开；或许还因为时代发展了毕业也不再是江湖再见，最好的朋友仍然时刻联系着，还会分享最近看的书还有脑子里冒出来的奇奇怪怪的想法。再见面，好像从来没离开过。

我不喜欢把告别当做庆祝。因为说到底，心里还是有一点点难过。这片校园想要回来很容易，真正的朋友永远都会是朋友，但是那四年永远结束了。我还可以到端升楼混在师弟师妹中间上一堂课，可以拉着朋友在二食堂一楼边吃饭边吐槽，也可以随便找个下午重新在逸夫楼的落地窗下发呆。我可以一遍一遍写下这样怀念的文字，但是都不再是从前的样子了。这是赫拉克利特说的"人不能两次踏进同一条河流"吗？或许是，但这不重要。我并不想升华探讨什么人生哲理，我只是想念自己的大学。

（选自 2018 年 6 月 12 日第 553 期总第 959 期）

凡鸟有幸　得栖佳木

温新格

　　地处昌平一隅，校园虽小，方寸之间亦别有洞天，不足以让我在一年之内便将花圃中每一株花草细细看尽，这"一生一世法大人"的情怀，也非经历过军都一个春秋便能够体悟得到。

　　而当我大三之时，眼见得带我写稿、备赛的师兄师姐们穿着学士服在法渊阁门前留下大学最美的光影，我时不时地便会意识到，明年就该是自己，与这所学校完成第一阶段的分别。

　　于是偶尔在恍惚之中，觉出一丝感伤。只是这感伤在今年自己毕业之际来得颇晚、颇淡了些，可能是拖延了太久，高校学子的毕业情绪在开学日期无尽的延后之中渐渐消磨殆尽。时至今日，当见到"毕业"二字之时，我竟有些愕然。

　　四年四度军都春，不知不觉到此身。

　　当站在这本科终点之时，虽有跨越人生另一阶段的成就感，但扪心自问，四年来算不上浑浑噩噩，却也只是按部就班。自觉天资驽钝，幸而高考发挥尚可，来到了这所名已久扬的法学学府；离开海滨小城到达这祖国心脏，惊觉身边高人如云，敬佩之余，忝为同窗。如今在此回忆，诸多场景历历在目，齐刷刷跃入眼前。

　　谈至学习，称不上刻苦，更不敢言悬梁刺股，但以一个学子的身份步步追寻着法治的意义，不断努力让自己的生活经历多几分法治的实践色彩。同时，亦在这座象牙塔中寻觅着人文学科的种种特质，抓紧每一刻光阴聆听不同学术思想的交锋碰撞，尽所能地亲身摩挲这个古老文明的每一寸人文沃土，并催促自己将行思所感付诸笔端。就这样游走在各大法学院与人文、社会等学院之间，度过本科四年。

除此以外，法大给我留下最深刻印迹的，便是新闻通讯社的社团生活了。

原本社团招新之时，和新闻通讯社并无交集的我阴差阳错地成为社里的一员，后又得遇诸多老师等引路人，更兼部内师兄的帮助提携，凡鸟有幸，得栖佳木，驽马之躯，能与麒麟相并驰。由是觅得良所，象牙塔之中亦寻到充满兴趣和爱好之处。从大一到大四，从北京到浙江，从采访到约稿，和通讯社的伙伴们跑遍了学校的各个活动现场，采访的足迹从北京一直踏至宁波、绍兴、杭州。大一刚入部门之时，在师兄师姐的庇护之下过着舒适快乐的部员生活，当时自己尚玩耍于兴趣范围内的方寸土地之间。而自大二留任部长以来，肩上的担子陡然加重。从在师兄师姐的指导下打磨着通讯稿，到和其他小伙伴一起在宁波讨论着采访校友的具体细节，再到自己独立带领部员采访老师……不可否认，这过程中有过因选题不通过而带来的失落感，有过因对撰写的文章不满意而产生的焦躁感，然而一路走来，每看到自己的名字一次次留在了校报和《雏鸣》之上，便觉这一切的付出，都值得。

而自己在此之前曾经无数次想象要在毕业之时写下些什么，但当真正到了大四这一毕业的年级之时，却发现哪怕之前大段文章倚马可待，现在也常常沉浸在对旧日点滴的回忆中，笔下却难以流淌出太多的词句。

话有千句，终有一结。临别之际，望一起奋斗努力过的同仁们鹏程似锦，皆有自己丰富多彩的人生。

（选自 2020 年 6 月 23 日第 625 期总第 1031 期）

昌平小兽

尤梦羽

疫情猝不及防地将生活的节奏打乱，正常的步伐被绊倒，然后漫长地迟延，生活连带着情绪也一起变得拖沓。直至宅到有些麻木时，偶然翻到绿妖的《世界的尽头是北京》，才惊觉自己也快离开这个又爱又恨的城市。更喜欢这本书 2012 年初版的名字——《北京小兽》，但和作者所赋予的寓意不同，那种本应当是年轻人在初入北京时感受到的，追逐希望与欢乐的孤独长跑的体悟，我直到离开北京之际才得以迟钝地感知。

编辑部的故事

因为疫情在家里宅了太久，日日穿着夏装浸在南方的绿意里，记忆里校园的模样都模糊了几分。再想想以前被催着写稿、改稿的日子，更是恍如隔世。

和校报编辑部的朋友们在刚进入大学时就相遇，因为太过投缘，导致社交圈一早就被锁定，有种本科的所有饭局都被同一群人承包的错觉。北京难得有好天气，不是热得窒息，就是干燥到怀疑人生，一年中最舒服的那几天，仿佛都和编辑部的人在一起。好天气里，无论是进城看展看话剧，还是考前复习，我都会拉上他们。一直记得一个招新结束的傍晚，北京的夏末虽然闷热依旧，但入夜了也会有秋凉的痕迹。和编辑部的小伙伴慢悠悠地从法大向万科走着，晚风吹得好不惬意。

但日子并不是天天晴朗，总有糟糕的时候。大三有段时间突然觉得自己一无是处，曾一度自我否定到钻牛角尖的程度，所幸编辑部的人儿一直陪伴，不断提醒我好或不好不只有一个标准，我才得以从那段阴霾里走出。

写过的稿子，采访过的人都无甚印象了，倒是每次例会上的作威作福，招新结束后的小庄撸串，在 5055 的沙发上改稿睡午觉，在主楼对着校报校稿捉虫，我对这些细碎的时光记得牢固，并永远为这个相遇而感到幸运。

一些"咸鱼"但珍贵的日子

相比大多数苦苦熬生活的"北漂"，北京的日子对象牙塔里的学生实在是温柔。尤其是不找实习、不通勤，在昌平吃好喝好的我，更觉得现世安稳。

一直对北京的地铁没有好感，虽然它比地面交通更高效精准，但车厢里挤着太多人，也挤着很多不太友善的故事。被地铁的人潮裹挟，这和北京本身给人的窒息如出一辙，所以觉得公车窗外的霾也比地铁里的冷光强。但每每乘地铁，却觉得那股窒息感更像是在体验生活，毕竟返校时一路坐到昌平站，人潮退去，窒息感也消失，我又能回到小窝过没有负担的生活。

但大四这半年，身边的人和自己都在忙着找工作、保研、法考、考研、出国，昌平这个保护罩突然被撕开一道口子。太多新鲜的，却也充满攻击性的、令人焦虑的事物涌进来，击碎了我的现世安稳。在仓皇的追赶中，我玫瑰色的眼镜被遗落，得以看到生活的真相。

最后一学年的惊惶，让我清楚意识到自己前三年的毫无作为。就像那句"成年人的字典里没有'容易'二字"的戏谑，生活只会越来越难吧，我想。但也因此，曾经三年的"咸鱼"生活摆脱了无意义的罪名，在现实的"淫威"下变得奢侈。

从昌平站开往远方的单行线上，我还有多少机会当"咸鱼"呢。

年年岁岁军都常青

每年毕业季都会和师弟师妹的期末考撞上，所以总会有一群期末秃头的小朋友，自习之后和法渊阁台阶上着学士服纵情歌唱的师兄师姐相遇。做了三年期末"柠檬精"，每到这时我都觉得毫无身为大学生的实感，歌里唱的"离别是青春里最浪漫的枪眼"只是别人的故事。但随着毕业论文定稿、考研成绩公布、好友拿到留学 offer，毕业的感受愈加真切，无需学士服和散伙饭，那种人生即将告一段落的感伤就足够浓烈了。

从萌新变成"腊肉"，微信列表里的师弟师妹逐渐变多，看着他们在朋友圈里晒出与我当年相似的校园生活碎片，诉说着相似的喜悦或烦恼，总会有种轮回之感。中学的我并不喜欢老师这个职业，甚至有些反感教学楼，觉得它就像个吞吐无数人青春的怪物，无趣又可悲。但四年过去，才觉得自己当年的归责逻辑大有问题，时间推移、青春散场本就不是谁的过错，只是我一味地把这遗憾的"锅"推给了校园。

所以每年夏末总会有一群人带着五湖四海的气息涌入法大，军都山下永远不缺新人，法大校园里再老掉牙的故事对新人总是崭新的。尽管逸夫楼的墙皮掉了又补，食堂澡堂一把年纪还要刷上新颜色，但身边总有人正年轻，"老黄瓜刷绿漆"的笑话也永不过时。

故事的最后，我也成了法渊阁台阶上唱歌的老师姐，看着从端升楼里走出的师弟师妹们，重复着去年老师姐的同款忧伤。

栖居在昌平的日子不尽然是完美的，总会感到挫败，心性一年年被磨平。但也逐渐解锁了法科生视角，曾经不谙世事的小女孩终于拥有了自己的武器，敢偶尔对世界喊一句"我不相信"。

法大很小，但也因此熟悉这里的每棵银杏、每个自动贩卖机的位置，熟悉每位老师的给分与授课风格、每个食堂窗口的菜色，从而更有归属感。大学的更多时候，我如同安静生活在这京北一隅的小动物，无忧无虑的，却忘记自己到底是只迁徙动物。

昌平小兽要搬到下一座森林啦，前路珍重，在此别过。

再见法大

梁兴博

意识到要和法大说再见了，好像是一瞬间的事，总觉得自己是与法大有紧密联系的孩子，却没意识到别离的日子一天天临近，即使不愿意，还是应该好好道个别。

法大之于我，是安稳的栖息之所，是将我带入浩瀚知识的师长，是用挫折和失败重塑我精神的严父，是在我前行时给我披上铠甲的生母，是我度过人生中最美好四年时光的地方。

回想刚来大学时，大家常常以高中时的母校为标签聚在一起，慢慢也会发现不同高中的学子常常有不同的风格、气质、习惯甚至习气，高中时学校对人的影响已如此明显，可想而知，大学对人的塑造和打上的烙印一定更为坚实，这种烙印在不知不觉中渗入了每一个法大学子的肌体，深入骨髓。我很庆幸来到法大，她在潜移默化中给了我一生受用的精神给养。

法大是法科强校，人文气息浓郁，所谓"凡有所学，皆成性格"，自然而然地校内辩论的风气盛行，大家对时事热点也保持着高度的敏感和参与的热情，对于校园生活自然有很多关切和意见，对于真相和真理以及正义的讨论时常锱铢必较，然而在这四年过程中，我常常对这种法大势必为我打上的烙印保持怀疑和警惕，常常提醒自己不要在相对单一的环境下变得狭隘或是偏激，以为自己是在试图摆脱法大对我的影响，殊不知，这种怀疑何尝不是法大烙印中弥足珍贵的一种。记得《沉默的大多数》中举过一个例子，说的是萧伯纳的剧本《巴巴拉少校》中的一个场景，工业巨头安德谢夫老爷子见到了多年不见的儿子斯泰芬，问他对做什么有兴趣。这个年轻人在科学、文艺、法律等一切方面一无所长，但他说自己有一项长处：会明辨是非。老爷子把自己的儿子暴损了一通，说这件事难倒了一切科学家、政治家、哲学家，怎么你什么都不会，就会一个明辨是非？王小波说他看到这段文章时只有二十来岁，登时痛下决心，说这辈子我干什么都可以，就是不能做一个一无所能，就会明辨是非的人。我在最初读到这一段的时候也感慨良多，感谢法大教会我时刻保持怀疑态度，保持独立、审慎、理性的思考。我想这是法大带给每一个法大学子最珍贵的精神食粮。

在这四年时光里，我很庆幸自己保持着阅读和写日记的习惯，无论何时都有自己用来面对自己的安静的地方。阅读是有趣的，它既让人感到有所长进，又使人觉得自己毫无才华，而日记是面对自己最直接的方式，现在看来自己写日记的时候，还是做到了比较坦荡，也常常惊讶于在面对自己的时候，竟然表现出不同于平日的励志或是荒唐。我的日记里大多记录平日的情绪或是一些检视自我的心得，回头翻看这些日记，就像模糊地重新感知了这四年的时光，重新咀嚼了其中的焦虑、希望、快乐、坚定和迷茫。大一刚来大学，在懵懵懂懂中，沿着冥冥中注定的方向对大学进行探索，如盲人摸象，小心翼翼却乐此不疲。大二的时候已经发展出了自己的枝芽，在大概是最美好的大学时光里，和身边的人一起忙碌、快乐，好像从没感觉到疲惫，但隐隐开始思考未来，对于突然出现的大量未知感到有些彷徨。大三对我来说是最有分量的，这一年我的生活充斥了最多的尝试、焦虑、失败和遗憾，却也给了我最多的成长，使我常常觉得，大三那个暑假过完，其实我已经毕业了，当我意识到我不用再选课不需要再进入课堂的时候，我想我已经走出了围城，只能在围城之外观望了。大四的时光确实要清闲一些，给了我更多的时间去体悟和回想过去的点滴，有的时候心里突然感觉增添了许多岁月。想到这四年，我想到日复一日的梦想。

总体来讲，当我细细回想这四年时光，我很感恩大学期间认识的同学师长都很友善地对待了我，使我有所依赖，使我感到温暖，使我坚定地走在路上。也感恩在大学期间经历的挫折和失败，我想在这四年中我所想要做成的事和有过的尝试，大概失败的远比成功的多，我很庆幸有这样的结果，让我仍然好奇，仍然饥饿，仍然渴望，仍然充满力量。

　　写到最后我想起了一个场景，我常常在晚上打电话询问室友什么时候回来，方便带点宵夜，我想这是对于法大诸多不舍情节中的一种，通过这些密密麻麻情节的串联，共同构成了对于法大难以割舍的羁绊。我会怀念刚到大学时陌生的感觉，会怀念刷夜之后再去吃早点，会怀念聊天通宵达旦，会怀念临近考试有人自挂有人潇洒，会怀念紧张备赛也忙里偷闲，会怀念尝试恋爱未果，会怀念辗转反侧的夜晚，会怀念意气风发的步伐，会怀念谈情怀谈理想不觉得害臊，会怀念我的青春岁月，也会怀念此间的少年。感叹此去经年，应是良辰美景虚设，便纵有千种风情，更与何人说。

　　虽然不舍，但是终于还是要说，再见了。

　　尚未佩妥剑，转眼便江湖，愿历尽千帆，归来仍少年。

（选自 2017 年 6 月 13 日第 520 期总第 926 期）

比四年四度更多一点

刘婧星

　　我是双学位的学生，既是第一届外国语学院翻译专业的文学生，也是法学院的法学生。当我修读第一个学士学位，还在低年级时，听到那一句流传颇广的"四年四度军都春，一生一世法大人"，感觉怪好笑的：上课、自习、备考、锻炼，昌平校区的学生生涯不外乎此，四年不过是长长的人生里短短的一瞬，我怎么就成了一世的法大人呢？

　　读完一个学士学位的那个 6 月，要送走一些同级的同学。我和大家一样，与同寝室里、社团里的朋友抓紧离别前的半个月安排聚会，郑重道别。我们在走了无数次的宪法大道上来来回回，在法渊阁前的台阶上浅吟低唱，在二食堂一楼的夜宵窗口，点上满满一盆的串儿边吃边回忆往事。

　　处在当时的节点往回看，才能发觉四年的法大岁月，既轻如鸿毛，也重如泰山。时间从来不为谁而停留，2015 年到 2019 年转瞬即逝，我们的经历与成长仿佛只在须臾。但时间在每个人身上都留下了独属于我们与法大之间的痕迹：不消说环形阶梯教室留下了我们早期贴条占座的勤奋，不消说文渊阁自习室留下了我们刷卡自习的紧张，便是梅园二号楼六层的楼梯，一宿舍的小姐妹上上下下边走边说笑都不知走了多少遍。

　　与她们作别的时候，我很舍不得。我也坚定地知道，她们是我在法大的知音，未来仍是朋友。去年冬季考研，便有几个在海外的朋友，克服了时区的不便陪我挨过紧张和焦虑，真正实现了海内存知己，天涯若比邻。

如今我快修满两个学士学位，没有这突如其来的疫情，我应该能见证整整五年玉兰花的开落。多出来的一年，给了我更多向外观、向内省的机会，让我更立体地看到法大作用于一个青年人的方方面面。

每所高校都给学子传授专业知识、种下求索大道的种子，法大给予我的，还多了一份沉甸甸的对法治的信仰和热爱。

这种极富学校气质的"赠与"，形成在法学专业课的点点滴滴，也升华于某些特定的场合。譬如，虽已过去三年，我仍能记得 2017 年 5 月 3 日习近平总书记考察法大那天的盛况，能从国家领导人对学校的关切中，读懂领袖人物对依法治国的重视。再如，有几个关系很好的小师弟小师妹被选中参加 70 周年国庆民主法治方针的群众游行，约饭时她们会感慨从盛夏 7 月到金秋 10 月训练的辛苦，言谈中依然是对亲身参与盛会的欣慰和自豪。身处在这样的环境里，对学校的建设和国家法治事业的发展自然生发出由衷的认同感、参与感与真切的祝福。

在双学位修完，行将本科毕业之时，回头想想五年的求学生涯，想想我的"五年五度军都春"，终也打心眼里认同自己"一生一世法大人"了。比四年四度更多一点的相知，让我对法大和法大人有了更深的领悟。愿我的法大 68 周年生日快乐。我们法大人的法大，永远是回顾青春最温暖和最温柔的精神家园。

（选自 2020 年 5 月 12 日第 619 期总第 1025 期）

又见她万千风华

杨燕萍

今年是毕业十一周年，我偶然想起拿出久已尘封的相册，集中而来的那些美好，那些精彩，那些点滴像一部长篇的回忆录，让我不知道该从哪一页翻起。作为在军都山下那不足三百亩校园里成长的普通一员，我断然代表不了什么，但我想且作为这平凡的一员，再温习一下她的美。

与法大的结缘，得从当年高考填报志愿说起。当时，父亲坚持让我读医，说来好笑，父亲拗不过我，就带我去当地有名的庙里抽签，连抽三签，父亲没办法，最后妥协于我，然后对我说："读法律，以后就靠你自己了。"收到法大录取通知书那一刻，我翻来覆去看了很久，心想这是自己从小到大做过的最勇敢而正确的决定。那年夏天，从未出过远门的我，启程了。父母和我坐了三十几个小时的火车到了向往的北京，又辗转七八个小时才到了学校。记得当时母亲一路念念叨叨略有埋怨，说会不会坐错车，还是录取被骗了。最终到达门口看到"中国政法大学"赫然几个大字，才真正放下心来。

来自农村的我，其实在很小的时候，就见过太多乡村邻里的纠纷，匡扶正义的种子早已悄悄埋在心里。进入法大，班上同学都是来自五湖四海的学校尖子生，而农村高中填鸭式的教学一下子暴露了我的缺陷，英语口语是最大的短板。自那时起，法渊阁、C段环阶就是我的常去之处。而法学课程的学习，现在回想起来也是不可思议。从法理学开始的每一门课程，我几乎都听至少两个老师的课，蹭课蹭成了习惯。当时写得密密麻麻的课堂笔记，至今还保存在家里，时而翻阅，还能找到当时自己孜孜不倦的影子。当时很多同学问我重复听两遍课程会不会浪费时间，我认为法大的老师们讲课风格迥异，引经据典不一，虽已过去多年，但仍记得听过课的每位老师的名字，记得朱庆育老师的"任督二脉"和"猪肉炖粉条"，记得田宏杰老师讲述如何按逻辑推理顺序记下全部刑法条文，记得舒国滢老师上法理课点名提问我时我的忐忑，记得时建中老师那恢弘大气的商法课堂，记得洪道德老师分析得鞭辟入里的刑事诉讼理论。我们一圈圈同学众星拱月般围着老师，虽然很闷热，经常饥肠辘辘，但是大家毫无倦意。若说老师们挥汗如雨或经常错过班车，是源于那"得天下英才而教之"的无限荣光，而我们的勤奋和坚韧，应该就是法大人对法律坚守的那最初的萌动。

法大的大师在京城是出了名的，也正是"所谓大学者，非谓有大楼之谓也，有大师之谓也"。在这样得天独厚的学习环境中，我的大学四年大部分时间除了泡在书里，就是追名师讲座、追名师课堂。为了与大师近距离接触，大家可是使尽浑身解数，最主要的手段当然就是占座了。那几年法大的占座真是一道亮丽的风景线，占座是每个人一天的大事。记得有一年冬天下大雪，凌晨五点半起来，我穿着睡衣裹上羽绒服拿起一摞书跑到宿舍门口，楼管阿姨门前已黑压压一片，到点门一开，"哗"，大家像百米冲刺奔向图书馆，我不慎摔倒在地上，来不及感觉疼痛就爬起来再追向占座大军，目睹图书馆门框被挤坏的奇观，悻悻占座后听着图书馆大爷生气的数落，才发现自己膝盖已经淤青。简陋的教学环境和求知若渴的法大学子形成强烈的对比，可这样的法大，值得我们每个人回忆她、怀念她、赞美她。

求学的日子，有很多难以忘怀的记忆。来自南方的我，对北方的生活有很多的不习惯，不习惯澡堂、不习惯冬天静电、不习惯清汤寡水。可如今在四季如春的地方待惯了，会想起法大的春天，校园里飘满柳絮，三四月花开时节，各个社团、班级气氛活跃，昌平大军也利用周末进城赏花游玩，好不热闹。到了夏天，十三陵的樱桃下市，军都山下的水果摊也开始可爱起来，怕胖的女同学拎根黄瓜、西红柿就上自习去了，回到宿舍，四五个人拿着小勺围着半个西瓜一人一口，夏日的凉爽伴着欢声笑语，透到心底。而我，习惯早早跑一圈操场，打上一壶水，夹着书本来到教学楼后面的小石凳晨读，顺便看身旁闪着露珠的草儿泛出好看的颜色。当层层的黄叶铺满宪法大道，落在图书馆的窗台上，秋天算是到了。此时的银杏、枫叶美得不可方物，踩着落叶，听着自在的音乐，算是过足了秋天。入冬后，来自南方的学生，就盼着来一场皑皑大雪，然后毫不犹豫地用双手接住雪花，再把发热的脸颊，埋进柔软的积雪里，好好致敬这北方的仪式。那四年生活里随处遍布的微小圆满，可以遇到，可以怀抱，可以安住。

在法大，另一件让我感到幸运的事，是入学时被随机分到法学院。这是一支不可战胜的力量，这个大集体强大的凝聚力和向心力，在我加入学生会之后感受更多。那时学生会的森林工作室，云集书法大咖、神笔马良、设计精英、动漫专家、摄影能手，笔墨纸砚在大家面前就像一顿顿十全十美的大餐，饕餮难忍。大家每天一有时间就往行政楼的地下室跑，窝在地下室内埋头画啊写啊，那时革命战斗出来的友谊，至今还能想象出那种豪迈。那时候的我们，热烈，天真，意气。

豪情未尽人不歇，勇立潮头踏歌行。当一切落幕，还有一种精神的珍宝在熠熠闪光。离开母校多年，我从来没有忘记心中的法律梦，没有忘记校园东北角松柏林中那块"法治天下"的石碑。在工作之余我努力倡导公益普法，创设微信公众号致力于零基础普法，我努力保持清醒，坚守着法律最初的模样。

末了，想起王泽鉴老先生说过，"愿每一位法律人都能有清洁的心，正直的灵，走义人的路，为法律而奋斗"，借以怀念大家一起的岁月，怀念我们深爱的法大。

（选自 2020 年 12 月 22 日第 643 期总第 1049 期）

在法大唱响青春之歌

钟舜桐

我的大学，四时皆美。

春光消融军都山上的飘雪，春风吹开法大校内的玉兰，春天是法大人又一年求学之旅的开始，一切充满希望，连宪法大道上的拓荒牛都在感叹春意绵长。

夏日里蝉鸣聒噪声最盛，但有枝繁叶茂，一派明景；松柏竹杨，清凉绿荫。毕业之季常有筵席散场，一顶顶学士帽在大门处不断张望，似乎想要深深地、牢牢地将这一切记住，不忘来时的方向。

秋时法大，最美。陈绿向参差，初红小重叠。满庭阶不扫，绕树三两叶。在硕果累累的秋天，寒窗苦读的少年在法大门前留下一张张承载希冀的合影，而法大，则收获了一批朝气蓬勃、优秀卓越的法大人。

凛冽严冬，静谧安宁，若逢飘雪，则多些惊叹与欢喜。法大的冬日味道，是咖啡香，趁着午后暖阳，捧起书本细细咀嚼；是书墨香气，端坐于桌前，将迸发灵感与学习感悟一并写下，记录一段奋斗时光。

梅二楼下，日日精彩。

天际刚泛鱼肚白，南方风味食堂哈出一团白雾。背着书包的身影从宿舍楼里鱼贯而出，捧着甜豆浆或热包子奔向教室，开启忙碌的一天。

朝阳刺破云层，田径场铺满霞光，跑道上逐渐变得人来人往，足球队员已经开始挥洒汗水，看台上是戏曲社的同学们在开嗓；一旁的小广场，有琅琅书声唤醒还未完全灵活的思想。仿佛一切都在说：早安，法大人！

晌午时分，热闹如集市。"风里雨里，梅二楼下等你。"无论是法学大家的讲座，抑或是群英荟萃的法律座谈；无论是精彩绝伦的话剧表演，还是激动人心的红色电影点映，最强法大"黄牛"聚集地，想看的想听的想学的，这里都有！一条条长长的排票队伍背后，是无数活动策划者的辛酸笑泪，是无数思维灵感碰撞的乌托邦，是无数求知若渴的莘莘学子，是无数法大人最难忘的回忆。

星光不负赶路人，抓住最后一点学习时间的法大人踏着整点回到了宿舍。求学路虽苦，然而苦尽甘来的那一天，山河星月都当作贺礼。将一日的辛劳与疲累都卸下，让轻松的身体回到温暖的港湾，养精蓄锐后又将迎来充满希望的一天。

法渊阁中，好学成风。

辰时初始，熹微晨光照着墙上那枚大大的"法"字，匆匆的学子身影掠过，脚步却是轻轻的。光影之间，四周静谧，唯有指尖翻过书页，簌簌作响，似清风过林；唯有笔尖划过纸张，沙沙之声，如春蚕啃叶。

未时来临，温润之日，宜读书，宜沉思。暂可放下冗杂事务，暂可忘却平日烦恼，将心绪付与淡淡墨香，让思想与学者大师的智慧相互碰撞。

偌大礼堂，可展榜样。

七月末尾，离歌唱罢，四年学成的法大人于台上细数峥嵘岁月，追忆似水年华，将泪与笑、挫折与成果都一一分享。

九月之初，新生入场，满怀好奇的他们认真聆听着台上师长的谆谆教诲、师兄师姐的殷殷寄语，心中立下往后所要不懈追求的方向。

十二月中，江奖揭晓，法大榜样亦出。群英荟萃，佼佼者众。拨开人前台上的满身荣光，在每一个耕耘不息的昼夜里，都亮着他们勤勉的灯火。

我的大学，处处漂亮，时时可爱。长日徐徐，却只盼求学时间走得更缓；四季漫漫，却只愿往后余生都在此往返。法大之光，烁烁闪闪；法大生涯，千金不换。

三尺讲台载道，其谓"大学"

潘奕桥

起先我不懂大学的意义，正如我不懂他为何总用一种饱含期待的眼神凝视台下的我们，理所当然地认为我们熟读过无数枯燥的文献与资料、能讲得一口标准英文与他在学术问题上对答如流。

昔日高中一个个月明星稀的夜，没人告诉奋笔疾书的我关乎未来与大学的所有细节，所谓的"到了大学就轻松"的论调成为枯燥高中生活的唯一慰藉。三年，眼前的雾散了，那些遗落在焦灼记忆边角的理想学校宛若染缸里的色块，最终拼成了如今的模样。

小而精致的校园，自我分配的时间，看似清闲的课业与球场照明灯的白光疏影，竟是我对大学的全部印象——只是这印象太模糊，仅在午夜梦回仔细思索才可窥见个大致轮廓。

大学，到底意味着什么呢？

无休止地机械制造学术垃圾，又或许是童话般的校园恋爱？我茫然走到一个岔路口，寻乎分辨未来的路要通向何方，却在卷土重来的迷雾里捕捉到他指尖跳跃不灭的一点微红火光。"我希望你们反驳我，而不是赞同我。"他向来愿意趴在讲台上，敛眸时眼尾的皱纹染着愉悦的笑意，他会指着多媒体的幕布，轻松地开口："真正的学术，从不是无懈可击的。"

那些作业很难，哪怕是不占分数的随堂检测都苛刻得离谱，我总在他的课上将自己微乎其微的自傲拧碎，又在自责中重新拾掇碎片挣扎着拼凑出自尊。但他又会在布置无数难题后踩着下课铃，扬着声音兴高采烈地对你微笑。

"Good night！"这是他说过最多的结语。

这话语是那样充满祝愿和亲切，让怨怼和烦躁不复存在。

习惯于接受他人思想、固化认知的孩子走到一片汪洋中央，突然出现一个人，他慈祥、学识渊博、对人苛刻又宽容，他对孩子说："你可以不与我想的一样。"从此日月可以同现，江水可能倒流，疯狂的想法不再疯狂，奢侈的梦想也不夸张，只要你认定它走在善良与正义的轨道上，就没人能阻止它奔驰向远方。

我总愿将他想成矗立在教学楼前的一座饱含热忱的雕像，望着短暂来往、步履匆匆的学生出神。他会抛出一个又一个难题，在那些凝固的思维上搅出一层涟漪，让波澜经久不停。斑驳的梧桐树影会在阳光明媚的日子里投于其上，遮住深邃的双眼与饱含沟壑的面颊。无论你立足在何处，都能看清那闪烁着明睿和期切的魂灵。

你无需学会太多深奥的东西，你只要勇敢地多发现一些独特的根须，谦虚地找寻将它连根拔起的路径，然后耐心地、无所畏惧地昂首向前。

我仍不懂大学的意义，只是愿意在新雪落下的冬季、在星疏的暗空旷野里弯腰，捡下一颗他赐予的星星。

冠以羽毛球之名

闵露妍

风时而踱步，时而狂奔，我抬头望向它的时候，漫天赤黄相接的树叶星星点点地闪烁摇曳着，我一直有着乘风遨游的梦，却意外找寻到可以替代我遨游的球。缘起于对法学的兴趣，三年前便开始与法大异地的爱恋，因为有了羽毛球场这方寸碧土的陪伴，这爱恋也变得丰满、坚韧与美好。

我的大学，永远都无法抹去球场上洒下的汗水、流下的眼泪与迸发的笑声。

今天没有早八课，但为了预订场子我也要艰难地早起，裹上肥大的羽绒服后睡眼蒙眬地踏进启运体育馆，在刷卡机上按下一卡通，把小条子对折以后满足地放进兜里，这将是一整天学习工作的元气来源：

有一场球在等着我。

球队的革命情谊是一种质地纯粹、不掺杂质的情感，相聚是因为爱好，我们可以在时空上相离，但因同好产生的凝聚力足够在任何时刻任何地点让无数个原子再次汇合，这就是"形散神聚"吧。过去称作"同好会"的兴趣社团，运行完全依靠学生自主组织，队长、经理和副队长的职务工作在某种程度上算是公益行为，或是为报答球队老一辈人的付出，或是为了传承球队的魂魄与精神，抑或是单纯地想为可爱的队友们做些什么，留下点什么，让球队变得更好。于我而言，球队就是一方净土，可以稳稳地将身心安放在此处歇息。

除去平时的队内训练、私下约球和球后约饭，最让人念念不忘的便是一年一度的院际联赛。院赛好似一纸紧急召集令，四面八方的商羽人闻讯之后都会放下手中的忙碌匆匆赶来，且不说早已退居二线的大五双学位师兄、大四考研师姐抽空练球，单是大三的中坚力量带领着大一和大二的后浪周末加练，反复推敲排兵布阵——如此这番景象，就足够让人震撼。为了球队荣誉，怀着对羽毛球的尊重，出于突破自我极限的拼搏精神，所有人一同努力，奋战不休。当我们在今年院赛中重夺冠军的那一刻，球队的大师兄，一个堂堂的男子汉也没能忍得住，在场边默默抹起了眼泪。这是他为商羽出战的最后一年。

运动或许永远不会是我们大学生活的主旋律，也不会是大学生激烈内卷的竞技场，然而有机会让我的大学冠以羽毛球之名，幸甚至哉。愿乘风而去，让羽毛球再飞一会儿！

法大故事

在捕捉，在记录，在讲述

平凡的日子里

翩翩起舞

不辜负在校园里的每一刻

激情和情怀

——在"345"诗社三十周年纪念会上的致辞

柠檬

从"345"诗社成立之初，我的脑海里就经常浮现今天的这个画面，即"345"诗社发展为一个百年社团，乃至成为跟随法大的一段不可分的历史。私下我跟王川、王德福他们几个也说过。没想到今天这个场面，大家济济一堂，为"345"诗社成立三十周年庆祝，居然不是梦境！

一个学校非官方学生自治的社团，居然存在了三十年之久，现在还在不断壮大，而且今后还要继续下去！可能这也算是中国大学史上乃至世界大学史上最难得的事件了吧？我没考察过，但真的是很激动很幸运！

弹指一挥间，三十年过去了，人生有几个三十年？有幸的是，"345"诗社诞生在三十年前，一个伟大的时代，我们的祖国刚刚改革开放不久，我认为这个时代是中国历史上最具文化自信的时代之一。请允许我总结一下，人们热爱诗歌的年代，其实就是中国历史上最具文化自信的时代！

我心目中中国历史上最伟大的时期有三个：

一是春秋战国时期，这个时期，诸子百家，百花齐放，百家争鸣！这个时期诞生了《诗经》等伟大的诗歌作品，也出现了一大批思想家和文学家，如孔子、屈原、老子、墨子等，他们的思想和文学，一直影响到今天甚至传播到全世界。

二是清末民初，这个时期也诞生了一大批大师，如陈寅恪、王国维、胡适、闻一多、鲁迅等。这个时期大师群星璀璨，于中国也是多灾多难，但是文化不亡，国家不亡。大家有看过《无问西东》这部电影吗？里面就有很好的写照！

三是哪一个时期？就是我们"345"诗社诞生的时期！为什么这么说？那个时期，也就是二十世纪八十年代，刚刚改革开放不久，各种禁锢的思想得到解放，中国人民在经历种种浩劫后，刚回到正常的状态，人们如饥似渴地吸收各种古今中外的文化。文化大复兴，像久闭的屋子，突然门窗打开，一股清新的气息扑面而来，禁闭的心灵也在不断释放，诗以咏志，人们用诗歌抒发自己的情感，人们爱诗，写诗。那个时候不用钱，可以用诗歌来追求女朋友，一首好诗足以让心爱的女孩倾心！我在学校听到过一个真实的故事：一个男生为了追求一个心仪的女生，到学期结束女生要坐公共汽车回老家，男生在送女生上车的时候，也跟着上了车，当着全车乘客的面，向女生大声朗读为她写的诗……那是一个多么激情燃烧的时代！

转眼间三十年过去了！同学们、社友们、老师们，是你们，凭着那份执着，把诗社呵护到了今天，你们是法大精神的传承者和法大历史的创造者，你们是"不忘初心"的时代精神的践行者！感谢你们！

今后我们还有很多的三十年，我们还有漫长的路要走。今天我惊喜地发现，"345"诗社有了更多的新鲜血液，有了更多的同行者！

从今以后，我们又将进入一个新的激动人心的时代，今后的三十年，随着互联网和人工智能的发展，地球变成了一个村庄，智慧变成了大数据……每过三五年，我们的生活就有崭新的变化，以后将是一个多么伟大的时代！人类几千年的思想、道德、法律和伦理将发生天翻地覆的变化。人类原有的知识将彻底改变，其意义可能比中世纪从"地心说"到"日心说"的发展更为震撼！在今后的三十年，一定会出现比原来的思想家更伟大的思想家，来为今后几千年的人类构建新的思想体系，为今后人们的行为规范重新立法！而诗歌，也将因情感抒发变得更为重要，诗歌本身也将成为未来思想文化的重要组成部分！

所以，我们把"激情"视为"不忘初心"，而"情怀"则是一种历练过后形成的面向未来的大格局，是一种"赤子之心"。跟今天在座的各位一起，我们举行"345"诗社成立三十周年的活动，就是为了把激情和人文关怀结合起来，一起创造更伟大的未来！

（选自 2018 年 10 月 9 日第 560 期总第 966 期）

从"信法"说开去

张欣怡

  当我读到校报第 563 期第二版《普法教育进课堂》的文章后，我蓦地回想起了自己前些天在校园门口看见的一幕：一位情绪激动的老人比着手势向几位学生讲述自己的遭遇。学生们无比专注地听着，老人一摊手，竟然席地而坐。学生们不停地安抚他的情绪，并帮他分析整理出事情的条理，讲解相关法律规定，提出解决方案；老人听着，不时询问。学生和老人各自倾心竭力，这就是法大校门口最平常的一幕。法律援助是法大人深入血脉的习惯，是法大人代代相传的责任。法援与普法，形式不同，追求无异，都是法治教育在法大中的缩影。

  前几天我在上课的时候，老师提起中国的信访现象，他讲到个别人仍旧"信上不信下，信访不信法"的时候流露出无奈而急迫的情绪。依法治国是"有法可依、有法必依、执法必严、违法必究"，而对于普通民众来说，在建设法治中国中重要的一环就是建立起凡事寻求法律帮助的习惯和信任。这种习惯和信任不能完全依靠自发，而应从外部引导和内部需求双向来激发，也需要基层法律人员扎根群众，因地制宜。

  我校提供法律援助的同学耐心接待寻求帮助的当事人，为他们提供法律建议，只为了让从没进过法院、惧怕打官司的老百姓熟悉法院立案、审判、执行的详细工作流程；为了让不识字的老奶奶能够通过正常的法律程序伸张正义，同学们从识字开始教起，一字一句地向她讲解法律文书的阅读方法；为了让买到劣质产品和商家大吵一架的消费者能够用法律维护自己的合法权益，一幕幕情景再现的普法短剧从法大校园送进了社区；为了让尚在读中小学的学生能学习法律知识，体会法律威严，《中国政法大学研究生支教团法律知识进校园宣讲实录》正在积极筹划编撰当中……无论是开展在东交民巷小学的模拟法庭，还是向山村小学作的关于伤害预防的普及讲解，抑或是日常的法律援助活动，没有自身过硬的专业素养，没有长期坚持的耐心和热忱，没有靠自身的光热为人们指引法律大道的决心，法大人都是无法做到的。正如支教团成员之一，民商经济法学院环境与资源保护法专业 2017 级研究生张亚峰谈到自己在"普法教育进课堂"活动后的感想时说的："法治教育作为一项长期工程，需要我们持之以恒，我们作为个体，力量绵薄却不卑微，平凡却很真实，尽力贡献自己的力量，不断成长，是一件值得努力的事情。"作为法大人，我们当共勉。

（选自 2018 年 10 月 23 日第 562 期总第 968 期）

谢谢你，成全我的侠客梦

房绍帆

端升 407 的白炽灯冰凉而晃眼，我看见师兄冲着等待结果的师姐摇了摇头，就知道我人生中第一次参加的辩论赛要以一种七零八落的失败收场。

张爱玲的成名处女作中写她有一个天才梦，她说鲜衣怒马的少年应趁早扬名立万。可是我没有"金手指"，也不愿站在云边过尽千帆求仁得仁。在那些绮幻的梦里，我立志成为一名侠客，拥有一柄青霜剑，一杯屠苏酒，仗剑红尘，素手出锋芒，赏垂柳，乘扁舟，笑看人生，一世风流。但十八年循规蹈矩，杨过都已经找到姑姑了，可我还在乏善可陈的人生里辗转反侧。所以，当拿到刑天辩论表演赛的邀请卡，当我忍不住为台上的唇枪舌剑拍手叫好，当我发现辩论的双方像在高手过招，进退间发现对方逻辑漏洞，然后一击即破，我确信这是十八年来我一直等待的机会。

我坐在正方四辩的辩席上艰难地扭着身子听评委分析我们哪里哪里没有论证清楚，哪里哪里数据不详，最后还是用力把嗓子里的涩感咽下。他们知道但也不知道，四个女生夜夜借着幽微的光搜罗资料，赛场上一分一秒的快慢都让我们心惊肉跳，质询时强撑气场手里却是一片冰凉。我们就像黄毛丫头初出茅庐，纵然闻鸡起舞，还是在高手面前将乳臭未干的本质暴露得一干二净。那晚，我学会了接纳失败也是必备的武学技能。就像最后师姐说："刑天从不怕失败，刑天怕的是越来越少的人愿意和我们一起失败。"

在最初熬夜出稿的那些夜晚，我看着手机上闪烁的凌晨的时刻，一直在想辩论到底能带给我什么？中二少女的热血可以支撑我走向最后吗？

但我知道因为这 25 天的经历，我开始思索延长义务教育的利和弊，我开始考虑自主招生对于农村学生是否公平，我开始为立法规范能否更好地遏制校园暴力迷茫。原来生活真的不只眼前的苟且，无尽的远方、无数的人们真的会因为你或我未来某一个决定与我们产生了关联。剑客空有一身本领，高翔远引，不过寥寥余生。"事了拂衣去，深藏身与名"，坚守襄阳城的杨过身有巨侠之姿，心有天下苍生，我们也应如此。

有时，我们也会因为沉迷于唇枪舌剑而疲于深入思索。但我始终相信，能看到的距离才有可能是奔跑的长度，静水流深的道理我们其实都懂。

我是一个侠客，但我并非踽踽独行。我知道，当我难以应付自由辩时总会有人冲上去救场，应质询时会有人为我紧张，夜里床头灯亮起的不止一台，满天星光还洒在另一张床上，这让我体会到风雨同舟、荣辱与共是人与人交织的美好。

谢谢你，辩论。不管此去前路通向何方，我不后悔与你共赴黄粱梦一场。

（选自 2018 年 10 月 23 日第 562 期总第 968 期）

在新闻通讯社享受青春

王昕颜

犹记一个半月前，我们告别了高考后的自由而轻松的暑假，背负沉重的行囊，怀着忐忑不安的心情迈进了中国政法大学的校门。我十分感激当时在车站和展台的师兄师姐温柔亲切的问候，体贴周到的帮助，安抚了我初至军都紧张与焦虑的内心，让我身处这片陌生的校园，也能够感受到如家一般的温馨。当我按照报到单四处忙碌奔波时，一旁始终在用镜头记录这一切的师兄师姐令我感到好奇，甚至不禁为之驻足张望，他们后背黑色 T 恤上的"借你双眸读法大"的金色书法，仿佛自那时起就已经刻在了我的脑海中。

经过入学短暂的一周休整，我们不得不去迎接烈日曝晒、汗水洗礼。能够有幸成为军训通讯员，是我十八岁中最美丽的一场意外。白昼散褪，夜幕铺陈，在同学们都已洗漱完毕准备入眠的夜晚，我依然坐在床边苦苦思索今天又该写些什么。有时会感到身心俱疲，难以支撑，辛酸汗泪亦无处倾诉，但当我看到自己的文章被推上中国政法大学公众号的那一刹那，我瞬间感觉一切努力都值得了。幸福有很多种，但在我看来，这个世界上没有任何一种幸福比得过自己付出的辛劳汗水得到了认可，我的家人也看到了我的文章，在师兄师姐的帮助下，我用我能做到的最快的方式让他们看到了我的成长。我在那一刻忽然理解了为什么有那么多人热衷于从事媒体行业，每日每夜伴着苦涩的咖啡奔波在世界各地，只为给大家送来第一手消息或是完成一篇出彩的稿件。随着我的文章一篇篇在公众号上发表，我真正理解了他们深夜码字时辛苦与幸福交织的复杂心绪，也真诚地渴望成为他们之中的一员。我期待自己也能在一场场活动中发现崭新的事物，在一张张照片中记录生活中奇妙的情景，在一篇篇发表的文章中渐渐发现自己努力存在的价值。

随着军训结束，"百团大战"轰轰烈烈地开始，我毫不犹豫地冲向牛前"C位"，向师兄师姐领取了报名表，最终有幸地来到了这里，和一群善良可爱的师兄师姐们相遇，和一群认真有爱的同学们共事。我始终觉得，我是幸运的，我幸运地从一百万考生中挣扎出来走进了法大的校门，幸运地成为军训通讯员，幸运地邂逅了新闻通讯社记者部，又幸运地从师兄师姐的认可中得到了鼓励并决心加入新闻通讯社的大家庭，最终我幸运地来到了这里，遇到了可爱的大家。我感激生活和命运，它或许是阴差阳错的偶然，又或许是命中注定的必然，它让来自五湖四海、生于异时异地的我们在此刻相遇，让我们今后有机会共事一厅、共话一堂。

时光荏苒，我们已到了褪去青涩稚嫩，开始独当一面，为自己打造一片天地的年纪。这里，在新闻通讯社，有我们的十八岁；美丽的军都山下，有我们的青春；在玉兰花的醉人飘香中，有我们的芳华。我希望我们能够在接下来的一年或是几年的时间中，尽职尽责做好工作，遇事不懂要敢于询问，各类活动踊跃参与，平日积极与同学交流沟通，在师兄师姐的带领下熟悉社团工作，认真做好手中的每件事，拍好每张照片，写好每篇稿件，用镜头和文字记录校内外的精彩活动，从点滴做起，为社团的发展贡献自己的一份力量；将厚德、明法、格物、致公的训言常记脑海，将"借你双眸读法大"的使命铭刻心中！未来一年，我们在新闻通讯社，不求鞠躬尽瘁死而后已，但求兢兢业业无愧于心！

四年四度军都春，一生一世法大人，未来可期，我们会拼尽全力；新闻通讯社少年，无悔青春，逆风成长，向阳而生。愿我们都能心怀感激，认真工作，踏实肯干。社团的未来，还请各位拭目以待！

（选自2018年10月23日第562期总第968期）

光影变幻，不变的是记忆

马逸飞

18 岁那年的夏天，我踏上开往北京的列车。我还记得在列车上，对面的阿姨问我："小伙子，你也上北京去啊?"我说："是，去北京读书。""哦? 什么大学?"我记得那个早晨，阳光透过窗帘，稀稀落落地洒在我的脸上，我无比骄傲地说出那六个字："中国政法大学!"

那时的我，虽然还未跨进法大的校园，但自收到那精致的录取通知书的一刻起，每当我说出法大的名字，便有了一种难以言表的激动。在后来的日子里，我渐渐懂了，那种激动，是归属感;那种激动，是家的温暖。是的，在这段远离生活了 18 年的家乡的日子里，法大成为我的家。大学的时光中，法大给予我家的关怀，身边的老师、同学成为我的亲人。正值法大建校 67 周年之际，我们有幸能够通过摄影展的形式向大家展示这莘莘学子的家，是如何一点一点发展成它现在的模样。

法大建校之初，老师们的教学条件、学生们的生活条件远没有今天这么好，但是大家的意志是高昂的。简陋的校舍，小小的板凳，窗外的嘈杂，这些都丝毫没有阻挠法大师生的学术热情，大家苦中作乐，畅游在知识的海洋。这是什么精神，这是法大精神! 正是这代代相传的法大精神，支撑中国政法大学在风雨中走过 67 周年，成为"211 工程"重点建设大学、"'985 工程'优势学科创新平台"、国家"双一流"建设高校、中国法学界的最高学府。

在这场影展中，我们可以透过一位位法大人的镜头，感受法大校园中时代的变迁。在她生日到来之际，我们将映照在自己双眸中她的风采，化作一张张影像，作为礼物，献给亲爱的母校。同时，我们会更加努力，让摄影更多地走近法大师生的生活，向法大展现我们眼中的世界，更向世界展现我们眼中的法大！（本文为马逸飞在"借你双眸读法大·纪念北京政法学院恢复招生 40 周年"校庆摄影展开幕式的发言）

（选自 2019 年 6 月 4 日第 586 期总第 992 期）

因为热爱，我们终将不凡

杨超凡

回望在新闻通讯社的一年多时间里，有太多事值得我去回忆，去感慨。作为新闻通讯社的一分子，在这里我真正找到了大学中的归属感，同时也收获了成长，见证了她这一年以来的蓬勃发展。

在这个大家庭中，大家和睦相处，共同进步，工作上，在办公室电脑前向目标不断前进的每一秒都让我受益匪浅。当我和伙伴们一起努力的成果让学校和社会上的人们看到时，心中的成就感是不可比拟的，有机会在新闻通讯社这样一个优秀的舞台施展拳脚也使我心中充满感激。

作为一个宣传部门，我们在新闻通讯社工作的目的是拿出优秀的宣传作品，为法大发声，弘扬正能量，让同学们对学校有自豪感和归属感，让外界持续看到法大之美。我也常常和部门中的伙伴打趣，说我们做出的宣传作品就像自己的孩子，一幅照片，一张海报，一条视频，都凝聚着我们的心血，当他在众人面前展示时，就好像自己的孩子登台表演，心中的紧张和自豪感是不言而喻的。我想在座的各位大都应当与我有共同的感受，当自己的作品被认可、被赞扬时，我会觉得前期的付出都是值得的。新闻通讯社提供给我们这样一个大而丰富的舞台去展示自己，并且在我们生疏无知时，她引导和教授我们，在我们受到挫折甚至犯下错误时，她包容我们，在我们蓄势待发，自信满满时，她助力我们成功。

这样的新闻通讯社，又让我如何不爱？

犹记我去年刚入学时，在法大众多社团之间犹犹豫豫，难以抉择，师兄师姐们的建议五花八门，各不相同。后来随着日子慢慢过去，我发现，新闻通讯社有我对大学社团憧憬的一切模样，在我们为新闻通讯社更好的发展而努力，而奉献的时候，她也用她深厚的底蕴和丰富的机会回报着大家。

所以在这里，作为同事，我想对新闻通讯社其他的同学说，我们选择了新闻通讯社，也是新闻通讯社选择了我们，希望大家在以后的工作中能鼓足干劲，勇于担当，珍惜与新闻通讯社同呼吸、共命运的每一秒。

我也想对在座的 2019 级师弟师妹们说，我相信当你与新闻通讯社接触越深，那她带给你们的惊喜也会越大，昌平离家可能很远，希望这里能成为你大学生活中的第二个家，天气也变得越来越冷，希望你们能在这里找到家的温暖。

最后，我再次感谢老师同学们能给我这次机会让我表达心中的想法，而我也衷心地祝愿并且坚定地相信，新闻通讯社的明天将会更加灿烂而美好。法大之美，愿能与诸位共同见证。

（选自 2019 年 10 月 22 日第 597 期总第 1003 期）

明法计划：让法治之花绽放在黄土高原上

许峥嵘

习近平总书记在中央全面依法治国工作会议上指出："普法工作要在针对性和实效性上下功夫，特别是要加强青少年法治教育，不断提升全体公民法治意识和法治素养。"中国政法大学第22届研究生支教团山西分团牢记党和人民对全面依法治国的殷殷期待，牢记习近平总书记考察法大时对青年的谆谆教诲，牢记法大人"经国纬政，法泽天下"的使命，在山西省吕梁市石楼县支教期间，开展了"明法计划"系列普法活动。在基层法治实践中，支教队员既为石楼县法治建设贡献着法大力量，同时也厚植着人民情怀，坚定着法治信念，锤炼着实干本领。

普法进校园："我想考法学"

中小学校园是法大研支团开展"明法计划"普法行动的主要阵地。面向初中生，注重拓展知法范围，深化爱法认识，是研支团重要的工作内容之一。在"12.4"宪法日前后，支教队员举行了"宪在晋行时"系列宪法宣讲活动，开展了"宪法大讲堂"，组织初中青少年开展宪法宣誓活动，营造浓厚的学法尚法氛围；在"4.15"国家安全日，支教队员举行了国家安全法治宣传主题班会，通过生动的案例教学构筑青少年维护国家安全守法意识；在《民法典》颁布实施一周年之际，支教队员开展了《民法典》普法讲座、《民法典》小组研讨课，活动画面登上了央视新闻；利用学校举行家长会的机会，开展家长法治讲堂，向家长宣讲青少年成长教育法治知识。面向小学生，注重根植守法观念，培育学法兴趣。在世界艾滋病日到来前，支教队员通过"线下讲座+线上直播"的方式开展多场禁毒防艾法治宣传讲座，覆盖青少年近2000人；开展多场反校园欺凌普法讲座，用身边事根植法治观念。

"最重要的是把法律知识与背后的道理讲清楚，讲透彻，不能照本宣科，现在的孩子们可不好糊弄"，支教队员孙懿辰在开展完普法活动后感慨道，"此外，仪式感和氛围的营造能收获很好的效果。授课的内容能长久记忆下来的可能不多，但隆重的宣誓等仪式、常态化地讲法律，往往能够根植下一些观念，哪怕就是几个词"。

支教队员的普法耕耘是有收获的。"我想考法学。"在一次讲座开展完后，一位8年级学生向支教队员发来了这样的聊天信息。"我当时的心情是十分感动的，在我们教授的学生中，在初中阶段就树立专业方面志向的少之又少。学生的这一短信给了我们很大的鼓舞！"支教队员许峥嵘说道，"我们没有任何理由不去用心，不去坚持"。

普法进易地扶贫搬迁社区："我们的工作是有作用的"

石楼县位于吕梁山集中连片特困地区，曾是国家级深度贫困县。在脱贫攻坚战中，石楼县易地扶贫搬迁总规模达15 437人，搬迁进城后青少年的适应与教育问题成为许多居民的忧心事。法大研支团积极参与石楼县易地扶贫搬迁社区的青少年教育帮扶工作，也将法律知识的春风带进社区青少年的心间。

支教队员陈忠华被队友们称为"石楼县禁毒防艾大使"。2020年9月起，他配合石楼团县委开展"2020年团中央青少年法治宣传、禁毒防艾教育专项资助项目"系列普法活动，在易地扶贫搬迁社区青少年空间与搬迁小学里，开展了5场专题普法活动，覆盖搬迁青少年近500人次。在这一过程中，他也得到了社区青少年的喜爱与信赖。

"有一个五年级的小男孩很淘气，但上课的时候很认真，下课还会主动跑来和我聊天，分享他听说的有关毒品的故事。社区工作人员也知道他很调皮，便常常在我讲完课之后问他一些课堂上学习的内容，没想到他都能一一回答上来。这说明我们的工作是有作用的，真的会让孩子们意识到毒品的危害。同时这里的孩子也深深地影响着我，让我更柔软，更有耐心，让我不再抗拒和小孩子打交道。"支教队员陈忠华自豪又欣慰地感慨道。

这样的收获使支教队员对于服务搬迁社区的青少年充满了干劲。在《民法典》颁布一周年前后，法大研支团向龙山水岸、石楼小镇两大易地扶贫搬迁社区各捐赠了一套《漫画民法典》，并带领社区青少年导读讨论，以此提高搬迁社区青少年学习《民法典》知识的兴趣。法大研支团愿意继续帮助青少年撑起法治之伞，呵护他们融入新环境，健康成长。

普法走上街头巷尾："要讲老百姓听得懂的话"

为更加深入推动"明法计划"普法活动的形式多样化、对象多元化、实践基层化，法大研支团与石楼县司法局建立起对接合作，以更好地满足石楼县法治建设需要，助力石楼县法治建设。在2020年12月4日宪法日暨全国法治宣传日这一天，法大研支团与石楼县司法局联合在石楼县晋西影院前广场开展《民法典》主题普法活动，向路过的市民宣讲《民法典》知识，解答法律疑问，发放宣传材料。

刚一开始，支教队员们向群众宣讲《民法典》时，不自觉地使用了较多的专业性术语，力求体现法大法科生的专业性，虽然支教队员尽可能地解释相关名词，但收获的效果却并不理想。石楼县司法局局长刘奋栋看见这一情况，将支教队员召集到一块，语重心长地说："你们的专业素养十分扎实，但是我们普法面向的是山区小县城的群众，所以要想点办法，要直来直去，要讲老百姓听得懂的话。"这一席话点醒了在场的支教队员。"大娘，这《民法典》就是解决咱们老百姓之间的矛盾纠纷的，比如欠债还钱，买个车子，租个房子，都用得着。"现场气氛一下子活跃起来了，其乐融融间，一些群众还主动问起了相关法律问题。

"今天让我深刻体会到了，法治事业的各方面各环节，都要走群众路线。从群众中来，到群众中去，我们不能忘记了为人民服务的根本宗旨。"支教队员们在活动结束后的交流中体会道。在此之后，遵循着这一经验与方法，法大研支团还与团委、公安等部门密切配合，多次走进社区和街道，发放法治宣传品，为石楼县法治社会的建设奉献来自法大的青春力量！

立志是一切开始的前提，青年要立志做大事

习近平总书记考察中国政法大学时的寄语不断促使支教队员们思考，在一年的基层服务期里，我们能在常规教学外，多做点什么"大事"？助力基层法治建设，帮助青少年根植法治观念，便是我们的答案之一。中国政法大学研究生支教团将坚定信心，保持恒心，不忘初心，将"明法计划"系列普法活动届届传承，年年改进，久久为功，展现新时代法大青年的风采，让法治之花在黄土高原上绽放。

（选自 2021 年 9 月 22 日第 670 期总第 1076 期）

建党百年　广场有我

涂傲然

距离"七一庆祝大会"已经过去两个多月了，现在坐在电脑前，观看当天的大会回放，"请党放心，强国有我"的激昂口号依旧在我的脑海中回荡。从四月份开始的校内训练，到最终站到天安门城楼下，每每想起这段时光，我的心中都会洋溢起难以平复的激动之情。"广场有我"，是值得我一生铭记的宝贵经历，在细细回忆与整理了整个选拔、训练、彩排到最后演出的过程后，如今，再去回看这特殊的四个月，每个细节依旧生动地展现在我眼前。

前期训练

第一次接到活动选拔的通知是在 3 月 15 日，我当时并不清楚这个活动的特殊意义，只是以为和往常在校艺术团参加的其他校外活动一样，我怀着试试看的心态报了名，耐心等待这次活动安排。直到 3 月末，在学活的地下排练厅，付睿智老师以及其他带队老师为献词团与合唱团开了第一次训练会议，我才意识到这是一次特殊的任务。也是从那时起，紧锣密鼓的训练正式开始了。

统计个人家庭信息、联系方式、疫苗接种情况、血型，频繁地进行核酸检测，坚持训练，终于，在 4 月 17 日，我们迎来第一次外出训练。在北京交通大学的礼堂，中国政法大学、北京邮电大学、北京交通大学、中国地质大学、中央财经大学五所学校齐聚一堂，与其说是朗诵训练，不如说是我们上了一堂堂生动的朗诵技巧课。从"八百标兵奔北坡"的口舌训练，到吐气发声断句练习，在央视、中央戏剧学院等专业指导老师的带领之下，我们试着去朗诵《海燕》《可爱的中国》等前期稿件。从单人朗诵展示，到学校集体朗诵，一步一步，我们每个人对于朗诵的理解逐渐加深，朗诵水平也逐步得到提升。

在整个四月份的训练中，我渐渐感受到了每周周末外出带来的训练压力，再加上同时进行的莽原大戏排练，让我也有过中途申请退出的念头。但每每想到有朝一日，可以在建党 100 周年之际，站在天安门广场上，向党和祖国表达自己的仰慕和敬爱之情，这种自豪感促使我坚持安排自己的时间，积极认真努力完成每一次训练。

中期训练

从五一假期开始，我们的排练更加紧凑了，除周六周日的全天排练外，平时也依照指挥部的安排进行集中训练。在分学校进行朗诵学习之后，我们千人献词团第一次在北京工业大学奥林匹克体育馆集结，来自北京 30 多个学校的近千名小学生、初中生、高中生和大学生齐聚于此。"千人一面，有容有形"——总导演对我们提出这样的要求："当你站在天安门广场，你就站在了祖国的中心，每个人都是领诵者。"

从分学校站位，到初步安排点位，身高、体态，一次一次的点位调整；音量、气势，一遍一遍的朗诵训练；耳返、手势，一点一点的统一动作；新稿件、新服装，加入伴唱训练。在北京工业大学奥林匹克体育馆度过一天又一天，我们整个献词团经过近一个月的磨合与进步，也终于等来了在南苑机场和合唱团全要素合练的一天。

5 月 9 日，我们得到通知，前往南苑机场进行第一次合练。到达现场后，更加开阔的场地，更加齐全的流程，让我第一次感受到千人合唱与献词的恢弘气势。纵使五月的烈日非常炙烤，但我们每个人都以最饱满的热情和姿态，远眺搭建的缩小版"天安门城楼"。从磨合训练、稿件调整到接受北京市领导、中央领导现场检阅，当方阵传旗时，国旗从我指尖划过，我的内心无比激动自豪。现在回想起来，依旧历历在目。

在南苑机场的那些天，是我们训练中最辛苦的日子：第一次到达南苑，由于防晒准备不够充分，晚上返回学校后，很多同学的整个手臂和脸都有轻微的晒伤；由于路途过于遥远，不得不在中午出发晚上就返回，但还是错过了期待已久的无边界演出；期末月临近，复习压力又让我们不眠……

但在这些日子里，我们也感受到了来自学校各部门对我们的全力支持：院里分发了防晒霜防晒服；团委分发了丰盛的餐包；每天晚归后有免费盒饭和麦当劳，甚至在凌晨返校，学校食堂特意提供了暖心宵夜；授课老师和教务处努力为我们协调期末延考安排……建党百年，代表中国政法大学站在天安门广场的不仅仅是我们献词与合唱的同学，更是在这四个月中，互相帮助，互相支持，共同努力付出的每一位师生。

最终集训

为做好疫情防控工作，我们在临近 7 月 1 日前被安排住进了国际交流中心封闭管理。国际交流中心舒适的住宿环境为我们缓解了不少训练和期末复习的压力：双人房，24 小时自习室，自助餐……

在 6 月 12 日，我们第一次来到天安门广场。随着夜色降临，长安街上的车流逐渐减少，我第一次站到了天安门前自己的点位，**FM** 耳机中传来"献词团请带双耳收听"，大约晚上十一点，军乐团奏响暖场音乐，我们开始了天安门广场第一次全要素彩排。也是在这一次，我无比清晰地感觉到了这一份荣誉。礼炮声回响，三军仪仗队脚步声清晰入耳，各方阵歌声嘹亮，领导人讲话……一环扣着一环紧密进行着。"下面，少先队员、共青团员代表致献词。"我昂起头，望向左前方城楼中间，仔细听着耳机中的每一个指令——"请党放心，强国有我！"

7 月 1 日

6 月 30 日晚上十点半，我们关闭了手机，整理好演出服装，登车，在一路警车的护送下，我们到达了永定门集结点，安检、登车、吃饭、休息，在前往天安门的路上，我们热情地和街边围观的路人打起招呼。虽已是凌晨两点，我却丝毫感觉不到一点疲惫，脑海中回想四个月训练的点滴。四个月来，从学活地下排练厅、北京交通大学、北京工业大学体育馆、南苑机场到天安门广场，我们中国政法大学献词团全体成员经历了艰苦的奋斗，一起看过落日余晖，一起见过凌晨的北京，一起经受过烈日的考验，一起挥洒过拼搏的汗水。从凉爽到酷暑，今天我们终于迎来了星辰闪耀的时刻！

清晨的天安门广场庄严肃穆、红旗飘扬，1000 名朝气蓬勃的献词团成员整装待发。"下面请共青团员和少先队员代表致献词。"直到这一刻，我们积蓄已久的热情与力量迸发而出，用最热情的声浪为党献礼，用最灿烂的笑容为党庆生，每一字、每一句都道出了我们青年大学生对中国共产党由衷的赞美与最崇高的敬意。琅琅的献词声在广场上空回荡，拳拳爱党、爱国情在我们心中激扬。伴随着"歌唱祖国"的响起，激动的心情难以掩饰，我不禁热泪盈眶，这一刻我们既见证了历史，也被历史所记载！这是一份值得让我珍藏一生的至高荣耀！

（选自 2021 年 9 月 22 日第 670 期总第 1076 期）

做好法治建设的一片绿叶

——记中国政法大学第 21 届研究生支教团阿勒泰分团法治工作

卞章珣

天南海北，路途奔波，我们从中国的四面八方汇聚到北部边疆，投身志愿服务；离开北京，一路向西，我们从母校的怀抱辗转至边陲小镇，献身义务教育。这是一段别样的旅程，这是一场人生的历练。

"中国青年志愿者扶贫接力计划"研究生支教团计划在我们踏上支教旅途时已经走过了 21 年的风雨，而这个项目经由我们中国政法大学落在新疆维吾尔自治区阿勒泰地区阿勒泰市才短短三年时间。在奔赴山河南北的支教路上，时间检验了支教者的奉献初心，空间丈量了青年学子的不懈努力。

在我们为完善基层法治建设、宣传法治思想贡献力量时，我们思考实施什么，探索如何实施，并反思如何更好地实施。我们作为第 21 届研究生支教团成员，坚持法治奉献精神，秉承弘扬法治传统，积极开展法治宣传教育：我们坚持做好教书匠，当好引路人，充分发挥"团"聚青年、引领少年的作用；我们扎实推进法治文化建设，将法大青年的专业能力与奉献热情紧密结合；我们积极面对基层法治工作队伍，将我们所掌握的专业知识与当地基层法务工作实践相结合。经过不懈努力，最终全体成员在为期一年的支教扶贫工作结束后均被评为阿勒泰地区级优秀志愿者。

当我们谈及校园法治科普时，我们都完成了什么？我们在校园内广泛开展法治教育：积极参与青少年模拟法庭大赛的培训工作，指导阿勒泰市第三中学模拟法庭参赛队获得阿勒泰市青少年模拟法庭大赛第一名和阿勒泰地区青少年模拟法庭大赛初中组第一名，研支团成员获得"优秀指导奖"；广泛开展宪法日相关宣传工作，通过阿勒泰市第三中学"青春之声"校园广播站，向全校1000余名学生开展宪法主题宣讲，在阿勒泰市第三中学面向500余名初中年级学生及任课教师开办"宪法大课堂"；在阿勒泰市团委的大力支持下，向各市内中小学、县乡教学点的数千名学生投放具有针对性的宪法晨读材料。

当我们谈及社会法治宣传时，我们都实现了什么？我们面向社会推动法治科普：切实推进送法入户工作，走进社区开办明法大讲堂，围绕居民日常生活中常见的法律问题开展宣讲，覆盖汗德尕特乡、红墩镇、滨河路社区的150余户社区居民；配合学校开办家长法治学校，主讲"宪法与中国特色社会主义法治理论"专题课程、《义务教育法》的深层内涵——以法治健全心灵"专题课程；推出"明法计划"云课堂，就筹备成立青年法治宣讲团事宜与自治区团委统战部进行交流并提交报告；除此之外，我们重视宣传工作，将法治建设工作制成5分钟宣传视频，在"学习强国"平台首推，该视频还被中国政法大学开展"宪法宣传教育工作"信息征用，得到了教育部官网报道以及中国青年网转载。

当我们谈及基层法治建设时，我们都突破了什么？我们面向基层法治队伍开展工作：在阿勒泰市发起"'宪'有你我，建设法治中国！——国家宪法日12.4公里青年长跑"活动，覆盖了政法系统干部、西部计划大学生志愿者及内初班少先队员近300人；积极参与基层法律援助及宣讲，联合普法成员单位共发放宣传资料2000余份，展出宣传板35块，接受群众各种法律和公安业务咨询80余人次；面向基层法律工作者开展主题为"法何以为治之端"的法治素养提升培训，通过视联网系统，覆盖400余名公安干警和政法系统青年干部。

一年的时间，我们在完成研究生支教团本职支教工作的同时，切身感受法治建设的重要性，努力用自身力量推动法治宣传、完善基层法治建设。这是一项必然进行且必须坚持贯彻实施的工作，需要得到我们的不断重视。"纸上得来终觉浅，绝知此事要躬行。"在这一年为法治建设努力的同时，我们认识到作为本科刚毕业的学子，虽然缺少法治工作的实践经验，也缺乏系统改善当地法治传统的能力，但我们明白点滴改变源自细水长流，只有我们努力走好每一次法治宣传的小步伐，就能最终成就法治建设不断推进的大跨步。

难忘第三中学的学子们参与宪法知识抢答游戏的积极，他们作为新时代法治思想的传承者，在我们精心展示的法治活动中向法治文化敞开了怀抱；难忘社区的居民们为法治宣传停下的脚步，他们作为法治思想最广大的感受者，在日常生活的角落加深着关于法治建设的深切体悟；难忘基层法治工作者在每次活动后的温暖笑脸与亲切问候，他们作为基层法治的建设者，用自己广博的胸襟容纳了我们对法治的理解，描绘着因地制宜的法治蓝图。

如果法治建设是一棵正在茁壮成长的参天巨树，过往的法治经验为它提供根本养分，社会生活为它浇筑风霜雨露，法治实践为它修剪枝芽，让它蓬勃而发。那么我们作为中国政法大学面向边疆的传输者，就是依身于巨树西北角枝干上的片片绿叶，努力让足以遍布雄鸡版图的树荫在祖国最西北处日益壮大。

"功成不必在我"，我们用一年支教的时间向阿勒泰的学校、社区、基层法治工作者传播法治思想、宣传法治建设，像理塘边的野鹤一样飞走，并不为在阿勒泰当地的法治建设中留名。当地系统的法治建设已卓有成效，我们为法治建设所做的工作不过是希望能够锦上添花，这样的成功不应归功于我们，而只会在我们此次支教生涯的课外实践活动中留下浓墨重彩的一笔。

"功成必定有我"，我们倾尽专业知识，为学生科普法治知识，向社会宣传法治思想，为基层法治工作建设贡献微薄力量，这些由我们畅行的法治建设的点点滴滴必定会在当地法治建设工作中留下痕迹，会像生活在荆棘里的花，在北疆这片广袤大地绽出自己的芬芳。

我们都甘愿做法治大树的一片绿叶，用微小的力量勾画法治建设的蓝图，构筑法治思想的美好未来！

（选自 2021 年 9 月 28 日第 671 期总第 1077 期）

在草原上寻找心灵的归宿

刘镇嶂

2019 年 9 月起，中国政法大学加入教育部直属高校定点扶贫工作序列，承担内蒙古自治区通辽市科尔沁左翼中旗定点扶贫工作任务。2020 年，我作为法大研究生支教团的一员前往科尔沁左翼中旗，成为当地一名道德与法治课教师，参与普法和法律援助活动。

虽然支教的时间只有一年，但我获得了丰富而有趣的体验，其中让我印象最深刻的是以下三件事情。

扶贫不只是输血，更是领路

在来到支教地不久，恰逢马怀德校长一行来到科尔沁左翼中旗专项推进定点扶贫工作，我和两位支教的伙伴有幸得到了学校的慰问。

"仓廪实而知礼节，衣食足而知荣辱"，我对扶贫工作的理解很长时间都停留在与之类似的层面上。而马校长在支教学校为我们讲解了法大在科尔沁左翼中旗的扶贫工作，不只是投入资金、调动资源，还要采取法治扶贫的特色举措，帮助当地依法治旗，为科尔沁左翼中旗法治社会发展及乡村振兴提供坚实的法治建设基础。

在接受校领导慰问后，我们又在我校扶贫干部赵广成老师、王晶老师的带领下，参观了法大在当地的扶贫合作项目和援助建设工程，如协代苏木中心校科技楼项目建设、智慧党建平台建设等，还了解到我校正帮助当地提升法治政府水平，打造法治化的营商环境。我深刻地认识到，脱贫攻坚不只是经济上的改变，更是一场深刻的社会变革。

"授人以鱼不如授人以渔"，我校的特色法治扶贫让我重新领悟了这一道理，扶贫不只是输血，更是领路。之前我一直没有觉得自己的支教、普法活动和脱贫攻坚有多大的联系，而此后，我坚定了智力扶贫也是扶贫的信念，为自己的工作增添了新的使命感。

普法不只是传递，更是醒悟

作为一名支教教师，我的主阵地是课堂，恰巧教的科目是道德与法治，因而我时常把自己的普法任务和知识讲授结合起来，主要利用课堂和课余的交流时间向学生普及法律知识。

值得一提的是，新版的道德与法治教材邀请了包括我校学者在内的众多法学专家参与编撰，涉及了更多的法律常识。在有关刑事责任的一课中，教材提到 14 周岁以下的未成年人刑事责任的特殊规定。在讲解这部分时，学生中马上就有小机灵鬼问道："老师，那我们如果没满十四周岁就犯什么罪都没事了？"（当时刑法尚未修改）我思忖片刻刚想说，"同学，我们这本教材名字是什么呢，是道德与法治"。这时另一位学生就喊道："不可以。"

我连忙提问他为什么觉得不可以，学生回答说即使不违反法律，我们也还受到道德的约束。我有些羞愧，之前把自己看得太高，觉得自己像布道一样向初中生普法。其实普通人并不可能穷尽地掌握法律，更重要的是内心的道德准则，而道德就在孩子们心里。

曾记得有老师批评说，有的法律人学习了很多法律知识，向别人普及法律，自己却忘记了最基本的道德准则。而我学识尚浅，如果也犯类似的错误就更糟糕了。

普法、支教，对志愿者而言，不只是帮助他人的过程，也是促进自己反思醒悟的一个过程。在这个过程中，我所收获的感悟，将会远远超过我能够传递给他人的东西，与其说我在向孩子们普法，不如说我们共同领会了一次法的精神。

法援不仅是讲解，更是艺术

我们支教团成员在课余时间会配合我校的扶贫干部开展法律援助工作，我和其他两位支教的伙伴会定期和驻科尔沁左翼中旗的赵老师、王老师前往一个社区为居民解答法律问题，两位老师做主要解答，我们做一些辅助工作。

一次正好赶上中央电视台"社会与法"频道来科尔沁左翼中旗为法大的扶贫工作做专题节目，邀请了我校罗翔老师做普法讲座。罗老师和扶贫的赵老师、王老师在普法讲座上和法律援助的过程中，运用风趣幽默的语言，深入浅出地向群众解释了复杂的法律关系，帮助群众了解法律知识、解决实际问题、塑造法治思维。

期间，罗翔老师在讲座的开头就讲述了一个由家庭矛盾引发财产纠纷的案例，迅速拉近了与来听讲座的居民的距离。把之前居民们觉得高高地飘在空中的法律和柴米油盐酱醋茶联系了起来，激发了大家听下去、多了解法律知识的兴趣。

赵老师和王老师在面对居民关于借贷纠纷案件的询问时，不仅清楚解释了其中的民事法律关系，还对如何采取实际行动尽快讨回欠款做了指导，最后更是设身处地地为居民着想并进行了劝说，打开了前来咨询的居民的心结。

老师们的言传身教，让我领会到法律并非束之高阁，普法不是简单地把法律知识讲给别人听，更需要沟通与说服的艺术。

在科尔沁左翼中旗一年的经历说长不长，说短不短。说不长，是因为我学艺尚不精，水平有限，一年时间无法贡献太多的力量；说不短是因为我个人在思想觉悟上取得了巨大的收获，也认识到想要让自己有限的法律知识学有所用，还要不断投身实践，继续付出更多努力。在参与普法工作前我还抱有怀疑，渺小的个人是不是根本不能为这个庞大的世界带来什么改变，但当我成为支教团体中的一分子时，却重新领略到了改变的力量。作为一名支教教师，我也一直在努力把这份心情传递给我的学生。当我离开科尔沁左翼中旗时，已经有学生对我说，自己也要努力学习，争取以后也来法大接受法学教育，为中国的法治文明建设贡献自己的力量。值我校七十周年校庆之时，我想这是我能够提交的最好的答卷。

（选自 2021 年 9 月 28 日第 671 期总第 1077 期）

我与校报相伴成长

刁皓璇

结缘三载，朝朝暮暮，唯有此文能寄心中情。——题记

今年的暑假似乎格外漫长。同级的朋友们大都在为了学业和未来而奋斗，于是本该平静的校园里，依然回荡着琅琅的书声。只要你走进端升楼，便会发现任一间教室都座无虚席。陪伴那些伏案奋笔的身影的，除辛勤工作的空调外，还有门后的黑色篮筐。篮筐不大，那里面安静躺着的，是一张张带着油墨芬芳的报纸——中国政法大学校报。

何其有幸，平凡如我，却比大多数同学都多了一份与校报的亲密回忆。

遇良师益友，鞭策相伴

主楼的 9 层，是校报人的大本营、根据地。在无数个重大活动结束的深夜里，9 楼的灯光像是灯塔，固执又温柔地亮着——这是校园媒体人的坚守。在无数自媒体喧嚣涌动的时代，真实性、客观性依然在校报的风骨中昂扬。而她教会我的，远不止如此。

入学伊始，我带着憧憬加入了校报的编辑部。作为新闻学专业的学生，能得到在校报历练的机会，于我着实是宝贵的财富。

起初，我仍摆脱不了应试作文的诸多桎梏，写出的文字大多华而不实，过于刻意的引经据典在师长眼里也不过是幼稚的"掉书袋"。面对这样粗劣笨拙的文章，师兄师姐们从未严厉地批评过我。仅仅比我年长 1 岁的他们，只是温和地提出实用的建议，将我高中生的思维惯性一点点剥除。

散文和小说大多会被安置在校报的四版。那里像是属于我们的思维花园，蓬勃灿烂地燃烧着活跃的火花——当多年后重新翻阅，我们是否从这捧不再鲜亮的火光里，汲取曾经的锐气？文字是忠实的，白纸黑字地记录着我们读过的书、走过的路、遇过的事、想过的人。而我足够幸运，在拥有无限成长空间的时候，得到了老师们的悉心指点。

在 9 楼值班时，大多数时候我们都在校对下周的稿件。标点、病句、错别字……一些看似基础的语法常识，却也是时有发生的错误。而老师们的专业素养在此时体现得淋漓尽致。删改修正后的稿件被印刷出来，以更加饱满、更加完善的形态呈现时，身为原作者的我们从中得到的是"润物细无声"的指导。

从文学小品到消息通讯，从主旨结构到细枝末节，从攀附依赖到独立完成……这些任务循序渐进，最初的挑战也磨成了最平淡的日常。感恩校报，让我得以遇见良师益友；感恩校报，且鞭且策且伴我同行。

访事件人物，沉淀成长

学校的校报，既是对内发布信息的平台，也是向外彰显魅力的窗口。在这样求真、求善、求美的积极环境下，我从一次次采访中得到历练，逐渐摸索着如何成为一名合格的校园记者。

"七分采，三分写"，足以证明采访是新闻写作的重中之重。无论是深入事件内里，还是细挖人物特质，都需要预先搜集大量资料，认真做好功课——这是采写工作的基础。而在问答中，如何尽可能在最短时间内获取最多的信息，只有靠真刀实枪地打磨，不断地进行归纳总结与反思，才能锤炼出属于自己的采访能力。

校报为我们提供了一个接受指导、放手去做、督促进步的宽广平台。竞争拼搏的校运会上，我们捕捉到那些充满活力的身影；唇枪舌剑的"法辩"赛事中，我们悉数记下幕后工作人员的点滴辛劳；采访服务基层的校友，听师兄师姐讲述"凡我在处，便是法大"的动情故事；关注学生社团的动态，将他们努力奋发的状态传递给更多的人。我们是校园里的眼睛，灵敏地注视着值得发掘的亮点；我们是校园里的喇叭，传颂着闪闪发光的歌谣。我们是校报人，自然有着我们的使命和担当。

曾几何时，还是大一萌新的我跟随在师兄身后，怯生生地采访主办活动的老师。对缺乏深度的采访提纲来回修改，到当面采访时却只敢低头记录，真正的写稿环节更是惨不忍睹……那篇有关活动的深度稿件，在老师的高要求下，师兄反反复复修改了六遍——这份执着和坚韧，这份对待文字的认真，我谨记在心，从未忘却。

想要成为真正的记者，势必"敢想、敢问、敢交流"。在校报工作的三年来，我有幸采访过许多熠熠生辉的业界大咖，但也曾不止一次地自惭形秽，为能否圆满完成任务而忧心忡忡。后来，我终于想通：校报为我们打开了一个通向更广阔世界的大门，让我们遇见了生活中更多的可能性。在这个认识世界的过程中，我们一路感悟，一路收获，终将成为自己想要成为的模样。

拥校报家人，感恩前行

开学后，我将迎来与校报朝夕相处的第四个年头。加入校报编辑部仿佛还是昨天，但眨眼间我就成了在校生中的"老师姐"，眼巴巴地期待着2019级的萌新争先恐后地前来报名，不断壮大我们的采编家庭。

或许，他们的眼底也会闪烁着我当年的希冀与憧憬，也将产生紧张敏感的小情绪。但到那时，我会用自己的经历向他们证明：只要你有一颗尊重文字、爱好写作的心，校报将永远欢迎你。

校报啊校报，早已成为我不可分割的一部分。你见证我青涩的蜕变，我祝福你永葆青春的活力。

愿毕业多年再相见，仍能展卷温茶话往昔。

（选自 2019 年 10 月 29 日第 1000 期纪念专刊）

我与校报这一年

王昕颜

　　有这样一句话，生活的美妙之处就在于命运的阴差阳错。我们无法预料自己将会遇到什么人、什么事，一年之前，还是一个高中生的我，也绝不会想到一年后自己会在这所大学的校报工作。

　　文字总是神圣的事物，凝聚了祖先的智慧，承载了千年的文化，无数个字符有序交错着拼凑成一段段有温度的文字，笔者将心血倾注进一段段文字，再用段落将构思已久的框架变得丰满，最终写出一个个跌宕起伏、感人肺腑的故事。而于我这个高中三年语文成绩一直垫底的人来说，写作是这样一件令人向往而又遥远的事情。

　　加入校报源于一个偶然的契机。刚入学时，班长问我要不要做军训通讯员，虽然我不是很自信能胜任这份工作，但还是硬着头皮应了下来。于是在接下来冗长的两周军训生活中，我便成为一到休息时间便拿出手机码字的通讯员之一，或许是因为军训的生活太过枯燥，写东西这件事显得格外有趣。你一旦对某件事情投入全部精力，时间就会变得很快，燥热痛苦的训练、无休止的循环生活里所有的烦心事都会在脑海中淡去，取而代之的是天边金红色的晚霞这样生活中美妙的细节，写作这件事逐渐从我迫不及待想要摆脱的负担，变成了将我与无数烦恼相隔绝的透明的穹顶，让我想要继续做下去。

　　印象最深刻的是军训通讯员开会那天师兄的一句话："写出的稿子，被登在学校的公众号上，让父母看见，这是我们能做到的让父母看到自己成长的最快、最直接的方式了。"作为女生，在父母无微不至的爱中长大，从一座小城市来到北京，我也从未如此迫切地想要向家人宣告我的成长，让他们放心，我也可以独自一人生活得很好。这大概是我想留在新闻通讯社的初心。

在记者部我遇到了一群善良可爱的师兄师姐，从部门工作到学习生活，部员都得到了很多关照。刚开始出新闻时总是紧张又焦虑，不知从何写起，师兄师姐总会带着小部员一起出新闻，事无巨细地交代我们应该怎么写，一遍一遍地帮我们改稿子，还会请新闻通讯社的老师给我们培训，直到我们真正能独当一面，自己写出一篇新闻。

高中时，我就发现自己很容易被身边的人影响。班主任不厌其烦地讲着高考动员的口号，专家讲座不断重复着衡水中学的传奇故事，数不胜数的鸡汤被灌进如一团浆糊一般的脑袋里，这些都提不起我的积极性，但当我看到一个傍晚，落日的余晖穿过猩红色的晚霞，为教学楼的一侧镀上浅金色的轮廓，一个一直很努力的女孩，站在走廊里背书，温柔的晚风吹过她鬓间的栗色头发，薄翼一般的睫毛在眼睑下筛下浅浅的阴影，脸颊泛着健康的红色。这样一个美丽的画面被我藏在心底，成为我高三一年努力的动力，我也想成为那样积极向上的女生，那样一步一步，为自己的未来而努力着。

记者部的师姐于我而言，就像是我高中时遇到的那个女生。师姐们有的修了双学位，有的在坚持写影评、写文章，我想成为像师姐们那样优秀而努力的人，这种向往帮助我度过了艰难的新生适应期，让我开始学会安排时间、自主阅读，偶尔写点随笔，在忙碌充实的校园生活里也坚持着自己的一份梦想，这也是我在校报工作的一年中最让我受益终生的事。

也是我作为小部员的这一年，新闻通讯社有了自己的公众号，受师兄师姐的启发，我也有了想做自己的公众号的想法。于是，平日充实生活中的万千思绪有了地方去倾诉，已经在脑海中过了无数遍的、女高中生与自己影子的爱情、抑郁症女生慢慢在生活的温暖中得到救赎，这些故事也终于有机会被写出来。至此，写作不再是在高三语文中挣扎着的那般充满痛苦与距离感的事情。

或许人生中真有命中注定的时刻。脑海里依稀还记得一个黄昏，老房子里的旧电视机还在放着"红果果与绿泡泡"的儿童节目，低矮的餐桌上饭菜传来诱人的飘香，我还是在纠结长大以后上清华大学还是上北京大学的年纪，那时候我问奶奶："您希望我长大以后做什么呀？"头发灰白的老人在记忆中温柔地笑了，还是那样正宗的家乡话："我最希望你以后能当个记者。"这个本该已被忘记的场景如今却在脑海中反复闪现，愈发清晰。我从没有想过为他人实现梦想，而在我写出的稿子被师姐真诚地认可时，在我看到报刊上赏心悦目的排版时，在我被那些不论地震洪灾都永远冲在第一线的电视台的记者触动时，在这些时刻，我都发自内心地想要成为一名记者，为能在校报工作而感到荣幸。

　　记者部换届之时，我自是知道大二的忙碌。但与忙到焦头烂额恐惧相比，我更想坚持心底的那份执念，同时也想把入学时师兄师姐给我的那份感动继续传递下去。

（选自 2019 年 10 月 29 日第 1000 期纪念专刊）

与你相遇

杨思涵

抱起书架上叠得整整齐齐的校报，这一沓淡灰色的纸张已经有些分量。曾经期期必买必看的杂志都已被电子刊物取代，但每周从端升楼或食堂拿一份校报的这个习惯却一直未改。

在这个纸媒日渐式微的时代，我对校报的坚持并不出于对纸张的依恋、对树荫下靠在爷爷身旁一同读报这类旧时光的情怀。校报对我来说，蕴含着某种归属感。

记得 2017 年夏天，尽管我早就满怀憧憬，对自由而丰富的大学生活想了又想，但当我真正走进这个小而美的校园里时，仍然心生疑惑：我真的已经步入大学时代了吗？时间带来的恍惚感让我对眼前的一切感到陌生和些微抗拒，我好像仍旧属于再熟悉不过的高中校园。而对所处的环境和集体的归属感像是一个人的根，没有根就无法从现实的土壤中汲取感情，同时难以也不愿伸展枝叶付出辛劳，从而实现自己的价值。渐渐地，人也会失去生气。

游览过校园后的某个不经意间，我认真读起了校报，它并没有魔力能让我一瞬间融入新生活，但它慢慢诉说着，它告诉我大学校园不仅仅是大门口那块写着"中国政法大学"的校牌，不仅仅是排列整齐的教学楼、郁郁葱葱的花草树木和来去匆匆的师兄师姐们，它有血有肉，怀家国法律之正义，亦充盈着人与人之间的温柔与关怀。这里是一个发生着无数事件的小小的更加单纯的人间。当一个世界拥有了故事，就拥有了灵魂，拥有了向着美好方向发展的感情线。校报一点点再现法大的故事，讲述法大师生们的心绪情思，亦展现了校园里的人文气息。它让我更加热爱军都山下的这方土地，相信自己能很快归属于这里。

如今作为一名校报的学生记者，它对我来说更有特殊意义。

一张张报纸，记录了许多。从中国政法大学第八次党代会的召开到师生热议两会，从法大人物到理论探索，从假期见闻到青春里的无限思绪，它尽职地记录每一个时间节点。记录本身的意义不必多言，飞鸟的翅膀划过天空，记录就是能够永久停留的痕迹。而我们逐渐熟悉的采访流程，慢慢养成的对生活细节的把握，以此为写作提供素材的习惯，对文字越来越强的掌控能力和社团成员们之间缓缓升温的感情也都悄悄蕴藏在一份份在校报里。

回想最初面对编辑部的每周写作稿任务时，我盯着主题不知从何下手，常常凑字数直到后半夜，稿件的质量更是让我失望，对写作的兴趣也在自我怀疑中被一点点消磨。在仔细读过小伙伴们的作品并且与老师、师兄师姐们交流之后，我才慢慢明白写周稿并不难。它不是画地为牢，硬要在一小片的草地里找到四叶草，而是站在辽阔的平原上仰望天空把形状各异的云朵收入自己的眼中。写作没有标准答案，它需要的是表达的热情、对世间万象的发现和独立思考的心。这是校报给予我最大的礼物。

一次偶然的机会我得知，校报有一个固定的读者群，就是学校的离退休老师。我想，校报的意义不仅仅存在于校内。法大就像是一个在数代师者辛勤培养下不断成长的孩子，它在时代的浪潮中保持好奇，充满活力，一份份校报好似这个孩子的日记。老教师们于此窥得自己曾经努力的痕迹，寄托对孩子的关心与祝福，欣赏着青年学子的激扬文字，看到他们富于人文气息的清晰脸庞，赞叹他们革新求知的拼搏模样。

校报，感谢你带我遇见拥有无限才情的法大师生，赠我双眸让我发现法大的美丽细节，予我机会使我与编辑部中可爱的同仁们相识相知。在此，我们与当下碰撞，与历史重逢，同自己对话，同法大成长。

2017 感谢与你相遇，2018 我们携手前行。

（选自 2018 年 3 月 20 日第 543 期总第 949 期）

又是一年春来时

王蕙巧

春季学期伊始，法制史老师感叹道："我最喜欢春季学期的课，一周来一次昌平，花也开了，树也绿了。"北方城市四季分明，秋有秋的萧瑟，春有春的生机。去年银杏落时，浓浓秋意着实震撼了许多南方人。此后几个月里，望着秃秃的树干，我容易陷入一种虚无的状态里，感觉世界猛然安静，衰草寒烟、了无生意。我第一次感觉到了冬季的寂静、寂寥、寂寞。

某日从启运体育馆前匆匆路过，突然被眼前的景象吸引，以致挪不开脚步。那里有两棵玉兰树，枝头挂满了花苞，热闹而拥挤。青色的骨朵上铺满细腻的白色绒毛，阳光落下微微反光。生命的气息扑面而来，让人精神一爽。《汉书》记载："甘露既降，朱草萌芽。"大概先前帝都几场落雪，唤醒了生灵万物。早闻法大校花玉兰盛名，来校生活这么久却未得见真容。大概是时候未到吧。

从此我每日路过体育馆前，都会观察它的生长情况。我还在格物楼前、梅一门口分别找到一株。

终于有一天，我看到有几朵忍不住率先探出了白皙的花瓣，像婴儿伸出洁白温润的小手向世界打招呼。这是法大最早的春的讯息。白色花瓣的根部有一丝紫红色向上蔓延，我想，那是玉兰花的生命源泉所在。渐渐地，花苞纷纷破壳而出。一树一树的花开，一片一片的雪白。"一年之计在于春"，此话不差。"春天"这个词汇里透露出满满的芬芳香气，就像"萌芽"这个词汇里透露出的蓬勃生气。春天，植物萌芽，人的心灵也跟着萌芽，国家发展也从此时开始计划、逐渐萌芽。中国古代重视农业生产，到了春天万物生长的季节，农业耕作开始，国家就会"命有司，省囹圄，去桎梏，毋笞掠，止狱讼"，以此安定民心，发展生产，一年才会有好收成。春天也是一个读书的好季节。暖风拂面，一不小心，被春光爬上了文字。春风撩起书的页脚，阳光熹微，气氛微醺，让人很容易就进入书中的世界。

每年在这春暖花开、心旷神怡的季节里，两会召开，代表们从全国各地赶来，齐聚一堂，共商国是。就像农民在此时翻新土地、种下新一年的作物一样，两会代表们总结前一年工作成果，商议本年发展方向。只有在此刻谋定了年度工作计划，才能够在年末收获熠熠的果实。他们把国家作为耕作的土地，把发展作为播种的秧苗，全年专注于它的发芽和生长状况。年复一年，就像春夏秋冬一样周而复始、四季轮回。这些耕种国家的"农民"，倾注他们的心血与汗水，向伟大复兴的梦想更进一步。

又是一年春来时。播种美好，希冀萌芽。

（选自 2019 年 3 月 12 日第 575 期总第 981 期）

校园里的新鲜事

——"悦读角"悄然而至

张信璐

当端升楼熟悉的下课铃声响起，我收拾好书本从教室前门离开的时候，赫然发现墙壁上多了一个铁制书报框，印刷着"悦读角"的标示牌悬挂于其上，几份校报静静地躺在框里，"赵天红：把最好的留给学生"，一行加粗的标题闯入我的眼帘。"今天好像是世界读书日呢。"看着笑语交谈的同学取走一份报纸，我也不觉照做，这学期安排在端升教室的课程不多，匆匆从端升一楼的报刊架经过时，总是忘记看一看新出的校报。"悦读角"的设置，让阅读校报更加便捷。"悦"，也提醒着我，停下脚步，享受阅读的快乐。

翻开报纸，依然是熟悉的感觉，有介绍学校近日重大活动的热点追击，也有走进名师的深度采访，生活散文、读书感想也是才情斐然。过去的校报议论文章观点总是很犀利，现在好像失去了那些尖锐性，这让我略感遗憾。我曾经也想过给校报投稿，总是被各种原因耽搁迟迟没有写下那些文字，看着经常出现在作者那一行的姓名，也羡慕那些同学的笔耕不辍。

世界读书日的主旨宣言是："希望散居在全球各地的人们，无论你是年老还是年轻，无论你是贫穷还是富有，无论你是患病还是健康，都能享受阅读带来的乐趣，都能尊重和感谢为人类文明做出巨大贡献的文学、文化、科学思想大师们，都能保护知识产权。"今年公布的人均纸书阅读数量为 4.67 本，电子书阅读量为 3.32 本，年年数据只降不升，阅读似乎正逐渐成为一件比较小众的事情。今天读书了吗？没读也没关系，"何日不是读书天"，读书不必挑日子，落实到你真正想读的每一天就好。

让阅读成为习惯，这不应该仅是一个熟悉的口号。从阅读校报开始，它是法大记忆的一个符号，在网络不发达的时代，依靠着纸媒获取信息、知识，是很多长辈念念不忘的快乐。看着校报的总期数即将到达四位数，我想见证法大经历的漫长时光，也衷心希望校报可以永远葆有青春朝气，同学们在端升楼教室里不仅可以从老师思想深刻的授课中领略到学科的魅力，也可以在课间或离开时拿起"悦读角"里最新一期的报纸，看一看校园里的新鲜事，享受阅读的快乐。

（选自 2019 年 4 月 23 日第 581 期总第 987 期）

迈入人生新的阶段

张　瑜

亲爱的师弟、师妹们：

　　你们好！

　　恭喜你们度过了"艰难"而又充实的高三生活，成功迈入人生的新阶段，进入中国政法大学。相对高中来说，大学生活无论是上课还是课外活动，都是崭新的。如果师弟师妹们想要在入学之初就快速适应大学生活，就必须对学校的各项规章制度了然于心，因为用好规则的前提就是掌握规则。举例来说，在高中，每学期的课表由学校统一制定完成，任课老师也是固定的，我们只需要坐在教室里等老师来上课就可以。而在大学，除了刚入学的第一学期，剩下的学期都是自主选课，同一门课程有不同的老师可供选择。每一天的时间也由自己来安排，甚至还有艺术鉴赏等拓展知识面的公选课可以选择。如何选课？如何选择适合自己的老师？如何合理安排课程和时间？这些最基本的问题对初入校园的师弟师妹们来说，都是亟待掌握的。我们可以通过阅读学校有关选课的规定、及时查看学校有关选课的通知、询问师兄师姐的意见、提前试听、查阅培养方案等方式，寻找到问题的答案。下面我将从学习、班级工作、竞赛和时间协调方面谈一谈自己的看法。

一、学习方面

　　在学习方面，我想强调的第一点是"课比天大"。刚入大一，可能比较占主流的心态是：解放啦，我要放纵！但是事实上，大学里所要学习的内容和知识较高中难度更大，因为专业性强，而且通常没有唯一的答案，需要大量的阅读、思考和总结。在各种各样的活动和上课时间协调不开的情况下，我建议还是把专业课放在第一位，即使实在没有时间，课后也一定要听录音。我常听到有同学说某某课上老师讲的干货不多，没有什么收获，或是事后看看书就可以了解，甚至我自己也时不时会有这样的心态。但其实在老师上课讲授知识的时候，我们除被动接受知识外，还应当看到老师对于某一个问题的分析思路和论证方式。即使是一门看起来不那么重要的课，如果在课堂上好好听讲，则会有意外的收获。我在大二参加比赛和写论文时的选题及内容几乎都来自于我在课堂上的思考和学习。

第二点是结构思维。我习惯于使用思维导图进行复习与学习。在预习的时候，我通常采用树状图的方式按照教材或者老师的课件将本节课的思路整理出来，上课的时候将内容填充进去。课后复习的时候，我会先回忆本节课讲的核心内容，然后就这一内容把我所有能想到的知识点写下来，写完之后再翻开笔记和教材进行对照，标注出自己没有想起来的部分着重记忆。在考试周的时候，我习惯于整理系统导图和背诵导图。系统导图是用来记忆，在复习完某章后，合上书本用导图将知识结构画出并且默写相关概念。背诵导图则是简要写出关键词，用于在碎片化时间里回忆知识结构。最开始搭建学科知识网络对我来说是一件很痛苦的事情，很多知识点背过又忘记，再背还是会忘记。这个时候我采用自己给自己授课的方式，就某个概念或者知识点，我会在碎片化时间中假想我对面有一个法学小白或者给高中同学打电话，给他讲明白某个知识点，在这个过程当中就会发现，很多概念的确是表面上背过了但是并没有理解，如果做到了不是本专业的人都能听明白你在讲什么，那你对这个概念的理解基本就到位了。

最后一点是组建学习小组。在学习小组中，我们可以相互分享一些论文、不同老师的课件，共同讨论和解答疑问，甚至最后出了一份押题卷；可以分工整理知识框架，节省时间。在学习小组中，往往能获得更多的信息，互相提问等也会起到督促学习的效果。

二、班级工作

大一时，我在班内担任班长。坊间流传一句话："一个班长顶一个社团。"这话不假，作为班长，需要同时对老师和同学负责，一方面要保证各种工作和活动的顺利进行，另一方面还要顾及同学们在活动中的获得感。我想强调的是，举办一个活动能获得每个人的认可几乎是不可能的，但是举办活动努力争取尽可能多的人的意见和建议是必要的。

在联络方面，应当形成一个递进式的通知和讨论方式。通常是由班长、团支书就某一活动提出几个可选择的方案，再通过全体班委对这几个方案进行选择或补充新的方案，意见统一之后再面向班内成员发布。

在组织活动方面，首先应当形成策划的初稿，充分发挥创造力和想象力，不必拘泥于往期活动形式的束缚。比如在"新生引航"系列活动中，我们班创新了一个主题五个计划的形式（职业体验、学习经验、阳光体育、感悟故宫及心理沙龙），一方面充分发挥各个班委的工作性质和特长，另一方面也能为同学们提供更多的选择余地和机会。其次是完善策划，尤其是在活动各个阶段的工作分配和 deadline（DDL）以及各种预备计划部分。有了完整的策划案之后，经过班委和老师的审核与完善、定稿，之后就可以开展各项工作了。

三、学生组织工作

军训之后，学校会组织"百团大战"，即各个学生组织和社团的招新展台。师弟师妹们届时可以到各个展台了解该组织或社团的日常工作内容，选择适合自己的组织和社团。加入社团或组织的个数不宜太多，否则将会面临课业与课外活动的冲突问题。我大一时在法学院办公室担任干事，办公室的工作中事务性工作居多，可能很多人觉得事务性工作对提升自己能力没有很大帮助，但是在我看来这些工作恰恰是提升自身执行能力的基石。我在办公室学到了制作推送、书写采访稿和筹备讲座活动等经验，这些经验在我之后的工作中十分受用。因此，学生工作和社团经历是必不可少的锻炼机会！

四、各类竞赛

在我看来，如果你想快速提升自己的某项能力，就去报名这方面的比赛吧！在一场比赛当中，你既会较快接触到某方面的知识，也能提升自身口头表达等能力。我大一的时候几乎报名了所有我能参加的模拟法庭竞赛，虽然最后都没有拿到名次，但是在备赛过程中，我较快接触到了模拟法庭的走庭流程、相关文书的撰写和一些具体的法律知识，这些准备帮助我进入了全国模拟法庭课程班学习，并在大二成功入选校队。不论参加什么比赛，对提升自身能力的帮助都是很大的！在大一的时候，我建议大家冲出自己的舒适圈，都去试一试，这样才能找到自己喜欢的同时也适合自己的竞赛和发展方向。

五、时间协调

建议师弟师妹们每周要总结一张计划表，按照紧急和必要程度汇总DDL，计划表中的DDL通常比实际提前1天，这样可以留给我们足够的弹性时间以便修改或处理突发情况。在所有计划中，我会首先考虑即时性的比赛，因为在集中备赛期间，检索的知识和写好的稿子需要时间练习和与队友配合。其次是学习计划，每天至少保证留出2小时至3小时留给自己复习和预习。

在学生工作方面，班级工作中有大量汇总班级成员信息、报名信息等内容，每个人填完 Excel 再汇总的传统方式导致效率低下，建议师弟师妹们使用石墨文档、WPS 金山文档的公开可写功能、电子扫码签到等，发在群中由每个同学自助填写、自助保存，减少很多不必要的时间消耗。除此之外，学会团队合作、进行适当分工也是在学生工作中提高效率的方式之一。一天当中不同时间人的精神状态不一样，我习惯于把学习计划提前在上午或早晨完成，并且每一小时再查看一次手机消息，通常在这个时间段没有其他突然派发的任务打扰到学习，精神也比较容易集中。像表格汇总、推送这样的事务性工作，我通常会选择在夜晚或者睡前完成。一个人的精力是有限的，取舍有时候也是必要的，如果你觉得某项工作或者比赛真的无法兼顾，权衡之后就果断说不，这样才能保证现有的、适合你的都可以做好。

就任务完成效率来说，我认为主要有以下两点：一是不要顾虑太多，接到任务第一反应是什么时候做，需要多久，而不是带着"啊，怎么又来一个啊，那我原定计划怎么办，好烦"的心态去做任务，有任务直接就填充到每天的计划表中，有时间就直接去做，不要拖延。二是多问师兄师姐，多学习，学习更高效的工作方式。

最后，建议师弟师妹们不要给自己太大的压力，多培养一些"庸俗"的爱好，比如吃喝玩乐。在疲惫和忙碌的时候，享受生活，不要有任何负罪感。

希望大家不要放过每一个机会，在觉得不适合自己的时候也能及时止步，即使觉得疲惫也要过得充实，即使突然颓丧也能很快回血，以后回想曾经，我们会由衷感谢那个充满干劲、永远不认输、永远保有热情的自己！

（选自 2021 年 9 月 15 日第 669 期总第 1075 期）